민담의

숲을 거닐다

– 세계 전래동화 속의 숨은 상징세계 탐험

민담의 숲을 거닐다

– 세계 전래동화 속의 숨은 상징세계 탐험

히구치 아쓰시 (樋口淳) 지음
최인학 · 김민지 · 김영순 · 신현진 옮김

nosvos

민담의 숲을 거닐다(民話の森の歩きかた)
- 세계 전래동화 속의 숨은 상징세계 탐험

2013년 12월 15일 초판 인쇄
2013년 12월 20일 초판 발행

펴낸이 | 장호성
저 자 | 히구치 이쓰시(樋口淳)
역 자 | 최인학, 김민지, 김영순, 신현진
기 획 | 이재석
제 작 | 김남필
편 집 | 성두현 · 박보혜
디자인 | 호진커뮤니케이션즈
펴낸곳 | 단국대학교출판부
등 록 | 1968.2.27:No.제 03-00095호
주 소 | 경기도 용인시 수지구 죽전로 152
전 화 | 031-8005-2405
팩 스 | 031-8021-7154

값 18,000원

ISBN 978-89-7092-509-7 03800

· 'NOSVOS'는 라틴어 'Nos(우리가)'와 'Vos(당신을)'의 합성어로
지혜로운 삶을 지향하는 분들에게 유익한 도서를 펴내겠다는 의지를 담고 있습니다.

일러두기

1. 번역은 다음과 같이 역할 분담했다.
   최인학(저자의 머리말, 1. 민담이란 무엇인가, 2. 20세기 이후의 민담연구, 제8장, 저자 후기) 김민지(제1장, 제2장, 제3장) 김영순(제4장, 제5장) 신현진(제6장, 제7장)
2. 본문에 나온 외래어 표기 및 작품명은 한국에서 통용되고 있는 표기를 따랐다.
3. '옛날이야기'를 '전래동화', '민담', '민화' 등 여러 표현으로 쓰지만 본 번역서는 '민담'을 채택했다.
4. 저자에 의한 원주(*)는 각 장 말미에 모아두었다. 각주는 역자(최인학)가 원주에는 없으나 독자들의 편의를 위해 붙인 것이다.
5. 독자의 이해를 돕기 위해 인명, 서명(書名), 지명 등은 번역자 주로 처리하고 색인을 수록했다.

한국어판 독자 여러분에게

한국은 민담이 풍부한 나라입니다. 1988년 서울 올림픽이 개최되던 해에 1년간 한국에 머물며 다양한 전통 민속을 접하고 많은 것을 배웠습니다. 특히 경상북도 예천에서 들은 도깨비 이야기와 제보자의 일은 지금도 잊을 수가 없습니다.

한국의 민담 연구자가 풍요로운 민담의 숲에 묻혀 기록하기 시작한 것은 20세기 초의 일입니다. 최초의 본격적 기록인 심의린(沈宜麟)의 『조선동화대집』(1926), 어릴 때 고향에서 들은 이야기를 중심으로 정리한 정인섭(鄭寅燮)의 『온돌야화』(1927), 각지의 친구들을 찾아 이야기를 들은 손진태(孫晋泰)의 『조선민담집』(1930) 등을 시작으로 하여 그 후 임석재, 임동권, 최인학 등의 뛰어난 기록자가 계속 나왔으며, 1978년부터는 한국학중앙연구원(당시 한국정신문화연구원)에 의해 전국 구비문학 채록이 착수되었습니다. 그 결과 질적으로나 양적으로 세계에 드문 민담기록의 업적을 쌓게 되었습니다.

그러나 문제는 이렇게 많은 기록을 어떻게 활용할 것인가입니다. 한국의 민담은 한국인이 귀중하게 다루어 온 언어이며 신앙,

가치관이 스민 한국인의 보배입니다. 동시에 세계 사람들이 사랑해 온 세계의 민담과 벗이기도 합니다. 여러분이 「신데렐라」나 「빨간 모자」를 매우 즐기고 있는 것과 같이 세계 속의 어린이들은 「콩쥐팥쥐」나 「해와 달이 된 이야기」를 듣고 싶어 할 것입니다. 사실 한국의 민담은 세계의 유산이기도 합니다.

제가 이 책에서 소개한 것은 20세기에 전개된 세계 민담연구의 4가지 분석방법입니다. 분석 대상으로 삼은 것은 「신데렐라」, 「빨간 모자」, 「헨젤과 그레텔」, 「잠자는 숲 속의 공주」 등 아이들이 좋아하는 이야기입니다. 유감스럽게도 한국이나 일본의 민담은 그다지 등장하지 않지만 읽어 나가는 중에 여러분이 어릴 때 가정이나 학교에서 들은 한국의 민담을 기억해 낸다면 참으로 다행으로 생각합니다. 이 책을 읽을 여러분이 한국 민담을 세계 민담의 아주 귀한 벗임을 알고, 온 세상 사람들 마음의 유산임을 실감해 주신다면 천만다행입니다.

2013년 겨울

히구치 아쓰시(樋口淳)

차례 contents

제3장 페로와 그림의 「빨간 모자」 —민담의 구조연구—

제4장 「빨간 모자」와 「헨젤과 그레텔」 —민담의 신비스런 힘—

제5장 「푸른 수염」과 질 드 레

Intro

시작하면서

1
민담이란 무엇인가

민담은 영어로는 Folktale(민중의 이야기), 독일어로는 Volksmärchen(민중의 메르헨), 프랑스어로는 Conte Populaire(민중의 콩트)라고 부르는 보통 사람들 사이에 구전되는 이야기이며, 인류의 발생과 함께 시작되는 아주 오랜 역사를 가지고 있다. 이것은 푸른 나무가 세계 어느 곳이나 뿌리를 내리고 가지를 쳐서 때로는 사람이 가까이 할 수 없을 만큼 깊은 숲을 만드는 것과 유사하다.*

그러나 우리가 이 민담의 숲으로 들어가 '민담이란 무엇인가'에 대해 생각한 것은 그다지 오래 되지 않은 19세기 초 독일의 그림 형제로부터 시작되었다고 해도 좋을 것이다. 당시 이웃나라 프랑스혁명의 여파로 강한 충격을 받은 야코프(Jacob Grimm, 1785~1863)[1]와 빌헬름(Wilhelm Grimm, 1786~1859) 형제는 민담을 잃어버린 게르만 민족 신화의 단편(斷片)으로 생각했다. 그래서 부서져 조각난 것들을 주워 모아 하나하나씩 귀중하게 이야기로 기록해 놓았다.

빌헬름(좌)과 야코프(우)의 초상화(엘리자베트 바우만, 1855년)

이렇게 해서 만들어진 『그림 동화집』(*Kinder-und Hausmärchen der Brüder Grimm*)[2]은 1812년의 초판부터 1857년의 제7판에 이르기까지의 45년 동안 점차 내용이 풍부해졌고 두 사람의 민담에 대한 이해도 깊어졌다. 이를테면 고향 카셀(kassel)[3]에서 처음 채집한 극히 친숙한 이야기가 독일과 게르만 민족의 경계를 넘어 인도 · 유럽 그리고 세계 전체로 넓혀 가는 것을 이해하기 시작했다.

그림 형제의 이와 같은 생각은 인도학의 연구자인 막스 뮐러(Friedrich Max Muller, 1823~1900)[4]나 데오돌 벤파이(Theodor Benfey, 1808~1881)[5]에게 계승되었다. 독일 태생의 뮐러는 젊어

---

1 『그림 동화집』의 공동 저자. 빌헬름의 형으로 철학자, 언어학자이며 독일 헤센 주 하나우(Hanau) 출생.

2 1812~1857년 사이에 7판이 출판되었으며 일반적으로 KHM으로 약칭된다.

3 그림 형제가 학창시절을 보냈던 고향. 형제는 카셀 도서관에서 근무한 일이 있다.

4 독일의 철학자, 동양학자, 종교학자.

서 영국으로 건너가 1856년에 『비교신화학시론』(*Comparative Mythology: An Essay*)을 냈다. 그는 이 대작에서 민담을 아리아 민족의 태양이나 하늘이나 어둠이나 태풍을 중심으로 한 신화체계를 연결시켜 해석했으며, 당시의 사람들에게 자연신화학파라는 지지를 받았다.**

한편, 벤파이는 뮐러보다 약간 연상이지만 1859년에 인도의 설화집 『판차탄트라』(*The Pancatantra*)[6]의 독일어판을 출간했다. 벤파이는 서문에서 당시 유럽에서 알려진 민담 대부분의 이야기가 책을 통해서 인도로부터 전래된 것이라고 주장했다. 이러한 입장은 인도기원설이라고 불리며 역시 많은 지지를 받았다.

그러나 두 사람의 생각은 지나치게 유럽 중심이었다. 특히 문헌에 편중되어 있어 오늘날 이것을 액면 그대로 믿는 사람은 거의 없다. 이것을 최초로 강력하게 비판한 이는 영국의 앤드류 랭(Andrew Lang, 1844~1912)[7]이었다. 랭은 『세계동화집』(*The Fairy Tales Book Series*)으로 일본에서는 잘 알려진 인류학자이며 작가이다. 그는 뮐러와 같이 신화의 연구로부터 시작했지만 문헌에만 의존하지 않고, 넓게 미개사회의 구전에도 눈을 돌렸다. 그 결과

---

5 독일의 산스크리트학자, 민담연구자.

6 1859년 벤파이가 최초로 독일어로 번역 출판한 인도의 고대 설화집.

7 영국의 시인, 번역가, 민속학자, 동화작가이다. 그는 전 세계의 전래동화 연구에 몰두하였고, 많은 동화를 발굴 번역하여 어린이들에게 들려주었다. 「요정이야기」, 「노란 요정 이야기」를 비롯한 마법동화 시리즈를 많이 펴냈다.

인도 · 유럽뿐만 아니라 아시아, 아프리카, 아메리카를 포함한 세계 모든 민족의 이야기에도 공통의 구성요소(모티프)가 존재한다는 것을 깨닫게 된다. 그는 “온 세계 사람들은 그들의 문명과는 상관없이 과거에 반드시 미개사회를 경험하고 있었다. 민담이나 신화의 모티프는 그 미개시대인류의 사고(思考)의 기억이기 때문에 보편적이다”라고 결론지었다. 그러나 지금은 랭의 입장을 그대로 지지하는 사람은 거의 없다. 그래도 민담연구의 시야를 세계로 넓힌 랭의 공적은 잊을 수 없다.

19세기 후반은 러시아의 아파나셰프(**Александр Николаевич Афанасьев**, 1826~1871)[8], 프랑스의 세비요(Paul Sébillot, 1846~1918)[9], 코스킨(E. Cosquin, 1841~1919)[10], 이탈리아의 비도레(Giuseppe Pitrè, 1841~1916)[11], 노르웨이의 아스볼루센(Peter Christen Asbjørnsen, 1812~1885)[12], 모오(J. I. Moe) 등의 활약이 있었으며 각국에 뛰어난 민담집이 생산된 시대라고 할 수 있다.

---

8 구비문학 연구자. 『러시아민담집』(*Narodnye Russkie skazki*)의 저자.

9 민속학자, 민담연구자.

10 민속학자, 민담연구자. 『프랑스민담집』 발행.

11 이탈리아 민속학의 창시자. 시칠리안 민간전승문학(*Biblioteca delle tradizioni popolari siciliane*)을 완성(전 25권).

12 설화수집가, 시인, 민간설화연구자. 친구 모오와 함께 『노르웨이 민담집』(*Norske Folkeeventyr*)을 1841년에 출판.

2
20세기 이후의 민담연구

19세기의 민담연구가 초기의 신화학이나 인류학의 영향을 받아 민담 자체의 발생이나 기원을 묻는 거대한 스케일이었던 것에 비해 20세기에 이르러서는 연구경향이 보다 세밀한 문제로 접근한다. 그것에는 여러 가지 생각하는 방법이 있지만 현재 잘 알려진 연구의 흐름을 정리해 보면 국제비교, 구조론, 정신분석, 문예학 등 4가지를 지적할 수가 있다. 그래서 다음은 이 4개의 접근 방법을 간단히 소개하고자 한다.

1) 화형(話型)의 국제비교연구

19세기 후반에는 세계 각국에서 훌륭한 민담집이 나와 「꼬리 낚시」[13]나 「신데렐라」[14] 같은 유사한 이야기가 세계 중에서 넓게 구전되고 있다는 사실을 알게 되자 '민담이 어디서 언제 생겼는가'

라는 발생에 대하여 관심이 깊어졌고, 결국 대상이 개개의 이야기로 옮겨져서 각각의 이야기에 관한 국제적인 비교가 시작되었다. 그 중에서 먼저 잊을 수 없는 것은 핀란드의 안티 아르네(Antti Amatus Aarne, 1867~1925)[15]의 작업이다.

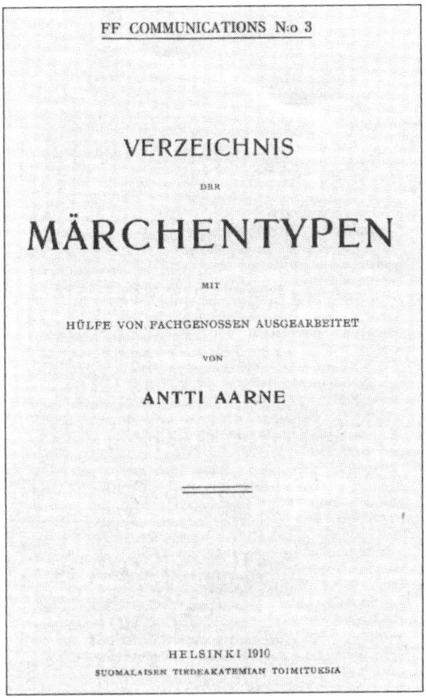
FF COMMUNICATIONS N:o 3

VERZEICHNIS

DER

MÄRCHENTYPEN

MIT

HÜLFE VON FACHGENOSSEN AUSGEARBEITET

VON

ANTTI AARNE

HELSINKI 1910

SUOMALAISEN TIEDEAKATEMIAN TOIMITUKSIA

FFC 3호에 게재된 『민담의 유형색인』의 속표지

세계의 민담을 비교연구하기 위해서는 어떤 유형의 이야기를 다른 이야기로부터 구별하는 분류가 정확하지 않으면 안 된다. 그래서 아르네는 이야기의 구성요소인 모티프와 배열이 닮은 유화(類話)를 모아 '화형(話型)'이라는 그룹을 만들고, 나아가 그 화형을 정리하여 분류 카탈로그를 작성했다. 이것이 유명한 『민담의 유형 색인』Verzeichnis der Märchentypen(A. Aarne, 1910)

---

13 「꼬리 낚시」(尻尾の釣り) 일본의 동물민담으로 동물이 꼬리로 물고기를 잡으려다가 결빙으로 꼬리가 끊겨 사람들에게 들켜 재난을 당한다는 내용으로 우리나라의 「호랑이와 토끼」의 이야기와 유사하다.

14 Aschenputtel, KHM 21 『그림 동화집』

15 핀란드의 민속학자로 그의 첫 논문은 『비교민담연구』(*Vergleichende Märchenforschungen*, 1897)이며, 그는 최초로 방대한 민담을 처리함에 있어서 분류의 필요성을 느껴 우선 북구를 중심으로 『민담의 유형 색인』(*Verzeichnis der Märchentypen*, 1910)을 완성했다.

이다. 아르네의 이 작업은 후에 미국의 스티스 톰슨(Stith Thompson, 1886~1976)[16]에 의해 보완되어 두 사람 이름의 이니셜을 딴 AT번호를 화형에 부여하게 되었다. 현재 AT 카탈로그에는 모두 2,500 화형이 있다. 그것은 다시 동물민담(1~300번), 본격민담(301~1199번), 소화(笑話)(1200~ 1999번), 형식담(2000~2399번), 분류할 수 없는 이야기(2400~ 2500번)의 5개의 분야로 분류되었다. 물론 이것으로는 부족하다. 그래서 각국의 연구자들은 아르네와 톰슨의 생각을 존중하면서 각각의 자국 카탈로그를 만들기 시작했다. 이 가운데 일본의 세키 게이고(關敬吾, 1899~1990)[17], 프랑스의 폴 들라뤼(Paul Alfred Delarue, 1889~1956)[18], 러시아의 니콜라이 안드레프(Nikolai Andreyev, 1882~1942)[19], 한국의 최인학(崔仁鶴)[20] 등의 업적이 뛰어나다고 할 수 있다.

스티스 톰슨은 화형 카탈로그 이외에 방대한 『민간문학 모티프 색인』(*Motif Index of Fok Literature*, 1932~1936)을 완성하고 나아

16 세계적인 민담 연구자인 그는 아르네가 저술한 민담유형을 더 확대하여 세계적인 민담 유형색인(*The Types of the Folktale*, 1927년 초판)을 만들었다. 그는 그 후 계속해서 모티프 인덱스(*Motif-Index of Folk Literature*, 1932~1936)를 만들었다.

17 민속학자, 문화인류학자로 주로 민담을 연구하였으며, 주요 저서로 『민속학』(民俗學), 『석화』(昔話) 외 다수가 있다.

18 민담연구자로 프랑스 민담의 유형을 완성했다.

19 러시아 혁명 후에 활성화된 민담연구의 대표자.

20 대표 저서로 『*The Type Index of Korean Folktale*』(명지대출판부, 1979), 『한국민담의 유형 연구』(인하대출판부, 1994) 등이 있다.

가 『민간설화』(*The Folktale*, 1977) 라는 민담연구의 입문서를 저술했다. 그리고 국제적인 화형연구의 대표로서는 예를 들면 마리안 콕스(Marian Roalfe Cox)[21]나 안나 비르깃타 루스(Anna Birgitta Routh)[22]의 「신데렐라」 연구가 있지만 이것에 관해서는 제2장의 〈세계의 민담 「신데렐라」〉에서 소개한다.

2) 민담의 구조연구

민담의 구조연구는 1928년 당시 러시아의 민담연구자 블라디미르 프롭(Vladimir Propp, 1895~1970)[23]이 출판한 『민담의 형태학』(*morfologiia skazki*, 1928), 『민담의 형태』(*Morpology of Folktale*, 1969)로부터 시작된 것으로 보인다. 프롭은 그의 책에서 우선 '기능'이란 개념을 제기했다. 그가 기능이라고 부른 것은 등장인물의 행위로서 이것이 이야기의 기본적인 구성요소가 된다. 그리고 "기능은 이야기 줄거리를 전개하는 데 있어서 행위의 결과에 따라 결정된다."고 주장한다.

---

21 영국의 신데렐라 연구가인 콕스에 의하면 세계적으로 「신데렐라」류의 설화가 345편이나 된다고 한다. 1897년에 『신데렐라-「신데렐라」「고양이 가죽」「골풀 모자」의 345종의 유화(類話)』(*Cinderella: Three Hundred and Forty-five Variants of Cinderella, Catskin and Cap O' rushes*)를 간행했다.

22 스웨덴 민속학자로 신데렐라 연구를 했다. 그는 세계에서 모은 700여 편의 신데렐라 이야기를 소개하고 있다.

23 러시아의 구조주의 학자이자 『민담 형태론』의 저자이다. 프랑스 구조주의의 발달에 영향을 끼쳤다. 그의 이론은 1950년에 가서야 서구에 알려졌다.

예컨대 여기에 '공주가 이반에게 반지를 준다. 반지에서 나타난 젊은이들이 이반을 다른 나라로 데리고 간다' 라는 에피소드와 '노인이 스첸코에게 말을 준다. 말은 스첸코를 다른 나라로 데리고 간다' 라는 두 개의 에피소드가 있다고 하자. 그곳에는 이야기에 따라 '변화하는 것' 과 '변화하지 않는 것' 두 가지 요소가 나타난다.

주인공의 이반과 스첸코라는 이름이나 주인공에게 반지, 말 같은 마법의 물건을 주는 공주나 노인과 같은 속성은 변화하지만, 그들의 '조력자가 주인공에게 마법의 물건을 주어, 마법의 물건이 주인공을 다른 세계로 데리고 간다' 라고 하는 행위의 의미는 변하지 않는다.

이 불변의 구성요소(등장인물의 행위)를 기능이라고 부른다. 그리고 이 기능의 수는 아주 제한적이라서 민담 중에 복잡한 구조를 가진다고 생각하는 마법민담에도 겨우 31개의[24] 기능밖에 나타나지 않는다. 그 밖에 이 기능은 원칙으로 동일한 순서로 전개된다. 마법민담은 실제로 하나의 구조로부터 생성된다고 할 수 있다.

---

24 프롭의 31개의 기능이라하는 것은 "1.부재 2.금지 3.위반 4.정찰 5.누설 6.책략 7.책략의 성공 8.악한 행동/결핍 9.중개 10.반격의 동의 11.출발 12.증여자의 제일기능 13.주인공의 반응 14.목적지의 이동 16.투쟁 17.낙인 18.승리 19.해소 20.귀환 21.추적 22.구조 23.들키지 않도록 도착 24.거짓 주인공의 주장 25.난제 26.해결 27.주인공의 인지 28.거짓 주인공의 정체 폭로 29.변신 30.거짓 주인공의 처벌 31.결혼"이다. 『민담의 형태론』, 블라디미르 프롭 저 · 안상훈 옮김, 백문사, 2009, pp.43-102

프롭의 이러한 대담한 시도는 오랫동안 세계의 민담연구자들에게 알려지지 않았다. 그러나 1958년 미국에서 영어판이 나오자 대단한 반영을 불러 일으켜 즉시 민담학계의 영역을 벗어나 인류학이나 문학의 연구에까지 영향을 끼쳤다. 그리고 유럽중심의 마법민담은 분석에만 머물지 않고 미국의 알란 던데스(Alan Dundes, 1934~2005)[25]나 프랑스의 두니즈 퍼룸(Denise Paulme, 1909~1998)등이 프롭의 방법을 개량하여 아메리카 인디언이나 블랙 아프리카의 민담 구조를 연구하기 시작했다. 그들은 이러한 방법에 의하여 이때까지 '형식이 결핍된 야만적인 이야기'라고만 생각하던 미개사회의 미담에까지도 탄탄한 구조가 있다는 것을 알게 된 것이다.

그러나 프롭은 그의 생애를 민담의 구조연구에만 바친 것은 아니다. 그는 이것 외에도 『마법민담의 기원』(*ИctopичEckиE KopHи BoлШЕБНОЙ Ckaзkи*, 1964)이나 『러시아민담』(*Russkaia ckazka*, 1984)과 같은 뛰어난 저작을 남겼다. 이 작업에서 그는 민담을 구체적으로 이야기하는 장소로 옮기고, 민담의 역사나 민족의 관련을 생각했다. 프롭의 장점은 역사와 구조를 동시에 추구한 부분에 있지만 세계적으로 보아도 아직 이 점은 충분히 이해되고 있다고

---

25 그는 민속을 구비전승(Oral traditions), 사회민속(Social folk customs), 민속예능(Perfoming folk arts), 물질문화(Material culture) 등으로 4분하고 있다.(*Folklore and Folklife*)

는 할 수 없다. 이 점은 민담의 구조연구와 더불어 금후의 과제 중 하나라고 할 수 있다.

그리고 민담의 구조를 생각할 때, 더욱 잊어서는 안 되는 것은 인류학자인 클로드 레비스트로스(Claude Lévi-Strauss, 1908~2009)[26]의 업적이다. 그의 신화분석 방법은 민담연구에도 커다란 영향을 끼쳤다. 더구나 그의 전문이라 할 수 있는 미개사회의 신화는 민담과 밀접한 관계를 맺고 있어 구별하는 것은 곤란한 영역이다. 이런 의미로도 그의 비판적 계승자인 일본의 야마구치 마사오(山口昌男, 1931~2013)의 업적(예를 들면 『아프리카의 신화적 세계』)은 큰 자극제이다. 또 던데스의 뛰어난 소개자인 이케가미 요시히코(池上嘉彦, 1934~)도 『언어의 시학』에서 민담이 수수께끼나 동요 등과 같이 구조의 영역으로 생각할 수 있음을 증명하고 있다.

프롭의 구조연구의 실제에 대해서는 제3장 〈페로와 그림의 「빨간 모자」〉에서 소개하기로 한다. 그리고 제6장 〈「장화 신은 고양이」의 정치학〉에서 또 하나의 구조연구 발전 형태를 보기로 한다.

3) 민담의 정신분석

민담의 국제비교나 구조론은 주로 '민담이 언제, 어디서 생겨

---

26 벨기에 브뤼셀 출생의 프랑스 인류학자이며 '구조주의'의 창시자이다.

나, 어떤 장치나 형식을 가지고 있는가'에 대하여 답하는 것이지만 '민담이 어떤 의미를 가지고 있는가, 사람들은 왜 민담을 이야기하거나 듣기를 원하는가'를 생각함으로써 정신분석적인 연구의 필요성이 절실히 요구된다.

잘 알려진 대로 정신분석학은 프로이드(Sigmund Freud, 1856~1939)[27]파와 융(Carl Gustav Jung, 1875~1961)[28]파의 두 개의 커다란 흐름이 있다. 그들은 인간 의식의 영역에 호소하여 무의식의 힘을 중시하지만, 프로이드파의 사람들은 무의식을 어디까지나 개인의 영역에 한정시키려고 하는데 비해 융파의 사람들은 인류의 저변에 통한다고 생각한다.

민담에 관한 프로이드파의 업적은 프로이드의 「늑대인간」, 「작은 상자 선택의 세 가지 모티프」나 오토 랑크(Otto Rank, 본명은 Rosenfelt)[29]의 「영웅탄생의 신화」와 같은 극히 일부만 일본에 소개되었지만, 그 밖에도 프란츠 리클린(Franz Rickelin)[30]이나 게자 로하임(Geza Roheim)[31]의 중요한 연구가 있다.

프로이드파에 비하여 융파의 업적은 일본에서는 잘 알려져 있

---

27 오스트리아의 정신분석학의 창시자.

28 스위스의 정신의학자, 심리학자. 프로이드의 심리학의 영향을 받았지만 정신 현상을 성욕에 기착시켜 설명하는 프로이드에 반대했다.

29 오스트리아의 심리학자, 정신분석학 이론을 전설신화 예술 창조성에 대한 연구로 확대했다.

30 심리학자로 취리히 융 연구소의 소장 역임

31 헝가리 출신의 프로이드의 제자.

다. 이것은 가와이 하야오(河合隼雄, 1928~2007)[32]를 중심으로 한 일본의 융 연구자의 덕택이라 할 수 있다. 특히 가와이 하야오는 융과 그의 후계자인 M.L. 폰 프란츠(Marie Louise von Franz, 1915~1998)[33]나 E. 노이만(Erich Neumann, 1905~1960)[34]의 생각을 소개했을 뿐만 아니라 스스로도 『민담의 심층』과 『민담과 일본인의 심성』과 같은 훌륭한 민담연구서를 간행했다.

융파가 민담연구의 영역을 넓게 받아들인 이유 중 하나는 그들이 민담 자체를 깊이 연구한 것에 있다. 종래 민담 연구자가 정신분석학에 대해서 품고 있던 많은 불만은 '그들이 민담을 전혀 모른 채 이야기를 한다'는 것에 있었다. 예컨대 「빨간 모자」는 페로와 그림의 두 유형이 있음을 모른 채 「빨간 모자」의 '빨간'의 의미라든가, 늑대의 '삼킴(呑みこみ)'의 의미에 관해서만 말하는 것은 곤란하다. 융파의 사람들은 프로이드파에 비해서 이야기 자체를 잘 이해하고 이야기를 자기들의 이론에 희생시키는 것이 적었다고 할 수 있다.

그러나 지금까지의 민담연구에 입각하여 민담이란 무엇인가를 잘 이해하고 있었다는 의미에서 주목해야 할 것은 부르노 베텔하

---

32 심리학자로 『昔話の深層』, 『昔話と日本人の心性』 등을 저술하였다.

33 융학파의 꿈 해석의 학자.

34 융의 제자이며 독일 정신분석 심리학자로 대표작은 『위대한 어머니 여신』이다.

임(Bruno Bettelheim, 1903~1990)[35]의 업적이라고 하지 않을 수 없다.

베텔하임은 이론적으로는 프로이드나 멜라니 클라인(Melanie Klein, 1882~1960)[36]의 영향 아래에 있었지만 무엇보다도 우선 자폐증 전문가로 아이들의 정신분석에 강한 관심을 가지고 있었다. 그의 『민담의 마력』은 '아이들이 왜 민담을 듣기 원하는가', '왜 어머니가 제일 좋은 화자(話者)인가' 라는 기본적인 의문으로 출발해서 이야기를 하나하나씩 검토해 간다. 물론 민담은 본래 아이들만의 것은 아니다. 또한 화자도 어머니만이 아니라 여러 타입의 사람들일 수 있다. 그러나 현재의 핵가족화로 가는 가정환경 속에서 민담을 생각해 볼 때는 이러한 관점은 빼놓을 수 없다.

민담의 정신분석, 특히 부르노 베텔하임의 업적에 관해서는 제4장 〈또 하나의 민담의 정신분석〉에서 소개하기로 한다. 제5장 〈「푸른 수염」과 질 드 레〉에서는 잔혹하게 아내를 죽인 푸른 수염을 오이디푸스적인 악몽으로 읽고 이해하는 입장에 대해서 언급하기로 한다.

---

35 미국의 심리학자로 『昔話の魔力』(*The Uses Enchantment-Meaning and Importance of Fairy Tales*)의 저자

36 프로이드의 이론을 확대했다. 프로이드의 역동적 무의식의 개념을 보유한 채, 최초의 정신분석학파를 발전시켰다.

4) 민담의 문예학적 연구

구전하는 문예(文藝)로써의 민담은 다른 곳에서 볼 수 없는 독자적인 양식을 갖추고 있다. 예를 들면 이야기의 처음과 마지막의 문구는 일정 양식으로 정해져 있거나, 3인 형제담[37]과 같이 같은 장면이 세 번 정확하게 반복되는 이러한 형식적인 약속은 세계 여러 나라에서 볼 수 있다. 또 이야기가 전개되는 가운데 죽임을 당한 주인공이 다시 살아난다거나, 목이 달아난 것이 다시 붙는다든지, 비현실적인 불가사의가 용인되는 것도 일반적이다. 이러한 민담이 가지는 문예의 특징에 대한 연구는 20세기 초기부터 덴마크의 악셀 올릭(Axel Olrik, 1864~1917)[38], 네덜란드의 A. 요레스(A. Jores)[39], 독일의 F. 폰 데어 라이엔(Friedrich von der Leyen, 1873~1966)[40] 등에 의해 진행되어 왔다. 그 중에서도 라이엔의 『민담과 메르헨』(*Das Märchen, Ein Versuch*, 1911)은 야마무로 시즈카(山室靜, 1906~2000)[41]에 의해 일본에도 소개되어 훌륭한 입문서로 알려졌다.

---

37 민담중에는 형제담이 많은데 그중에서도 3형제담이 많다. 그리고 막내(셋째)가 착하고 성공하는 경우가 많다. 여기서는 이야기 「바보 이반」(곱사등이 망아지)의 예로 대표된다고 할 수 있다.

38 덴마크의 구전설화 연구의 선구자, 중세의 사서(史書)를 연구하였다.

39 네덜란드의 심리분석학자.

40 독일의 게르만학자, 대표적인 민담 연구자로 저서로는 『민담연구 입문서』(1911)가 있다.

41 일본의 시인, 문예평론가, 북구문학 번역가.

그러나 현재 이 영역에서 시사성 강하게 자극적인 성과를 낸 것은 스위스의 막스 뤼티(Max Lüthi, 1909~1991)[42]일 것이다. 그는 일차원성(一次元性), 평면성, 고립성이라는 독자적인 언어로서 민담의 양식을 잘 표현했다. 뤼티의 업적은 오자와 도시오(小沢俊夫, 1930~)[43], 노무라 시게루(野村滋, ? ~1966)[44] 등에 의해 정력적으로 소개되었다. 특히 오자와 도시오는 『세계의 민담』과 『민담이란 무엇인가』라는 저서에서 보듯이 뤼티의 이론을 기초로 해서 일본 민담의 독자성을 해명하려고 했다.

민담의 문예학적인 연구는 특히 막스 뤼티의 업적의 하나인 제7장의 〈운 좋은 「가시나무 공주」〉에서 소개하기로 한다.

끝으로 제8장에서는 〈민담의 구술과 그 자료〉로써 유럽의 자료집에 수록된 「잠자는 숲 속의 공주」와 「빨간 모자」 등의 기록을 소개한다.

이상과 같이 본서는 지금까지 전개된 몇 가지 민담의 연구를 포함하여 '민담이란 무엇인가'를 생각하는 것을 목적으로 하고 있다. 여기에 등장하는 것은 「신데렐라」, 「빨간 모자」[45], 「헨젤과 그

---

42 프롭의 구조주의 민담연구와 쌍벽을 이루는 학자로 민담에 나타난 공통의 형식을 분석하여 민담의 본질적인 특성을 밝히고 있다. 『옛날 옛적에 - 민담의 본질』 외 다수. 『유럽의 민담』의 편자.

43 구비문학자이며 저서로는 『세계의 민담』 등이 있다.

44 출판업을 병행한 번역가.

레텔」[46], 「푸른 수염」[47], 「장화 신은 고양이」[48], 「잠자는 숲 속의 공주」[49] 라는 잘 알려진 이야기들이다. 그리고 「헨젤과 그레텔」을 제외하면 이들 이야기를 현재도 잘 알려진 형식으로 우리에게 남겨준 사람은 샤를 페로(Charles Perrault, 1628~ 1703)[50]이다. 그는 루이 14세 때 봉사한 베르사유의 궁정인이었지만 그만큼 정당한 평가를 받지 못한 작가도 없을 것이다.

그래서 페로가 살아있던 시대와 구전의 상황에 대해서 우선 고찰하기로 한다.

---

45 페로, Le Petit Chaperon rouge, KHM26 『그림 동화집』.

46 Hänsel und Gretel, KHM15 『그림 동화집』.

47 페로, La Barbe Bleue.

48 페로, Le Chat botté.

49 페로, La Belle au bois dormant (미국: Sleeping Beauty, 1959).

50 동화라는 새로운 문학 장르의 기초를 다진 프랑스 작가이다. 2006년에 발간된 『페로 동화집』 어미 거위와 꽁트(*Contes de ma Mère l' Oye*)에는 「잠자는 숲 속의 공주」를 포함한 8편의 동화와 3편의 운문 동화가 수록되어 있다. 이들 모두가 구전설화에 의존하는 바가 크다.

원주

* 일본에서는 Folktale, Volksmärchen, Conte Populaire 등에 해당하는 학술용어로 '무카시바나시(昔話)' 라는 용어를 사용하는 경우가 많다. 그러나 '민중 사이에 구전되는 이야기' 라는 국제비교를 주제로 하는 본서에서는 '昔話' 라는 일본의 고유성을 중시한 용어보다는 국제성을 배려한 '民話' 라고 하는 용어를 사용한다.

** 자연신화학 학자들의 고찰의 한 가지 예로, 여기서는 프랑스의 앙드레 르페블[51]이 행한 「빨간 모자」의 해석을 들 수 있다. 르페블에 의하면 " '빨간 모자' 는 아침놀의 붉은 것을 말하며 '빨간 모자' 그 자체는 아침놀인 것이다. 그녀가 나르는 과자와 버터 항아리는 아마도 제물의 빵과 제물로 바쳐진 버터를 나타낸 것이다. 할머니는 오래전 아침놀을 인격화한 것이다. 각기 새로운 것은 이것에 계속된 것이다. 늑대는 태워진 태양이나 혹은 구름이나 밤으로 상징된다."

아르네는 『민담의 비교연구』[52]의 「민담의 기원」이란 첫 장에서 르페블의 이 해석을 인용하여 "이런 공상의 유희가 도를 넘어 과학적인 신중성은 전적으로 소멸되어 갔다."라고 비판 하고 있다.(A. 아르네, 1969, 8쪽)

---

51 앙드레 르페블(André Lefèbvre)은 19세기 프랑스의 신화연구자로 1987년에 『페로 민담의 신화학』을 간행했다.

52 『민담의 비교연구』(*Leitfaden der vergleichenden Märchenforschung*,1913) FFC13

Chapter 1

페로와 베르사유의 민담

1
『페로 동화집』의 등장

르네상스의 문화는 남쪽에서 시작되어 북쪽으로 전해져 왔다. 파리는 아름다운 도시지만 베네치아나 피렌체와 비교하면 어딘가 부족하다. 무엇인가 세련된 맛이 부족하다고나 할까. 민담의 세계도 비슷한 것을 지적할 수 있을 것이다.

프랑스가 자신들만의 언어로 된 첫 민담집을 갖는 것은 이탈리아보다도 한 걸음 아니 두 걸음이나 뒤처진 1697년 페로의 『지난 옛 이야기와 교훈』(*Histoire ou Contes du temps passé. Avecdes Moralites*)이 처음이다. 이 책 속에는 「잠자는 숲 속의 공주」, 「빨간 모자」, 「푸른 수염」, 「장화 신은 고양이」, 「요정들」[1], 「상드리용(신데렐라)」[2], 「도가머리 리케」[3], 「엄지 동자」[4]와 같은 잘 알려진

1 페로, Les Fées

2 페로, Cendrillon, ou la Petite Pantoufle de verre

여덟 개의 이야기가 담겨있다. 우리는 여기에 페로가 위의 작품들보다 먼저 운문으로 발표한 세 이야기 「그리젤리디스」[5], 「어리석은 소원」[6], 「당나귀의 가죽」[7]을 추가하여 간단하게 『페로 동화집』(*Contes de ma Mère l'Oye*, 1697)[8]이라고 칭하고자 한다.

그러나 뒤늦게 태어난 이 민담집은 진정한 의미에서 성공을 거두어 300년의 세월 동안 인류 공동의 유산이 되고 있다. 진정 그림책의 세계에 마음을 열었던 경험을 가지고 있는 사람들 중에 「빨간 모자」와 「신데렐라」를 모르는 사람이 있을까. 공주가 잠든 깊은 숲과, 푸른 수염의 성의 비밀스런 방이나, 엄지 동자의 칠십리 장화는 항상 아이들의 마음을 사로잡아 왔다. 장화 신은 고양이와 샘의 요정들은 꿈의 세계로 문을 열어 주었다. 이들 이야기는 물론 페로의 창작이 아니라 민중들의 이야기에서 태어난 것들이지만, 무수한 이야기 속에서 어떻게 이렇게 즐거운 이야기만을 골라 낼 수 있었던 것일까. 도대체 그는 어떤 기회에 누구로부터 이야기를 들었던 것일까.

---

3 페로, Riquet à La houppe.

4 페로, Le Petit Poucet.

5 페로, Griselidis.

6 페로, Les Souhaits ridicules.

7 페로, Peau d'Âne.

8 新倉朗子 譯,『完訳 ペロー童話集』, 岩波書店, 1982. 한국에서는 이경의 번역으로 『페로 동화집』(지식을만드는지식, 2012)이 출판되었다.

40대 중반의 페로(필립 라르만, 1672년)

이러한 수수께끼는 물론 뚜렷한 대답을 찾을 수는 없지만 몇 가지 단서가 없는 것은 아니다. 예를 들어 단서의 하나로 그가 살았던 시대를 들 수 있다. 조금 조잡하게 도식화해보면 그 시대에는 서로 섞이기 어려운 세 문화의 층이 존재했다. 그것은 베르사유의 궁정 문화와 상승 지향이 강한 부르주아지의 문화, 그리고 민중의 문화이다. 페로는 이 세 문화와 각각 독자적인 관계를 형성함으로써 뛰어난 민담집을 낼 수 있었던 것은 아닐까.

2

궁정 문화와 요정 이야기의 유행

페로의 작품이 세상에 나온 17세기 후반은 루이 14세의 절대왕정과 베르사유 문화가 풍만했던 시기이다. 이 시대의 문화의 중심은 궁궐과 살롱에 있었다. 페로는 재무 총감 콜베르(Jean Baptiste Colbert 1619~1683)[9]의 측근이며, 아카데미 프랑세즈[10]의 회원이었기 때문에 베르사유 궁 건설을 비롯해 그 시대 문화의 중심에 관계하여 당대의 문인들과도 끊임없이 교류했다.

그러나 이 시대의 문화는 기본적으로 궁정 귀족을 중심으로 한 소비문화였다. 루이 14세에 의해 전략적으로 베르사유에 가두어져 버린 그들의 경제는 완전히 빚투성이로 외관의 예의범절에 사

9 루이 14세의 재무총감.

10 프랑스어의 공식 수호기관으로 프랑스 문학의 고전주의 시대에 프랑스 문법과 철자를 확립했다.

로잡혀 무엇 하나 창조성을 발휘할 수 없었다. 하지만 연극이나 구경거리를 좋아했던 루이 14세로 인하여, 라시느(Jean Baptiste Racine, 1639~1699)[11]와 몰리에르(Molière, 1622~1673)[12]의 고전주의 연극이나 당시 이탈리아에서 온 발레와 오페라를 즐긴 관객의 중심은 귀족 계층이었다. 그리고 아카데미의 회원이며 궁정인으로서의 페로는 귀족들과 적극적으로 왕래하며 그들이 출입하는 살롱을 선도했다. 『페로 동화집』의 첫 세 작품이 운문으로 쓰여져 있던 것은 살롱에서 낭독되는 것을 목적으로 했기 때문이다.

당시의 살롱은 문학과는 전혀 무관한 입에 발린 말들이 넘치는 사교장이었지만 시대의 정신이나 예술의 새로운 움직임에 민감하고 항상 유행의 최첨단을 걷는 것만은 잊지 않았다. 그리고 17세기의 마지막에 가까운 이 시기에 갑자기 요정 이야기를 대유행시켜 버린 것도 이 살롱의 공죄(功罪)이다. 이 유행은 오노와 부인[13]이라든지 레리체 양이나 베르나르 양 등과 같이 주로 여성들에 의해 지지되고 계승되어 왔다지만 페로 또한 여성 독자, 특히 베르사유의 여성들을 위해 쓰고 있었다. 그것이 가장 명확하게 나타나는 것은 각 이야기의 마지막에 나타나는 교훈이다. 예를 들어, 숲

11 몰리에르, 코르네유와 더불어 프랑스 3대 극작가의 한 사람이다.

12 본명은 장 바티스트 포클랭(Jean Baptististe Poquelin)이며 대표작으로는 『여자들의 학교』, 『강제결혼』, 『상상속의 환자』 등 외 다수 있다.

13 루이 14세 시대에는 귀족들의 살롱에서는 요정의 이야기들이 유행했으며, 이 중에 오노와 부인이 맹활약을 했었다.

속에서 어슬렁거리다 늑대에게 잡아먹힌 「빨간 모자」에는 이렇게 적혀 있다.

> 이것으로 알았을 것이다. 어린 아이들, 특히 어린 소녀들, 아름다운 모습과 다정한 소녀들이 누구에게나 귀를 기울이는 것은 터무니없는 실수, 그 결과 늑대에게 잡아먹힌다 하여도 조금도 놀라운 일이 아니다.
>
> 한마디로 늑대라고 해도 모든 늑대가 같지 않다. 빈틈없이 접근하여 조용하고 상냥하게 그들 사이에 녹아들어 붙임성 좋고 부드럽게 젊은 아가씨들을 미행, 집이나 침대 옆까지 숨어든다. 이것이야말로 큰일이다. 이것을 모르는 사람이 있을까. 이런 상냥한 늑대야말로 어떤 늑대보다도 가장 위험하다는 것을.(페로, 1982, 179~180쪽)

이 교훈은 조금도 오해의 여지가 없다. 늑대는 분명 이중의 의미를 가지고 있고, 먹는다는 것에도 두 가지 의미가 있다. 그리고 페로가 "이것이야말로 큰일"이라고 했던 것은 마을 늑대들의 유혹인 것이다. 이러한 교훈뿐만 아니라 아이들의 이야기를 빙자한 성인용 메시지, 에로틱한 암시는 『페로 동화집』의 전편에 걸쳐 볼 수 있으며, 이와 같은 세련된 성인의 시선이야말로 오늘날에 이르는 페로 인기의 비밀인지도 모른다. 이런 성인적인 요소를 중요시하는 것도 나쁘지는 않다. 물론 그것도 도가 지나치면 때로는 꺼

「빨간 모자」의 삽화[귀스타브 도레(Gustave Doré), 1867년]

림칙하게 느껴지지만.

그러나 이러한 교훈 이상으로 궁정 문화가 지배적인 것은 작품의 핵심 세계관이다. 거기에는 베르사유(Versailles)적인 의미의 아름다운 생활에 대한 동경이 가득 채워져 있다. 「잠자는 숲 속의 공주」의 성에 나오는 대리석을 깐 넓은 정원과 금박을 두른 침실, 거울의 방, 「상드리용」의 자매가 입고 있는 붉은 벨벳 드레스와 영국제 레이스 장식, 금꽃 무늬의 모자와 다이아몬드 죔쇠, 식탁에 자연스럽게 놓여 있는 오렌지나 레몬, 모두가 당시의 궁정 사람들의 꿈이다. 페로 자신도 베르사유의 왕실 건축 총감으로서 이러한 꿈을 연출하고 스스로도 푸른 수염처럼 마을과 시골에 훌륭한 저

택을 가지고, 금은 식기나 자수를 놓은 천으로 만든 가구에 둘러 싸여 있었다. 즉, 작가 자신이 주인공들의 꿈을 실현하고 있었던 것이다.

그러나 이러한 베르사유적인 꿈이라든가, 성인 에로티시즘만으로 페로 작품의 성공을 말하는 것은 무리가 있다. 이러한 요소만이라면 더 자극적인 형태로, 예를 들면 오노와 부인 같은 동시대의 작가들에게도 볼 수 있기 때문이다. 한때의 유행으로 사라진 그녀들과 페로를 구별 짓는 것이 무엇인가를 생각해 볼 필요가 있다. 물론 갈고 닦은 고전주의의 문체라고 하는 것도 있겠지만, 그것을 만들어 낸 다른 두 가지의 요소인, 어린이에 대한 시점과 전승에 대한 충성이 중요한 역할을 하고 있는 것으로 보인다.

3

부르주아지와 아이들의 교육

조금만 생각해 보면 알겠지만 베르사유 귀족들의 문화에 '어린이'라는 것은 존재하지 않는다. 전통적인 사회에서 귀족은 태어나면서부터 귀족이며, 농민은 태어나면서부터 농민이기 때문이다. 이 시대에 어린이라는 존재를 강하게 의식하고 그들에게 올바른 교육을 하고 판단력과 기술을 부여하여, 장래 높은 지위와 안정된 생활을 보장해 주려고 생각하고 있던 것은 상류 부르주아지만이라고 생각해도 좋다. 그들의 대부분은 법복 귀족이라 불리우던 이들로, 부와 지식에 의해 변호사와 판사의 지위를 손에 넣고 새로운 귀족이 되었다. 그들의 지위는 물론 절대적인 것은 아니고 17세기 후반에는 이미 위험스러워 지고 있었지만, 계속해서 시대의 지식인 · 문학가를 배출하고 있었다. 데카르트(René Descartes, 1596~1650), 파스칼(Blaise Pascal, 1623~1662), 코루네 이유(Pierre Corneille, 1606~1684), 라시느도 모두 이 계급 출신이다. 페로도 뒤늦게 합류한 이 계급의 일원이었다.

샤를 페로는 다섯 형제 중 막내로 1628년 파리에서 태어났다. 아버지는 파리 고등 법원의 변호사이고 장남인 장도 변호사, 차남 피에르는 징세관(徵稅官), 삼남 클로드는 의사이며 건축가, 사남인 니콜라는 신학 박사이다. 막내 샤를도 변호사로 시작하여 나중에 루이 14세의 재무 총감 콜베르의 오른팔이 된다. 여기서 주목해야 할 부분은 유년기에 그가 받은 교육과 만년에 그가 아이들에게 했던 교육에 있다. 그는 나중에 『회상록』(*Memoires de ma vie*)[14]에서 다음과 같이 말하고 있다.

> 먼저 나에게 읽는 법을 가르쳐 준 분은 어머니였다. 그리고 여덟 살 반 때 코레쥬드보베에 입학했다. 나는 형들처럼 모든 과목에서 우수했기 때문에, 우리 형제 중 누구 한 사람도 채찍으로 맞는 사람은 없었다. 매일 밤, 아버지는 저녁 식사가 끝나면 그날 배운 것을 복창하게 했고 그중 중요한 부분은 라틴어로 말하게 했다. 이 방법은 배우는 사람의 정신을 열고, 암송한 작가의 정신을 이해시키는 데 매우 도움이 되었다. 난 항상 반에서 우등생이었지만 잘 읽을 줄 모르고 1학년이 되었기 때문에 저학년 시절에는 별로였다.(페로, 1878, 2쪽)

---

14 1702년 집필하였으나, 그가 사망한 후에 출판되었다.

이것은 조금 형태를 바꾸면 현재 프랑스의 교육적으로 열심인 가정에서 볼 수 있을 것 같은 따뜻한 광경이다. 그러나 17세기 전반에 이러한 가정은 드물었다. 왜냐하면 17세기는 겨우 학교 제도가 아이들을 위해 필요하다고 생각되기 시작한 시기로 프랑스 전역에 교회 부속학교가 설치되고 있었지만 학교라고 부르기에는 너무 허술한 것이 많았기 때문이다. 1681년의 어떤 기록에 의하면 결혼식 때 자신의 이름을 쓸 수 있었던 사람이 10명 중 2명이었다고 하니 당시 학교 교육의 성과를 미루어 짐작할 수 있다.

페로는 어린 날에 자신이 받은 교육을 아이들을 위해서 필시 반복했을 것이다. 그의 결혼은 일이 바빴던 탓인지 상당히 늦어진

17세기 프랑스 마을의 수업 풍경

44세의 일이었다. 결혼 상대인 마리 기시용은 당시 19살이었는데, 그녀는 불과 6년 후에 삼남 일녀를 두고 저 세상으로 가버린다. 5년 후에 콜베르의 사망과 함께 관직을 사퇴한 페로는 『회상록』에 이렇게 쓰고 있다.

> 일을 그만두고 자유의 몸이 되니 나는 생각했다. 20년 가까이 전념을 다해 일하고 50의 고개를 넘었으니 이제 유유히 몸을 쉬게 하고, 아이들의 교육에 전념하기 위해 은거하여도 무방할 것이다.(페로, 1878, 127쪽)

페로가 『페로 동화집』에 수록되어 있는 운문 작품 세 편을 정리하여 발표한 것은 『회상록』을 발표하고 15년 정도가 지난 1695년이다. 그 배경으로 당시의 살롱에서 유행하고 있던 요정 이야기가 작용했다는 것은 의심할 여지가 없다. 하지만 그동안 페로가 자녀의 성장에 직접적으로 관여하여 마음을 열 수 있었던 기회가 없었다면 『페로 동화집』이 지금의 모습으로 성장할 수 있었는지는 큰 의문이다. 그는 이 작품집의 서문에서 민담을 '우리 조상이 아이들을 위해 만든 이야기'라고 규정한 뒤, 이 이야기가 자녀 교육을 위해 마련한 교훈에 대하여 다음 같이 말했다.

> 어린이들이 건전하기만 하고 매력이라고는 전혀 없는 진실이라는

가치를 이해할 수 없는 경우, 진실을 연령에 맞춘 즐거운 이야기의 옷으로 감싸고, 사랑하도록 유도하고, 또한 이렇게 말해도 좋다면, 진실을 '납득시키려고' 하는 엄마와 아빠는 칭찬받아 마땅한 것이 아닐까요. 아직 무엇에도 오염되지 않고 태어나 그대로의 마음을 가진 순진한 아이들이 우화 속에 숨겨진 교훈을 어느 정도 열중하여 흡수하는지는 믿을 수 없을 정도입니다. (페로, 1977, 110쪽)

어린이의 순수한 마음을 인정하고 거기에 작용하는 교육의 힘을 믿는 것은 결코 페로의 독창적인 견해는 아니지만 당시로써는 최첨단을 걷는 사상이었다. 이러한 견해가 몇 년 후 18세기 계몽주의 사상을 접하게 되면, 오히려 '교육'이 전면에 나오면서 그만큼 이야기의 재미는 없어진다. 예를 들면 보몽 부인(Jeanne Marie Le prince de Beaumont, 1711~1780)[15]처럼 뛰어난 작품을 남긴 사람도 무턱대고 여교사화 되어 '기하학적 정신'이나 '이성의 왕국'과 같은 것을 제창하게 되어 결국에는 이야기의 재미를 잃어버린다.

그러나 페로는 아이들의 순진한 마음과 교훈의 효용을 말하면서도 그로 인하여 이야기를 잃어버리는 경우가 없었다. 그것은 진짜 이야기꾼이 가지는 '청자에 대한 배려'와 '구전된 이야기에 대

15 Madame de Beaumont, 프랑스의 소설가이자 낭만파의 선구적 작가이며 저서로는 『미녀와 야수』가 있다.

한 존중' 이 살아있기 때문이었다.

페로 작품의 이러한 특징은 자신이 이야기꾼이 되기 전에 축적한 청자로서의 경험, 즉 자신의 문화와는 이질적인 민중 문화와의 접촉을 전제로 하지 않으면 이해하기 어려운 것이다. 그러나 평생 도시 생활자였던 페로가 도대체 어떤 기회에 누구에게 이야기를 들었을까. 구전의 세계에 어느 정도 빠져들었었는지 검증할 수 있는 수단은 아무 것도 없다.

4
민중문화와 구전의 세계

그러나 구태여 말하자면 『페로 동화집』 1697년판에, 실을 뽑으면서 말하고 있는 할머니와 이야기를 듣고 있는 세 아이의 모습이 그려져 있다. 왼쪽의 노파는 옷차림으로 보아 가난한 농민이고 세 명의 아이는 유복한 가정의 자녀이다. 이 그림은 페로 자신이 원화(原畵)를 제공했다는 설도 있을 정도로 미덥지 않은 것이지만, 세 아이 중 한 명을 어린 날의 페로라고 보는 것도 무리한 상상은 아니다. 어린 페로는 어머니로부터 읽고 쓰기를 배우면서 몇 가지 이야기를 들었음에 틀림없다. 그리고 방 한쪽 구석에서 더 많은 이야기를

1697년판 『동화집』의 권두화

알고 있는 가정부에게 이야기를 해달라고 조르지 않았을까.

혹은 50년 정도 시대를 늦추어 페로의 아들과 딸의 모습을 구상해 보는 것도 가능하다. 또 60살에 가까운 아카데미 회원 페로가 방 한쪽 구석에서 아이들과 함께 가만히 방해되지 않도록 노파의 이야기를 열중하여 듣고 있다. 이 삽화의 안쪽 문에는 '거위 아줌마의 이야기' 라는 글자가 쓰여 있다. 이것은 『페로 동화집』의 부제이기도 하다. 거위 아줌마는 영어로 말하면 마더 구스로 삽화의 노파에게 제격이다.

실을 잣는 손은 쉬지 않으면서 어린이들을 이야기의 세계로 이끌어가는 할머니. 이 할머니도 아직 젊었던 시절, 마을 소녀들이 모이는 일터 숙소에서 이야기를 나누었던 날들을 회상하면서 천천히 이야기를 하고 있는지도 모른다. 『페로 동화집』은 이러한 이야기의 깊은 역사가 계속 퍼져 있어야 한다고 생각한다.

그러나 불행히도 17세기 민중이 어떻게 이야기를 즐겼는가에 대한 기록은 남아 있지 않다. 겨우 19세기 후반에 와서 민속학이라고 하는 학문에 사람들의 관심이 다다르기까지는 우연히 남아 있는 것 이외에는 문자로 남아 있을 수는 없었던 것이다. 그러나 예를 들어 민속학자 폴 세비뇨가 100년 전에 기록한 브르타뉴(Bretagne, 프랑스) 지방의 이러한 생활상도 페로의 시대에는 더욱 생생하게 살아 숨 쉬고 있었던 것은 아닐까.

> 실잣기 숙소도 지금은 곳곳에서 사라져 버렸지만 저녁이 되면 열렸다. 실을 실패나 물레에서 잣기 위해 몇몇이 한 채의 농가에 모여든다. 연인이 있는 젊은이들도 소녀들을 꾀어내기 위해 다가와서는 물레를 돌리며 도와준다. 모두는 거기서 민담이나 전설을 이야기하고, 수수께끼를 내고, 노래를 부르고, 나중에는 춤을 추는 일도 있었다. 에르세 마을 근처에서는 이런 모임을 '피란도리'라고 했고, 때로는 40명도 50명도 모이는 경우가 있었다고 한다. 한 노파가 자신이 젊었을 무렵에는 매주 1회 '피란도리'가 있었고 없는 경우가 드물었다고 했다. (세비요, 1967, 3쪽)

이런 숙소의 기록은 놀랄 정도로 일본의 소녀회관(娘宿)[16]에서의 이야기와 비슷하고, 상상력을 발휘해 보면 페로 민담의 세계가 한 걸음씩 가까워져 오는 기분이 들어 즐겁다. 페로의 구전에 대한 충실성은 이런 전통에 뿌리를 내리고 있는 것이다.

페로의 이야기가 베르사유적인 장식과 독자인 여성들에 대한 배려가 컸음에도 불구하고, 얼마나 정확하게 입으로 전달되어지는 이야기의 구조에 충실하였는가는 현재도 프랑스 각지에 남아있는 비슷한 이야기와 비교해 보면 바로 알 수 있다.

---

16 소녀회관은 12~13세 이상의 미혼 여성으로 구성된 연령집단으로 특정의 민가나 헛간 등을 소녀회관으로 정하고 저녁식사를 마치면 소녀들이 모여 새끼줄을 꼬거나 짚신을 만들거나 바느질 등의 밤샘 일을 했다.

5
세계의 민담 「당나귀의 가죽」

예를 들어 「당나귀의 가죽」(제8장 「당나귀의 가죽」 참조)은 운문으로 작성된 페로의 세 번째 작품이지만, 실은 독자로서 어린이를 의식한 첫 작품이라고 해도 좋다. 이에 선행하는 「그리젤리디스」(Griselidis)는 어린이의 읽을거리라기보다는 오히려 여성을 위해 쓰여진 페미니즘 옹호의 작품이며, 그 뒤의 「어리석은 소원」도 당시의 고전주의 문학이 그리스 · 로마 문학에 편중되는 것을 염두에 둔 성인 우화이다. 그에 비해 「당나귀의 가죽」은 서문에서 말한 것처럼 정말로 '노파가 이야기 하는 민담' 이며 '유모나 가정교사 부인들이 매일 아이들에게 들려주는 이야기' 였다.

「당나귀의 가죽」은 페로 이전부터 유럽 각지에서 사랑받는 이야기였다. 문헌에서도 이미 소개되어 이탈리아의 스트라파롤라(Giovan Francesco Straparola, 1500~1557)의 『즐거운 밤』에 '도라리스'[17]라고 하는 비슷한 이야기가 있고, 바실레(Giambattista Basile, 1575~1632)의 『펜타메로네』(pentamerone, 5일 이야기)[18]에도 '소녀가 웅녀로 변신하여 아버지의 청혼으로부터 탈출' 이야기가 있다. 프랑스에는 페로의 이야기 이전에 정리된 기록은 없지만, 선행하는 몰리에르나 라 퐁테느(Jean de la Fontaine, 1621~1695)[19]의 작품 속에서 이 이야기의 이름이 등장하는 것에서부터 '당나귀의 가죽으로 변신'이라는 모티프가 결코 페로가 이야기를 재구성하면서 착상해 낸 것이 아님을 알 수 있다. 그리고 또 시대를 거슬러 내려와 독일의 그림(Grimm)과 영국의 제이콥스(William Wymark, Jacobs, 1863~1943)[20]의 민담집으로 오면 변신의 도구는 「천 장의 가죽」[21]과 「골풀 모자」[22]가 된다.

그러나 소녀의 다양한 변신 도구 중에서 일본 「바리 씌움」(鉢かづき)[23]의 '바리'는 독특하다. 이 이야기에는 이탈리아와 프랑스

---

17 도라리스(Doralice)는 『즐거운 밤』(*Le piacevoli notti*)에 등장하는 옷장에 숨은 여인의 이름이다.

18 나폴리 방언으로 쓴 민담집이다.

19 17세기 프랑스의 시인으로 이솝의 우화를 바탕으로 우화시를 썼으며, "모든 길은 로마로 통한다."는 격언을 남겼다.

20 영국의 단편소설가. 『원숭이의 손』의 저자.

21 Allerleirauh, KHM65 『그림 동화집』.

22 Cap O' Rushes, 『영국의 민담집』.

23 일본의 민담. 고전 「오토기조시」(お伽草子)에 나오는 이야기. 계모는 바리씌움을 못살게 굴어 최후에는 아버지를 속여 쫓아낸다. 쫓겨난 바리씌움은 방황 끝에 원님의 도움으로 구출된다.

의 이야기와는 달리 처음에 '아버지의 딸에 대한 청혼'이라는 근친상간의 모티프는 없고, 매우 일본적인 학대받는 의붓자식 이야기이고, 바리도 요정이 아닌 관음보살님의 계시로 받게 된다. 그러나 그 후의 고난의 전개는 매우 흡사하고, 마지막 결혼을 위한 테스트가 다시 일본적인 단가나 악기연주의 비교로 되어있다. 이 이야기의 성립은 같은 종류인 「노파의 가죽」(うばっ皮)[24]과 함께 무로마치 시대로 생각되기 때문에, 재화(再話)의 연대도 페로보다 빠르고 바실레, 스트라파롤라보다도 선행하게 된다.

민중본에 그려진 「당나귀의 가죽」

전 세계에 이렇게까지 비슷한 이야기가 흩어져 있는지 때때로 두려워지기도 하지만, 아무래도 인간의 문화는 상상 이상으로 공통 기반 위에 세워져 있는 것 같다. 페로는 아마도 스트라파롤라의 작품은 읽었을 것이고, 그리스 · 로마의 고대에도 자신들과 공통 지향이 있었다는 것을 기꺼이 증명하려고 시도했다. 그러나 일

24 일본의 계자담(繼子譚). 입으면 늙는 옷을 계모가 딸에게 입혔다. 할머니로 변한 딸은 집을 나와 어느 부잣집의 물 긷는 식모로 채용되었다. 그녀는 젊은이를 만나 늙게 하는 옷도 벗게 되고 미인이 되어 결혼하여 행복하게 살았다.

본의 문제는 당시 유럽인의 상상력을 훨씬 넘어섰을 것이다.

페로는 이 이야기를 운문으로 썼다. 이것은 아카데미 회원으로 문체에 고집스러운 페로의 최대한의 타협이었다고 생각한다. 거기에는 아무리 생각해도 어린이용이라고는 말할 수 없는 정교한 표현이 즐비하다. 그럼에도 불구하고 이야기는 어디까지나 민담 스타일이며 구어체의 음색이 살아 있다. 게다가 마법민담 특유의 약속이 제대로 지켜지고 있었던 것이다.

「당나귀의 가죽」을 쓴 뒤, 페로는 운문 스타일을 버리고 만다. 이것은 당시의 문인으로는 상당히 용기가 필요한 일이었다. 그 때문인지 어떤지 알 수는 없지만 『페로 동화집』 다음의 여덟 이야기는 페로의 아들 피에르의 이름으로 발표되고 있다. 과연 이 여덟 작품의 작가가 누구인지 오늘날에도 분명하지 않지만 번거로운 논쟁이므로 여기에서는 언급하지 않는다. 그러나 그 작품 중 어느 것도 당시 열아홉 살이었던 피에르에게는 요구하기 어려운 것으로 예의 풍자스럽지만 상냥한 성인의 시선을 엿볼 수 있다. 거기에 빛을 발하는 지성은 그 시대 무능한 귀족들의 장난스러운 신비주의 취미에서 자유로운 만큼 솔직하게 민중의 전통을 표현하고 있었다. 그것은 데카르트와 파스칼의 계승자 호이겐스(Christiaan Huygens, 1629~1695)[25]와 폰토넬(Bernard le Bovier de Fontenelle,

25 네덜란드의 물리학자, 천문학자.

1657~1757)[26]의 친구인 페로의 '근대 합리주의' 특유의 것이었다. 『페로 동화집』에서 때때로 보이는 수다스러운 베르사유적인 어휘의 저변에는 매우 굵직굵직한 민담의 구조가 살아 있다. 그리고 이 구조에의 충실함이야말로 오늘에 이르기까지 『페로 동화집』이 계속 읽혀지고 이야기되는 진정한 이유라고 말할 수 있을 것이다.

---

26 프랑스의 저술가로 우주론의 계몽서를 다수 저술했다.

Chapter 2

세계의 민담 「신데렐라」

1
마리안 콕스와 345의 「신데렐라」

「당나귀의 가죽」에 한정하지 않고 같은 종류의 모티프가 같은 순서로 전개되는 이야기가 세계 각지에 존재하는 것은 그림의 시대부터 알려져 있었다. 그림 자신도 1822년에 간행된 제2판의 주석에서 독일에 전해지는 몇 개의 비슷한 이야기를 검토한 후, 그 외에 페로의 「당나귀의 가죽」, 스트라파롤라의 「도라리스」[1], 바실레의 「암곰」(牡熊)[2]이라고 하는 선행 문헌이 있는 것을 지적하고 있다.

그러나 「당나귀의 가죽」을 「신데렐라」와 같은 유형의 이야기라고 생각하고 세계의 비슷한 이야기를 비교 분류해 그 루트를 찾는

---

1 도라리스가 끼고 있던 반지로 데오발트 왕후의 딸임을 알고 후에 왕과 결혼한다.

2 *The She Bear*, 이탈리아의 시인이며 군인인 바실레의 설화집 『펜타메로네』(The Pentamerone)의 2일째 6화에 나오는 이야기.

1697년판의 「신데렐라」 삽화

국제 비교 연구에 본격적으로 착수한 것은 영국의 마리안 콕스가 최초이다. 그녀는 1897년에 『신데렐라-「신데렐라」「고양이 가죽」「골풀 모자」의 345의 유화(類話)』를 간행했다.

1897년은 그림에 의해 시작된 체계적인 민속 기록 작업이 유럽 각지에 파급되어 프랑스, 영국, 스페인, 포르투갈, 핀란드, 노르웨이, 그리스 등에서 양질의 자료집이 나오기 시작한 시대이다. 특히 영국에서는 앤드류 랭이나 조셉 제이콥스 등의 작가들에 의해 민담자료를 바탕으로 하는 일반인을 위한 재편성 이야기집이 출판되기 시작하였다. 콕스는 이러한 유럽의 자료집을 읽고 「신데렐라」와 비슷한 이야기라고 생각한 이야기 345화를 선택해서 A,

B, C, D, E의 다섯 개로 분류했다.

그녀는 일반적으로 「신데렐라」로 불리는 유형을 A로 하고, 「당나귀의 가죽」 유형은 영국에서 잘 알려진 「고양이 가죽」을 B로, 「골풀 모자」를 C로 하여 두 가지로 나누고 있다. 「고양이 가죽」[3]과 「골풀 모자」는 구조적 관점에서 보면 「당나귀의 가죽」과 같은 유형이지만, 주인공이 성(城)을 탈출하는 사정이 조금 다르다. 두 작품에는 「당나귀의 가죽」과 같은 '결혼을 강요하는 아버지'와 같은 곤란한 근친애의 모티프가 없다. B의 「고양이 가죽」은 어떤 일이 있어도 대를 이을 아들이 필요하다는 제멋대로인 아버지가 등장한다. 아버지는 딸의 존재를 싫어해 딸이 열다섯 살이 되자 "누구라도 좋으니까 먼저 결혼을 신청해온 남자와 결혼시키겠다."고 선언한다. 주인공은 억지 결혼에서 벗어나기 위해 고양이 가죽을 쓰고 집을 나와 성의 하녀로 고용된다. 그리고 고양이 가죽을 벗고 아름답게 변신하여 파티에 나가자 왕자가 첫 눈에 반하게 된다. 물론 왕자와 맺어진 딸은 후계자 없이 아내와도 사별하고 완전히 침체되어 있던 아버지와 화해한다. C의 「골풀 모자」에 등장하는 아버지도 완고하다. 그는 셰익스피어(William Shakespeare, 1564~1616)의 『리어왕』(*The King Lear*)처럼 세 명의 딸에게 자신에 대한 사랑의 깊이를 고백시킨다. 위의 두 언니는 입에 발린

3 마리안 콕스가 1897년에 신데렐라 유화를 345개를 모은 계모담의 하나이다.

소리를 하여 그 상황을 잘 넘기나, 셋째 여동생은 "소금과 같은 정도로 사랑하고 있다"고 말해 노여움을 사서 성에서 쫓겨난다. 골풀 모자 속에 아름다운 의상을 숨기고 성의 하녀가 된 딸은 역시 모자를 벗고 아름답게 변신하여 왕자와 결혼을 한다. 그리고 결혼식에 아버지를 초대해 '소금이 빠진 요리'를 먹여 소금의 중요함을 느끼게 하고, 그 사랑의 깊이를 알고 후회하는 아버지와 화해한다.

제이콥스의 『영국 민담집』(1895년판)의 「골풀 모자」 삽화

이상과 같이 「당나귀의 가죽」, 「고양이 가죽」, 「골풀 모자」는 모두 제멋대로인 아버지가 등장하고 주인공은 아버지와 갈등이 원인이 되어 성을 나오고 있으니 이 이야기들을 하나로 묶어도 좋을 것 같다. 그러나 「골풀 모자」는 영국을 대표하는 민담의 하나이고, 「고양이 가죽」은 마더 구스와 같은 자장가로까지 되어 사람들에게 사랑을 받고 있다. 어린 시절부터 두 개의 이야기를 듣고 자란 콕스에게 그것들을 하나로 묶는 것은 무리였을 것이다.

그녀는 페로의 「당나귀의 가죽」과 그림의 「천 장의 가죽」과 같은 '근친애'의 모티프를 B의 「고양이 가죽」 유형으로 분류해 「골풀 모자」와 구별하는 것으로 해 버렸다. 더욱이 콕스는 A로도 B, C로도 분류할 수 없는 이야기를 '중간적인 이야기 D'라고 하여

「신데렐라」에 가까운 편은 Da, 「당나귀의 가죽」에 가까운 편은 Db로 분류했다.

예를 들어 Da로 분류된 『그림 동화집』의 「첫째, 둘째, 셋째」(*Einäuglein, Zweiäuglein und Dreiäuglein*)[4]의 주인공은 둘째이기 때문에 모친과 다른 자매에게 소외당하여 양치기를 하고 있었다. 소녀가 자신의 불행을 한탄하고 있자 신비한 여자가 나타나 '산양에게 외치면 맛있는 음식이 나타나는 주문'을 가르쳐 주었다. 그 비밀을 셋째에게 들켜 소중한 산양이 죽임을 당하지만, 죽은 산양을 매장하니 그곳에서 아름다운 나무가 자라 금 사과가 열렸다. 그곳을 지나던 왕자가 금 사과를 원하게 된다. 그러나 금 사과는 둘째 이외에는 누구도 손에 넣지 못하였다. 소녀는 왕자에게 금 사과를 선물하고 왕자와 결혼해 행복하게 살았다.

E로 분류되는 것은 주인공이 남성판(版)인 「신데렐라」이다. 이것은 「붉은 송아지」로 알려진 이야기로 「첫째, 둘째, 셋째」와 비슷하지만 후반의 전개가 다르다.

어머니를 잃은 주인공이 소를 지키는 일을 하며 배를 곯고 있자 한 마리의 소가 뿔에서 맛있는 음식을 내어 주었다. 그 비밀을 눈이 여러 개나 달린 의붓형제에게 들켜 소는 계모에게 잡아먹힐 뻔한다. 주인공은 소를 타고 탈출하여 금, 은, 동의 숲을 빠져나가지

---

4 『그림 동화집』 130번째에 있음.

만 소의 충고를 듣지 않고 동, 은, 금의 가지를 꺾는다. 그 때문에 소는 숲의 주인과 싸우게 된다. 소는 세 번의 싸움에서는 이기지만 마지막 싸움에 져 죽는다. 주인공은 소에게 뿔을 받아 그 힘으로 행복하게 된다.

콕스가 A의 「신데렐라」 유형으로 분류한 이야기는 134화이고, B의 「고양이 가죽」 유형은 78화, C의 「골풀 모자」가 26화, D의 「중간적인 이야기」가 80화, E의 남성 주인공 유형이 23화이다. 그리고 편집의 최종 단계에서 4화가 더해져 전부 345화가 되었다. 자료가 된 것은 압도적으로 유럽의 이야기가 많지만 남아메리카 3화, 중동 · 아프리카 4화, 그리고 아시아 10화로 일본의 「바리 씌움(鉢かづき)」이 '유형 D' 이야기로 소개되어 있다. 이것은 1885년 라이프치히(Leipzig)에서 간행된 다비드 브라운스(David Brauns, 1827~1893)의 『일본의 메르헨과 전설』(*Japanische Marhen und Sagen*)에서 채용되었다. 그러나 중국과 한국의 이야기는 언급하지 않았다.

2
아르네와 톰슨의 『화형(話型)색인집』

콕스의 연구는 본격적인 국제 연구의 첫걸음이 되었다. 물론 전 세계에 넓게 확산된 이야기는 「신데렐라」만이 아니다. 「꼬리 낚시」, 「브레멘 음악대」[5], 「미녀와 야수」와 같은 비슷한 이야기가 많이 있고 그것은 마치 지그소 퍼즐의 조각처럼 각지에 흩어져 있다. 이것을 도대체 어떻게 정리하면 좋을 것인가.

콕스의 연구는 이에 큰 힌트를 주었다. 이미 언급한 바와 같이 그녀는 전 세계의 「신데렐라」를 A, B, C, D, E의 다섯 그룹으로 나누었다. 이것을 이야기의 구성 요소로 나누어 좀 더 자세히 살펴보자.

---

5 독일 Die Bremer Stadtmusikanten, 영국 Bremen City Musicians, AT130, KHM27. 나이 들어 쓸모없게 된 당나귀와 같은 운명으로 죽게 되는 개, 고양이, 수탉이 자유로운 땅 '브레멘'으로 가서 음악가가 되기로 결심한다. 그 동물 음악대의 모험과 여정을 다룬 이야기이다.

A의 표준이 되는 신데렐라는 ① 의붓자식인 여주인공이 학대를 받으면 ② 신비한 여자(요정 · 죽은 어머니)가 구해준다. ③ 여주인공은 성에서 무도회 등으로 왕자와 만나지만 정체를 밝히지 않고 도망간다. ④ 남겨진 유리 구두 등의 테스트로 여주인공이 인지된다. ⑤ 왕자와 행복한 결혼이라는 다섯 가지 일화로 구성되어 있다.

B의 「고양이 가죽」은 ① 주인공은 아버지에게 미움 받고 억지 결혼을 해야만 하는 상황에 처한다. ② 신비한 구원자가 주인공에게 아름다운 드레스 석 장과 고양이 가죽 드레스를 준비하도록 조언한다. ③ 고양이 가죽을 입고 집을 나온 소녀는 성의 하인이 된다. ④ 소녀는 아름다운 드레스를 입고 무도회에 나가 왕자를 매혹시키지만 정체를 밝히지 않고 도망간다. ⑤ 고양이 가죽을 벗고 아름다운 드레스로 갈아입은 여주인공은 인지된다. ⑥ 왕자와의 행복한 결혼 ⑦ 후회한 아버지와의 화해라고 하는 일곱 개의 일화로 구성된다.

C의 「골풀 모자」는 ① 여주인공은 아버지로부터 사랑을 시험 받아 '소금과 같은 정도로 사랑하고 있다' 고 답해 성에서 쫓겨난다. ② 여주인공은 골풀 모자를 쓰고 방황하고 ③ 어느 성의 하인이 된다. ④ 소녀는 골풀 모자를 벗고 아름다운 드레스를 입고 성 무도회에 나가 왕자를 매혹시키지만 정체를 밝히지 않고 도망간다. ⑤ 아름답게 변신한 여주인공의 모습을 훔쳐본 왕자는 사랑에 빠

진다. ⑥ 아름다운 드레스로 갈아입은 소녀는 인지된다. ⑦ 왕자와의 행복한 결혼 ⑧ 소금의 소중함을 알고 후회한 아버지와의 화해라는 일곱 개의 일화로 되어 있다.

D의 「첫째, 둘째, 셋째」에는 ① 여주인공은 둘째이기 때문에 어머니와 첫째, 셋째 자매에게 소외당하고 양치기를 하고 있다. ② 여주인공이 자신의 불행을 한탄하고 있자니 신비한 여자가 나타나 '산양을 향해 외치면 식사가 나오는 주문'을 가르쳐 준다. ③ 이 비밀이 셋째에게 알려져 산양은 죽임을 당하지만 ④ 산양을 매장하자 아름다운 나무가 자라고 금 사과가 열린다. ⑤ 지나던 왕자가 금 사과를 원하지만 사과는 여주인공만 손에 넣을 수 있다. ⑥ 여주인공은 왕자에게 금 사과를 주고 왕자와 결혼해 행복하게 산다라고 하는 여섯 개의 일화로 되어 있다.

E의 「붉은 송아지」[6]는 ① 남자 주인공은 계모에게 학대당하고 있지만 소가 뿔에서 식사를 내어 준다. ② 여러 개의 눈을 가진 의부 형제에게 들켜 계모는 소를 잡아 먹으려고 한다. ③ 남자 주인공은 소를 타고 탈출한다. ④ 동, 은, 금의 숲을 빠져나가지만 소의 충고를 무시하고 가지를 꺾어서 소는 숲의 주인과 싸워야 한다. ⑤ 소는 세 번 싸움에서 승리하지만 마지막 싸움에서 져 죽는

---

6 신데렐라의 이야기에서 어머니는 죽을 때 "얘야, 내가 죽고 나면 붉은 송아지가 찾아올 테니 필요한 것이 있을 때마다 송아지에게 말하렴. 그러면 송아지가 네게 그것을 줄 것이다."라고 말한다.

다. ⑥ 남자 주인공은 소에게 뿔을 받아 그 힘으로 행복해진다.

콕스는 이상과 같은 에피소드의 구성을 미리 밝혀내고서부터 「신데렐라」와 비슷한 종류의 이야기를 모아 A, B, C, D, E 라고 하는 유형 구분을 한 것은 아니다. 그녀는 「신데렐라」가 '학대받는 여주인공 또는 남자 주인공', '죽은 어머니 혹은 아버지의 원조', '마법의 드레스', '없어진 구두와 구두 테스트', '행복한 결혼' 등의 공통된 모티프로 구성되어, 각 모티프가 A, B, C, D, E 다섯 가지 유형의 어디에 해당 되는지를 특정했다. 예를 들어 〈죽은 어머니의 원조〉는 A, B, D 유형에서 볼 수 있고 〈죽은 아버지의 원조〉는 E 유형에만 보인다. 그러나 그녀는 A, B, C, D, E 이야기의 각각이 어떤 모티프의 조합에 의해 구성되어 있는지는 말하지 않았다. 아마도 콕스는 영국의 경험주의적 전통에 충실했기 때문에 처음부터 A, B, C, D, E라는 선험적인 모델을 결정한 후 분류하지 않고, 345화의 이야기가 결과적으로 A, B, C, D, E 유형으로 나뉘는 것을 지켜본 것이다. 그러나 콕스의 방법과는 반대로 처음부터 몇 가지 모티프의 조합을 이야기 '유형'으로 가정하여 번호를 달아 색인화하면 세계의 모든 민담을 제한된 수의 몇 가지 유형으로 분류할 수 있는 것은 아닐까. 이런 엄청난 아이디어가 핀란드의 안티 아르네와 그의 뜻을 이어받은 미국의 스티스 톰슨에 의해 실행에 옮겨졌다. 안티 아르네는 카를레 클론(Kaarle Leoplod Krohn, 1863~1933)[7]에게 가르침을 받은 핀란드의 민속학

연구자로 처음에는 핀란드 고유의 이야기를 역사라는 시간 축과 지리라는 공간 축의 어딘가에 정리하는 연구에서 출발했지만, 1910년에 『민담의 유형색인』(*Verzeichnisder Märchentypen*)[8]을 완성시킨다.

이것은 핀란드부터 독일과 덴마크, 그리고 동유럽으로 시야를 넓혀 유럽 전역의 민담을 색인화한 것으로, 그 사이 제기된 '화형(話型)' (Märchentypen/Tale Type)이라는 개념이 중요했다. 세계에는 많은 이야기가 있다. 예를 들어, 우리가 일반적으로 「신데렐라」라고 부르는 이야기는 영국에서는 'Cinderella', 프랑스에서는 'Cendrillon', 독일에서는 'Aschenputtel' 이라고 불리고 있다. 이것은 모두 '재(灰)' 라는 의미를 포함하고 있기 때문에 '아궁이 지기' 라는 명칭 하에 정리해도 좋다. 그러나 중국의 「예쉔」(葉限)[9]의 경우는 왜 「신데렐라」와 같은 종류라고 할 수 있을까. 한국에서는 「콩쥐팥쥐」, 일본에는 「쌀복 조복」(米福 粟福)[10]이라는 신데렐라 유형의 이야기가 있는데 이것은 어떨까.

아르네는 당시 알고 있던 모든 민담을 약 2000의 번호와 화명

---

7 핀란드 민속학자로 민속학방법론의 체계를 세웠으며 민담의 지역적 역사적 방법론을 개척하였다.

8 최초의 민담유형목록이다.

9 9세기 중국의 『유양잡조』(酉陽雜俎)에 실린 이야기로 「예쉔」에는 마치 「콩쥐팥쥐」의 전형인 듯한 계모담이 있다.

10 일본의 계모담으로 '고메부쿠 아와부쿠' 라고 하는데, 우리나라의 「콩쥐팥쥐」와 유사한 이야기이다.

(話名)이 붙은 '화형(話型)' 이라는 파일 상자를 마련하였다. 그리고 여러 나라와 지역에서 기록된 민담을 이야기꾼과 기록자가 붙인 두서없는 이름에 의존하지 않고 구성 요소에 의해 구분하여 정리하기로 했다. 즉, 510번의 「신데렐라」 파일 상자에는 신데렐라 유화(類話)를, 313번의 「빨간 모자」 상자에는 빨간 모자의 유화를, 545번의 「장화 신은 고양이」 상자에는 장화 신은 고양이의 유화를 넣었다. 이렇게 하면 「신데렐라」 상자에는 세계의 신데렐라 유화가 모이므로 언제나 상자를 열면 프랑스와 러시아의 신데렐라 비교 연구가 가능했다.

프랑스에서 출판된 『그림 동화집』(1923년) 삽화

아르네는 그렇게 한 뒤 일단 모은 상자를 '동물민담' (1-299), '본격민담' (300-1199), '소화(笑話)' (1200-1999)의 3개의 그룹으로 분류하기로 했다.*

'동물민담' 이라는 것은 「꼬리 낚시」(尻尾の釣り)[11]나 「늑대와 일

11 일본의 동물민담으로 동물이 꼬리로 물고기를 잡으려다가 결빙으로 꼬리가 끊겨 사람들에게 들켜 재난을 당한다는 내용으로 우리나라의 「호랑이와 토끼」의 이야기와 유사하다.

곱 마리 아기 염소」[12]와 같이 동물을 주인공으로 한 이야기이다. 거기에는 「가치카치산」(カチカチ山)[13]과 「브레멘 음악대」와 같이 동물 이외에 할아버지나 할머니가 나올 수는 있으나 주인공이 동물이면 상관없다. '본격민담'과 '소화(笑話)'는 모두 인간을 주인공으로 하는 이야기지만 '본격민담'이 「신데렐라」나 「잠자는 숲 속의 공주」처럼 복잡한 구성을 가진 반면, '소화'는 구성이 비교적 단순해서 '기지담'(とんち話), '바보담'(おろか話), '색정담'(色情談)과 같이 듣는 사람의 웃음을 이끌어 내는 것을 목적으로 한 짧은 이야기가 많다. 이 동물민담, 본격민담, 소화라는 세 그룹은 더 자세하게 분류된다. 예를 들면 「신데렐라」가 들어있는 본격민담 그룹은 마법 이야기(300-749), 종교적인 이야기(750-849), 단편소설적인 이야기(850-999), 어리석은 악마의 이야기(1000-1199)로 분류된다.

---

12 독일 Der Wolf unt die sieben jungen GeiBlein, 영국 The Wolf and seven Kids. KHM 5로 세계에 널리 알려진 이야기로 동물의 새끼들이 재난을 당한다는 동물민담이다.

13 일본의 동물민담이다. 할아버지가 밭에서 콩을 심는데 너구리가 와서 악담을 한다. 화가 난 할아버지는 너구리를 잡아 뒤뜰에 묶어둔다. 하지만 너구리는 할머니를 죽이고 자기가 할머니가 된다. 너구리는 할머니로 죽을 쑤어 할아버지에게 준다. 너구리는 그 사실을 할아버지에게 폭로하고 도망친다. 할아버지가 울고 있는데 토끼가 나타나 복수를 해준다고 한다. 산으로 간 토끼는 너구리의 뒤를 따라 걸어가면서 너구리가 짊어진 장작더미에 부싯돌로 불을 붙인다. 그리고 화상을 당한 너구리에게 약이라며 고춧가루를 바르게 한다. 최후에 바다로 간 토끼는 목선을 타고, 너구리에겐 토선을 태운다. 마침내 너구리는 물에 가라앉아 죽는다. '가치카치'라는 표현은 부딪돌로 불을 피울 때 돌이 부딪히는 소리이다.

첫 번째 '마법 이야기'이라는 것은 동물이 말을 하거나, 죽은 사람이 살아나고, 마법의 양탄자가 하늘을 나는 등 심상치 않은 일이 평범하게 일어나는 세계의 이야기이다. 이것은 다시금 '초자연적인 적'(300-399), '초자연적인 또는 마법에 걸린 배우자 또는 그 외의 가족'(400-459), '초자연적인 난제'(460-499), '초자연적인 조력자'(500-559), '초자연적인 물건'(560-649), '초자연적인 능력 또는 지식'(650-699), '기타 초자연적인 이야기'(700-749)로 나눌 수 있다.

프랑스의 민중본에 그려진 용퇴치

여기서 자주 등장하는 '초자연적'이라는 것은 '슈퍼내추럴(Supernatural)'의 의미로, 말하자면 '심상치 않다'는 것이니까 '초자연적'은 마법 이야기에서 빼놓을 수 없는 필수 아이템이다. 예를 들어 '초자연적인 적'은 일곱 개의 머리를 가진 용이라든지 심장 없는 거인이라든지 보통 방법으로는 절대로 이길 수 없는 상대지만 민담의 영웅은 반드시 승리하게 되어있다.

본격민담의 두 번째 그룹 '종교적인 이야기'는 역시 평범하지 않은 일이 일어나는 이야기이지만 그것이 이해할 수 없는 '마법'의 탓이 아니고 신과 악마 등의 '종교적 존재'에 의해 벌어지는 이야기이다. 이 유형의 이야기에서 가장 인기 있는 것은 예수와 베드로가 세상을 여행하며 기적의 힘으로 착한 사람에게는 구원을 내리고, 심성이 나쁜 부자는 벌주는 이야기로 일본의 경우는 예수 대신 홍법대사가 등장하는 경우가 많다.

세 번째 '단편소설적인 이야기'는 본래의 마법민담에서 제공하는 마법과 기적의 요소가 흐려지고 『베니스의 상인』(*The Merchant of Venice*) 일화에서 잘 알려진 '가슴 고기 일 파운드'와 같은 인간적인 갈등을 기적이나 마법에 의존하지 않고 인간적인 지혜와 용기로 헤쳐 나가는 유형의 이야기이다.

마지막 '어리석은 악마의 이야기' 그룹에는 압도적인 힘을 가지는 식인 도깨비나 악마 등이 본래의 힘을 발휘하지 못하고 사람들에게 속거나 조롱당한 끝에 도망간다는 유형의 이야기가 정리되어있다.

아르네가 마련한 이 화형의 개념은 매우 편리했지만 세계의 이야기를 분류하기에는 수가 부족하다는 것이 판명된다. 그것을 일찍부터 깨닫고 화형의 수를 대폭 증가하는 작업에 착수한 이가 미국의 스티스 톰슨이다. 톰슨은 1928년과 1961년 두 차례에 걸쳐 수를 보충, 최종적으로 2500으로 하고 '화형(話型)'에 아르네의 A와 톰

러시아 그림책 작가 엘리자벳 뵘의 대표작 「커다란 순무」의 표지(1887년)

슨의 T를 조합한 AT 번호를 붙이기로 하고 '동물민담', '본격민담', '소화' 이외에 '형식담'(2000-2399)과 '분류할 수 없는 이야기'(2400-2499) 그룹을 덧붙였다. '형식담(形式譚)'이라고 하는 것은 이야기의 내용보다는 형식이나 리듬에 의해 청자를 사로잡는 이야기이다. 예를 들면 「커다란 순무」처럼 할아버지, 할머니, 손녀, 개, 고양이가 '순무를 당긴다'고 하는 동작을 계속 반복하고 마지막으로 작은 생쥐가 도와 겨우 무가 빠지거나, 산의 도토리가 하나 또 하나 떨어져 언제가 되어도 끝나지 않는 등 여러 가지 형태가 있다.

'분류할 수 없는 이야기'는 말 그대로 분류할 수 없는 곤란한 이야기로 이것은 장래 좋은 아이디어가 떠오를 때까지 일단은 파일화 해두기 위한 보유 상자이다.

톰슨의 업적은 아르네가 준비한 1999번까지의 화형분류를 충실히 따르면서도 아르네가 극히 대략적으로 나타낸 이야기의 구성요소를 '모티프'로 정리하고, 그것을 한층 더 발전시켜 복수의 모티프에 의해 구성되는 몇 개의 '에피소드'로 정리하여 제기한 것이다.**

예를 들어 「신데렐라」는 아르네의 1910년의 색인에서는 510의 두 개의 서브타이틀로 나누어져 있어, 510A가 「신데렐라」, 510B가 「금 드레스, 은 드레스, 별 드레스」로 「당나귀의 가죽」 유형, 511이 「첫째, 둘째, 셋째」로, 510A와 510B에는 이하와 같이 간단

한 설명이 있을 뿐이다.(A. Aarne, 1910, 22~23쪽)

510A 아궁이지기(灰かぶり)[14] 두 명의 의붓자매. 소녀는 진짜 모친의 무덤에 가고, 어머니는 딸을 구한다.(암소의 젖을 짠다, 사과 나무를 흔든다, 노인을 구한다. 480번 참조) 소녀는 3번 아름다운 옷을 입고 교회에 가서 자신의 구두(단수)를 남기고 온다. 이 구두가 누구의 발에 맞을까에 대한 테스트.(이 동화의 최초의 부분은 403번 참조)

510B 금, 은, 별 드레스 자신의 딸과 결혼하려는 부친의 선물. 소녀는 왕자의 시종이 되고 왕자는 여러 가지 물건을 소녀에게 던진다. 3번 교회에 가고, 잃어버린 구두, 혼례.(451번 참조)

톰슨은 아르네의 510A와 510B의 분류를 계승하면서 AT510 전체에 '신데렐라와 골풀 모자' 라고 하는 화명을 붙이고 화형 전체의 모티프 구성을 다음과 같이 제시했다.

Ⅰ. 구박받는 여주인공 (a) 여주인공은 계모와 자매에 의해 구박받고, (a1) 난로 위나 재(灰) 안에 있고 (a2)허름한 옷(골풀 모자나 까칠

14 일본의 계모담의 일종이다. 일본 옛 이야기 통관28 유형분류에 의하면 계모가 사환에게 의붓자식의 간을 가져오라고 시키자, 사환은 대신 원숭이 간을 가지고 온다. 의붓자식이 친어머니의 무덤가에서 자고 있자 친어머니가 나타나 무엇이든지 원하면 나온다는 부채를 준다.

까칠한 모자 등)을 착용하고 있다. (b) 주인공과의 결혼을 바라는 아버지로부터 도망가거나 (c) 아버지를 소금과 같은 정도 사랑하고 있다고 말했기 때문에 아버지에게 내쫓기든지 (d) 하인에 의해 죽임을 당할 뻔 한다.

Ⅱ. **마법의 원조** 그녀는(자택인가, 타인의 집에서) 하인이 되어 (a) 죽은 어머니나 (b) 어머니의 무덤으로부터 난 나무나 (c) 초자연적인 존재나 (d) 까마귀나 (e) 유령이나 (f) 양, 살해당한 양(소)으로부터 생긴 마법의 나무에 충고를 받거나 갖고 싶은 것이나 음식이 주어진다.

Ⅲ. **왕자와의 만남** (a) 여자는 아름답게 몸치장을 하고 몇 번이나 왕자와 댄스를 한다. 왕자는 그녀를 못 가게 하지만 실패한다. 또는 그녀를 보고 교회에서 왕자가 한눈에 반한다. (b) 그녀는 자신이 시녀로서 참아온 불합리한 행위에 대해 암시하거나 (c) 자신의 방 또는 교회에서 아름다운 드레스로 갈아입은 모습을 보인다.

민중본에 그려진 내성적인 신데렐라

Ⅳ. **정체가 알려진 그녀** (a) 구두의 테스트에 의해서거나 (b) 왕자의 음료나 빵 속에 넣어진 반지에 의해서 정체

가 밝혀진다. 혹은 (c) 그녀만이 기사(왕자)가 바라는 황금의 사과를 딸 수가 있다.

Ⅴ. **왕자와의 결혼**

Ⅵ. **소금의 가치** 그녀의 아버지는 소금이 들어 있지 않은 음식을 대접받고, 대답의 의미를 알게 된다.

톰슨은 이와 같이 정리한 후 AT510A와 AT510B에 관한 연구논문과 세계 각지의 유화를 나라와 지역별로 열거하였다. 당시 그는 인디아나 대학의 민속 연구소를 인솔해 세계 각지의 민담자료를 조직적으로 정비하고 분류 · 정리하는 입장에 있었으므로 콕스 이래 그가 알고 있는 모든 신데렐라가 여기에 추가되었던 것은 틀림없다. 톰슨은 또한 AT511에 「첫째, 둘째, 셋째」를 배치하고 하위유형 511A로 「붉은 송아지」를 덧붙이는 것을 잊지 않았다. 이것으로 마리안 콕스가 『신데렐라-「신데렐라」 「고양이 가죽」 「골풀 모자」의 345의 유화(類話)』에서 소개한 이야기의 대부분 모두가 AT510과 AT511이라고 하는 두 개의 서랍에 넣어지게 되었다.(아르네와 톰슨, 1961, 175~179쪽)

3

미나카타 구마구스(南方熊楠)의 「신데렐라 이야기」

콕스든 아르네와 톰슨이든 세계의 민담을 모아 비교하려는 국제 비교의 시도에는 지리와 역사의 공간 · 시간 축에 민담을 정리하고 그 뿌리를 발견시키겠다는 야심이 숨어 있었다. 그것은 무모한 시도이지만 다른 한편으로는 민담 연구를 세계에 넓히는 계기가 되었다.

콕스가 제시한 345화 중 신데렐라는 누가 봐도 유럽에 편중되어 있다. 그러나 유럽에 이 정도 신데렐라가 있다면 아시아에는 어떤 것이 있을까?

이것에 최초로 관심을 나타냈으며 지금도 중요시 되는 지적을 한 것은 미나카타 구마구스(南方熊楠, 1867~1941)[15]이다. 미나카

15 박물학자, 생물학자, 민속학자.

타는 메이지(明治)44년(1911) 3월 발행한 『인류학 잡지』에 「서기 9세기 중국고서에 게재되어 있는 신데렐라 이야기」를 기고해 중국의 단성식(段成式, 803~863)이 당대에 저술한 『유양잡조(酉陽雜俎)』[16]에 실려 있는 「예쉔」(葉限)이야말로 신데렐라의 최초 기록이라고 공표했다.

미나카타는 공표 경위를 다음과 같이 쓰고 있다.

> 내가 23년 전 미국에 있을 때, 『유양잡조(酉陽雜俎)』 속집 1권에 신데렐라 이야기가 있는 것을 찾아내 비망록에 기록해 두고, 그 후 도기 호류[17](土宜法龍) 씨에게 알린 일이 있었다. 영국의 이속학회(里俗學會)에서 일찍이 널리 제국에 존재하는 신데렐라 이야기의 여러 종류를 모아 출판한 한 권의 책이 있다. 내가 외국에 있을 때에 좋은 기회가 많았는데도 여러 가지 일이 많아 끝내 이것을 열람하지 못한 것이 유감이다.
>
> 얼마 전 런던의 친구에게 부탁하여 위의 책에 중국의 신데렐라 이야기가 있지 않느냐고 조사를 부탁하였으나 전혀 없다는 대답이 왔다. 그러나 그 사람은 이와 같은 일에 취미를 가지고 있지 않으므로

16 이 책에 우리나라의 「흥부전」의 근원설화가 실려 있다.

17 도기 호류(土宜 法龍) 근대일본불교사를 대표하는 불교학자(1855~1922). 승려. 미나카타 구마구스와는 1893년 시카고의 만국종교대회에 진언종 대표로 참석한 후 영국 런던에서 처음 만난다. 도기 호류와 미나가타가 공유한 서적은 매우 사상성이 높고 어려워서 미나가타의 저술 중에 가장 중요한 것으로 여겨진다.

실제는 잘 모른다. 어쨌든 내가 모처럼 이 희귀한 것이 그냥 묻히게 되는 것이 아쉬워 여기에 글을 싣는다. 가령 벌써 다른 학자들 간에 알려져 있는 것이라 하여도 이 이야기를 유럽 특유의 것으로 생각하고 있는 사람들의 견문을 넓히는 일에 작은 도움이 되지 않을까.

1891년 미국 체재 중의 미나카타 구마구스

여기서 미나카타가 말하는 "일찍이 널리 제국에 존재하는 신데렐라 이야기의 여러 종류를 모아 출판한 한 권"이라는 것이 콕스의 『신데렐라-「신데렐라」「고양이 가죽」「골풀 모자」의 345의 유화(類話)』인 것은 틀림없다. 미나카타는 미국 체류 후 1892년 9월에 영국으로 건너가 주로 대영 박물관에서 연구를 계속하고 1900년에 귀국했으니, 1897년에 간행된 이 책을 충분히 읽을 기회가 있었다. 그런데 당시 미나가타는 자연 과학 연구에 몰두하고 있었기 때문에 기회를 놓친 것 같다. 관심이 향하는 대로 학문의 벽을 넘어 자유롭게 행동한 미나카타다운 에피소드이다.(南方熊楠, 1943, 68~90쪽)

「예쉔」은 단성식이 현재 광서 치완족 자치구에 해당하는 지역 출신의 이사원(李士元)이라고 하는 하인에게서 들은 이야기로, 최근 이 지역과 베트남에서 채집된 비슷한 이야기와도 서로 일치하여 당시의 확실한 기록임이 추정된다.

이에 대해서 미나카타는 "위에 나온 예쉔의 이야기는 옛날 남중국의 토속적인 특색을 나타내는 점이 많고, 만일 이야기꾼의 성명까지 명기되었었다면 이속고학(里俗古學)상의 가치는, 최근 유럽과 미국 또는 일본에서 유행된 선고담(仙古譚), 오토기조시(御伽草紙)가 많은 후대 사람들에 의해 장식되고 각색되는데 이것만한 것이 없다고 생각된다"고 지적하고 있다.

이 이야기는 비교적 짧기 때문에 인용하자.

진 · 한(秦 · 漢)시대 이전에 오씨(吳氏)라는 동주(洞主)가 있었다. 마을 사람은 오동이라고 불렀다. 오씨는 두 사람의 아내를 맞았으나 첫 아내가 죽고 나서 예쉔이라는 이름의 딸이 남겨졌다. 딸은 어릴 때부터 총명하고 돈을 찾는 것에 능숙해서 아버지는 매우 귀여워했다. 그런데 연말, 아버지가 돌아가시고 계모에게 구박을 받았다. 항상 험한 산에 나무를 하러 가고 깊은 강으로 물을 길으러 갔다.

어느 날 소녀는 한 마리의 물고기를 잡았다. 두 뼘 정도의 빨간 지느러미, 금으로 된 눈이다. 그대로 비밀리에 그릇에다 길렀다. 나날이 성장하여 그릇을 몇 번이나 바꿨다. 감당할 수 없을 정도로 커졌기 때문에 뒤쪽의 연못에 놓아주었다. 소녀는 자신 몫의 음식을 남겨 물고기에게 주었다. 소녀가 연못에 가면 물고기는 머리를 내밀어 물가에 앉았다. 그러나 다른 사람이 가면 모습을 보이지 않았다.

계모는 이것을 알고 항상 형세를 살폈으나 물고기는 한 번도 나타나지 않았다. 그래서 소녀를 속여 "너는 피곤하지 않니? 너를 위하여 새 옷을 만들어주겠다."

그리고는 소녀의 찢어진 옷을 갈아입히고 아주 먼 곳에 있는 다른 연못에 물을 길러 보냈다. 계모는 천천히 소녀의 옷을 입고 날카로운 칼을 소매에 감추고 연못에 가서 물고기를 불렀다. 물고기는 곧바로 머리를 내밀었다. 그 때 물고기를 베어 죽였다. 물고기는 아주 작아져 그 고기를 식사로 내놓자 아주 맛이 좋았다. 그 뼈는 화장실 밑에 감추었다. 며칠이 지나서 소녀가 연못으로 왔지만 물고기는 보이지 않았다. 그래서 들판에서 소리 높여 울었다. 그러자 머리를 산발하고 초라한 옷을 입은 사람이 하늘에서 내려왔다. 그 사람은 소녀를 위로했다. "그만 울어라. 너의 엄마가 그 물고기를 죽였다. 뼈는 화장실에 있다. 돌아가서 물고기의 뼈를 꺼내서 방에 숨겨 놓아라. 필요한 물건이 있으면 그 뼈에 기원하면 좋다. 네가 바라는 대로 될 것이다." 소녀는 들은 대로 행동하였다. 금도 보석도 의상도 먹을 것도 필요한 물건은 다 나왔다. 마을 명절 축제에 계모가 놀러가면서 소녀에게 정원의 과일나무를 지키고 있으라고 명령했다. 소녀는 계모가 먼 곳까지 간 것을 확인하고 자신도 외출했다. 물총새의 깃털로 지은 옷을 입고 금 신발을 신은 모습이었다. 계모의 친딸이 그 모습을 보고 엄마에게 속삭였다. "저 사람 언니와 정말 닮았어요." 계모도 수상하게 생각했다. 소녀는 그 상황을 눈치 채고 서둘러 돌아왔으나 한쪽 신발을 잃어버리고 말았다. 마을사람이 그것을 주웠다.

계모가 돌아와 보니 소녀는 정원의 나무를 안고 잠들어 있었기 때문에 별로 의심하지 않았다. 그 마을의 근처에 해도(海島)가 있었다. 섬에는 다칸(陀汗)이라고 하는 나라가 있었다. 그 섬의 군사들은 강했고, 수십 개의 섬과 수역 수천 리를 지배하고 있었다. 마을 사람들은 그 신발을 다칸국에 팔았다. 섬의 국왕이 그것을 손에 넣고 측근에 명하여 신어보게 했다. 발이 작은 사람이면 신발은 더 조금 작아졌다. 그래서 나라 안의 모든 부인에게 신어 보게 했다. 한 사람도 신발이 맞는 사람이 없었다. 그것은 털과 같이 가볍고 돌을 밟아도 소리가 나지 않았다. 다칸왕은 그 마을 사람들이 부정한 방법으로 그 신발을 손에 넣었다고 생각하고 마을 사람들을 잡아들여 고문하였으나 끝내 유래를 알 수가 없었다. 그래서 신발을 길가에 놓아두고 모든 집을 돌며 두루두루 신어보게 하여 만약 신을 수 있는 사람이 있다면 잡아오게 하였다.

예쉔은 거기서 물총새의 깃털로 지은 옷을 입고 신발을 신고 왕 앞에 나아갔다. 선녀와도 같은 아름다움이었다. 처음으로 왕에게 지금까지의 일을 고하였다.

왕은 물고기의 뼈와 예쉔을 모두 마차에 태워 나라로 돌아갔다. 계모와 친딸은 바로 돌로 쳐 죽이는 벌을 받았다. 마을 사람들은 이것을 불쌍하게 생각하여 돌 구덩이에 묻고 '오여총(懊女塚)' 이라고 명명하였다. 마을 사람들은 이 무덤에서 제사를 올리고 여자아이를 낳고 싶다고 염원하면 반드시 효력이 있었다.

다칸왕은 나라에 도착한 후 예쉔을 첫 번째 부인으로 삼았다. 그로부터 일년간 왕은 욕심을 부려 물고기의 뼈에 기원하자 보물이 한없이 나왔으나 그 다음 해에는 효력이 없었다. 그래서 왕은 해안에 물고기의 뼈를 묻고 진주백곡(眞珠百斛)을 사용하여 그것을 감추고 금으로 둘렀다. 그 후 징집했던 병사가 반란을 일으켰다는 것을 듣고 무덤을 열어 군(軍)에게 지급하려고 하였으나 어느 날 밤 해조 때문에 가라앉고 말았다.

이것이 우리 집에서 예전부터 사용하던 이사원(李士元)의 이야기이다. 이사원은 원래 옹주(邕州)[18]의 마을 사람으로 남방의 괴이한 이야기를 많이 기억하고 있다.(단성식, 1981, 37~39쪽)

이것을 아르네 · 톰슨의 모티프 구성에 따라 정리하면,

Ⅰ. **구박받는 주인공** 주인공은 계모에 의해 구박당하고 물을 길러 가거나 땔감을 하러 가는 등의 힘든 일을 한다.

Ⅱ. **마법의 원조** 주인공은 강에서 물고기를 발견하고 몰래 키우지만 물고기는 계모에게 잡아먹힌다. 슬퍼하고 있는데 하늘에서 신비

18 현 중국 감숙성 서남부에 위치한 지역

한 남자가 내려와 죽은 물고기의 뼈에서 필요한 것은 무엇이든지 나온다고 알려준다. 물고기의 뼈에서 아름다운 옷과 먹을 것이 나온다.

Ⅲ. **축제** 축제날에 주인공은 과일나무를 지키라고 명받는다. 몰래 옷을 차려입고 금 신발을 신고 외출하지만 계모와 언니에게 발견되어 도망가던 도중에 신발 한쪽을 떨어뜨린다. 신발은 왕에게 전달된다.

Ⅳ. **정체가 알려지다** 왕은 신발의 주인을 찾고 구두 테스트에 의해 주인공을 발견한다. 주인공은 아름답게 변신한다.

Ⅴ. **왕자와의 결혼** 왕은 주인공과 결혼하고 계모와 딸은 돌에 맞아죽고 마을 사람들에 의해 기원되어 신이 된다.

Ⅵ. **후일담** 욕심 많은 왕이 물고기의 뼈에 한없이 염원한 탓에 결국 뼈는 아무 것도 나오지 않게 되어 모습을 감춘다.

미나카타의 박식함이 예사롭지 않다고 생각되는 부분은, 그의 기억 속에 존재하는 「신데렐라」 이야기 중에 포르투갈의 페드로소(Zófimo José Consiglieri Pedroso Gomes Silva, 1851~1910)가 기록한 「신데렐라」와 비슷한 이야기 3화 중에 「소녀와 물고기」를 선택하여 「예쉔」의 비교대상으로 한 것이다.(페드로소, 1882, 97~100쪽)

페드로소의 이 이야기의 존재에 대해서는 콕스도 이미 눈치 채고 있어서 유형 A의 90번으로 분류하고 있다. 콕스의 요약은 너

무 간결하기 때문에 이하 ( )내에 보충해 가면서 소개해 보겠다. (콕스, 2007, 36쪽)

(두 친언니에게) 구박받는 주인공 주인공은 '부뚜막 고양이'라고 별명지어진다. 아버지가 잡아와서 요리하라고 한 물고기를 소녀가 살려 키운다. 물고기는 우물에 넣어 달라고 말하고 소녀에게 우물 속 세계로 같이 가자고 한다.(소녀는 이것을 거절하지만 다음 날 성에서 파티가 있어 언니들은 외출한다. 그러자 물고기가 다시 우물 속 세계로 같이 가자고 한다) 이번에는 함께 우물 속 세계로 가니 왕궁이 있고 물고기는 소녀에게 아름다운 드레스와 구두를 준다.(아름다운 마차로 파티에 가게 한다. 물고기는 소녀에게 반드시 언니들보다 먼저 궁을 나와 우물 속 세계로 돌아가 드레스를 벗으라고 약속 받는다)

만남 · 다른 세계로의 여행 · 잃어버린 구두 · 구두에 의한 결혼의 테스트 (소녀의 아름다움에 사람들은 놀라지만 소녀는 파티를 떠날 때에 한쪽 구두를 잃어버린다. 왕은 구두의 주인과 결혼한다고 선언하고 언니들은 구두를 신어보려고 성으로 향한다.) 소녀가 다시 우물 속 세계에 방문하자 물고기는 소녀에게 아내가 되라고 강요한다. 물고기는 마법에 걸린 왕자로 소녀가 승낙하자 인간의 모습으로 돌아간다. 성으로 가 구두를 신어보자 구두는 소녀의 발에 딱 맞아 왕은 소녀에게 프러포즈한다. 소녀는 그것을 거절하고 물고기 왕자와 혼약한 것을 말한다. 왕은 마법에 걸린 왕자의 아버지로 아들이 인간으로 돌아가 소녀와 혼약한 것을 기뻐한다.

행복한 결혼과 적의 처벌 (왕자는 성으로 귀환하고 소녀와 결혼한다. 언니들은 처벌을 받는다.)

콕스도 미나카타도 페드로소의 「신데렐라」 이야기를 알고 있었지만 콕스에게 「소녀와 물고기」는 345화의 「신데렐라」 중의 하나에 지나지 않았다. 그러나 중국의 「예쉔」을 알고 있던 미나카타는 이 이야기가 중국의 「신데렐라」와 유럽을 연결하는 힌트를 쥐고 있는 특별한 이야기라는 것을 금방 눈치챘다.

유럽의 이야기에도 소나 산양이 주인공을 도와 음식이나 드레스를 꺼내주는 이야기는 많다. 또 원조자인 동물이 살해당한 뒤에도 주인공을 구하는 이야기는 적지 않다. 그러나 물고기가 조력자로서 등장하는 것은 무언가 깊은 이유가 있는지도 모르겠다.

4

왜 세계의「신데렐라」인가?

일본과 동아시아의「신데렐라」

1897년 마리안 콕스의「신데렐라」로부터 시작된 '세계의 신데렐라'를 찾는 여행은 아르네나 톰슨의 손을 거쳐, 1951년에는 스웨덴의 안나 비르짓타 루스[19]의『신데렐라 · 사이클』(The Cinderella Cyle)로 계승되어진 이야기의 수는 거의 배로 늘어난다. 루스는 콕스의 분류를 답습해 가면서 아르네 · 톰슨의 성과를 집어넣어 A「첫째, 둘째, 셋째」(AT511), AB(AT511+510A), B「신데렐라」(AT510A), BI「당나귀의 가죽」(AT510B), C(AT511B)의 다섯 개의 유형으로 재분류하여 신데렐라의 성립과정을 추적해 나갔다.

루스는 발칸지방에 분포하는 「신데렐라」와「첫째, 둘째, 셋째」

---

19 1951년에 신데렐라의 이야기를 900여 편으로 넓혀 비교연구를 시도했다.

의 중간유형(AT511+510A)에 아르네와 톰슨이 AT480에 분류한 「연못가에서 실을 잣는 여자」[20]가 강하게 영향을 주어 최종적으로 남유럽에서 「신데렐라」(AT510A)가 탄생했다고 추리한다.(A. B. Routh, 1951)

AT480은 그림동화의 「홀레 할머니」로 잘 알려진 이야기이다. 마음이 상냥한 소녀는 마녀로부터 아름다운 보석과 보석함을 받고, 제멋대로인 소녀는 입에서 뱀이나 두꺼비가 나오는 벌을 받는다.

「요정들」의 삽화(귀스타브 도레, 1867년). 샘이나 우물은 불가사의한 세계로 들어가는 입구로 요정과 만나는 장소이기도 하다.

루스의 추리는 명석하여 특히 일본의 민담연구자에게는 알기 쉬울 것이다. 왜냐하면 일본의 대표적인 신데렐라 이야기 「겨복 쌀복」(糠福 米福)[21] 이야말로 AT480과 AT510A의 융합형이기 때문이다. 동북지방을 중심으로 전국에 분포되어 있는 이야기지만 하나의 예를 들면 아키타현 가즈노군(秋田県 鹿角郡)에서는 대략 다음과 같은 이야기기 전해지고 있다.

20 The Spinning Women by the Spring, AT480

21 일본의 민담으로 「고메부꾸 아와부꾸」의 동형 이명이다.

옛날 옛적에 쌀복(米ぶき)과 조복(粟ぶき)이라고 하는 자매가 있었는데, 쌀복은 전처의 아이였고, 조복은 후처의 아이였다. 어느 날 계모는 쌀복에게는 찢어진 봉지, 조복에게는 좋은 봉지를 들려 밤을 주우러 보낸다. 날이 저물어도 쌀복의 봉지는 가득 차지 않았다.

산길을 헤매던 두 사람은 불빛을 발견하고 마귀할멈(山姥)의 집에서 하룻밤 묵는다. 마귀할멈의 아들인 식인 도깨비(鬼)가 찾아오지만 마귀할멈은 두 사람을 보호해 준다. 얼마 지나지 않아 마귀할멈은 두 사람에게 머리의 이를 잡아달라고 부탁하는데 잡아준 쌀복은 작은 보석상자를 받고, 무서워 거절한 조복은 콩을 받는다.

집에 돌아온 후 얼마 지나지 않아 축제일이 된다. 계모는 쌀복에게 "소쿠리로 목욕탕의 물을 채우고 좁쌀을 열 석 찧어놓아라"고 말하고 조복을 데리고 외출하였다. 쌀복은 여행하는 스님의 도움으로 물

에도(江戸)시대의 『三草紙絵巻』에 그려진 「바리 씌움」

을 채우고 참새의 도움으로 좁쌀을 찧을 수 있었다.

그리고 보석상자에서 아름다운 옷을 꺼내 갈아입고 축제를 보러 갔다. 연극의 관람석에서 쌀복을 본 조복은 만두의 껍질을 던진다. 먼저 돌아온 쌀복이 허름한 옷으로 갈아입고 일하고 있자니 계모와 조복이 돌아와 축제의 이야기를 들려준다.

거기에 쌀복을 아내로 삼고 싶다는 사람이 찾아온다. 계모는 조복을 시집보내려고 하나 상대는 그것을 듣지 않고 쌀복은 상자에서 아름다운 옷을 꺼내 입고 가마를 타고 시집을 간다. 조복이 부러워하며 "나도 시집을 가고 싶다"고 하지만 아무도 청하지 않으니 모친은 조복을 절구에 태우고 논두렁을 걷다가 데굴데굴 굴러서 두 사람 다 논에 떨어져 뽀글뽀글 가라앉아 다슬기가 되고 말았다.(세키 게이고(関敬吾), 1978, 86~88쪽)

이 이야기의 전반에 '산중에서 마귀할멈에게 이를 잡아달라고 부탁받은 쌀복은 이를 잡아주고 보석 상자를 받고, 무서워 아무것도 하지 못했던 조복은 콩을 받는다'고 하는 에피소드는 AT480 그대로이다. 그러나 일본 이야기의 경우 의붓자매인 조복은 나쁜 아이가 아니기 때문에 그림의 「홀레 할머니」[22]와 같은 선악의 명확한 대립이 없다. 후반도 「신데렐라」 같은 화려한 무도회가 아니고 기껏 해봐야 축제의 관람석에서 연극을 보는 정도이지만 이것이 시집을 가는 계기가 된다.

일본은 신데렐라 이야기가 풍부한 나라로 「겨복 쌀복」(糠福 米福) 이외에도 주인공이 노래를 잘 불러 성주의 신부가 되는 「사라사라야마」(皿々山)[23]와 아름다운 소녀가 개구리에게 받은 모피(姥皮)를 쓰고 할머니가 되지만, 이윽고 아름답게 변신하여 장자의 아내가 되는 「노파의 가죽」(姥皮), 그리고 「노파의 가죽」의 남성판 「아궁이지기」(灰坊) 등 여러 가지가 있다.

이들 이야기를 이야기화한 기록은 무로마치(室町)시대까지 거슬러 올라가는 한편, 음성기록까지 포함한 신데렐라 이야기의 기록은 아마도 세계 최초로 기네스북에 올려도 좋을 정도이다.

또 이웃나라 한국에는 「콩쥐팥쥐」라고 하는 2인 자매형 「신데렐라」가 유명하다. 동아시아의 '신데렐라 사이클' 은 질 · 양 어느 하나 유럽에 뒤지지 않는다.(최인학, 1976, 324~325쪽)

그런데 루스의 『신데렐라 사이클』에는 동아시아 자료가 쏙 빠져 있다. 루스는 유럽의 「신데렐라」 뿌리 찾기에는 일정의 성과를 보였는지도 모르지만, 세계의 「신데렐라」라고 하는 시점으로 본다면 일본의 연구자도 한국의 연구자도 납득할 수는 없을 것이다. 「신데렐라」에는 각각의 이야기에 지역과 시대와 이야기꾼이 있어 '원조 신데렐라' 와 '본가 신데렐라' 가 어떤 것인지 결정하는 것은

22 Frau Holle, KHM 24 『그림 동화집』.

23 일본의 계모담으로 계모와 계자와의 갈등으로 계자와 실자와 노래자랑을 시켜 계자의 노래가 훨씬 나았다는 이야기이다.

의미가 없다.

「신데렐라」의 풍부한 세계

그렇다면 세계의 「신데렐라」를 모으거나 분류하거나 하는 '민담의 국제비교연구'의 목적은 무엇일까. 그것은 한마디로 말하자면 세계의 신데렐라 이야기만이 가지는 재미의 비밀을 알기 위함이다.

예를 들면 페로의 「신데렐라」가 17세기 프랑스 베르사유 궁전인이 살롱에 모여드는 여성들에게 들려주었던 이야기라는 것은 이미 서술한 대로이다. 페로의 작품을 읽으면 당시 베르사유의 살롱에 모여드는 남자와 여자들의 세계관을 잘 알 수 있다. 또 당시의 프랑스 사회의 구조를 알면 페로의 「신데렐라」 스토리 전개와 세부의 기술 방법이 보인다.

그러나 한발 더 나아가 국경과 시대를 넘어서 바실레나 그림과 비교해 본다면 페로의 작품과 시대배경 그리고 작자의 깊이와 넓이가 보일 것이다. 그리고 중국의 「예쉔」(葉限)과 일본의 「바리씌움」에서 한발 더 나아가 디즈니의 「신데렐라」가 더해진다면 사고의 회로는 더욱 복잡해져 페로의 신데렐라가 가지는 재미는 더욱 높아질 것이다.

「신데렐라」를 이야기하다 · 기록하다

이는 「신데렐라」를 이야기하고 기록하는 민속학 연구의 기본에 대해서도 말할 수 있다.

예를 들면 디지털레코드를 준비해서 이야기꾼을 방문하여 「겨복 쌀복」(糠福 米福)을 기록하려고 하는 민속학 연구자가 지금 이야기꾼과 청자 사이에서 이야기되고 있는 이야기가 이전에 같은 이야기꾼이 이야기한 「겨복 쌀복」과 이전 같은 지역의 다른 이야기꾼이 이야기한 이야기와 어디가 같고 어디가 다른지를 알 수 없다면 일이 되지 않는다.

청자의 머릿속에는 가능한 많은 지역의 모든 「겨복 쌀복」과 일본 전역의 「겨복 쌀복」 이야기가 보관되어 있어야 한다. 그리고 그 복잡한 회로를 신중하게 더듬어 가면서 눈앞의 이야기꾼의 이야기에 호응을 하여 이야기를 끌어내는 능력이 필요하다. 청자의 시야가 더욱 넓어 기억의 창고가 국경과 지역을 넘어 세계의 신데렐라 사이클에 도달해 있다면 기록의 의미는 더욱 심화한다.

14세기의 세밀화에 그려진 실잣기. 실잣는 여성들 주위로 젊은 사내들이 모여 이야기 꽃을 피운다.

민담의 기록자가 청자

로서 지금 듣고 있는 「겨복 쌀복」은 오로지 단 한번만 이야기 되는 것이다. 이야기의 재미는 다른 여타 「겨복 쌀복」 이야기와 전세계적으로 퍼져있는 「신데렐라」 자료를 비교하는 것으로 처음으로 분명해지는 것이다.

같은 것을 이야기꾼 측에도 말할 수 있다. 100화가 넘는 이야기를 자유자재로 이야기하는 우수한 이야기꾼이라면 같은 「겨복 쌀복」을 복수의 이야기꾼에게 들은 후 독자적으로 「겨복 쌀복」을 이야기할 수 있는 사람은 꽤 많을 것이다. 전통적인 이야기의 사회에서는 그 지역에 뿌리내리고 있는 이야기가 있어 같은 지역의 사람이라면 누구라도 「겨복 쌀복」을 이야기하기 때문이다. 우수한 이야기꾼은 같은 지역의 여러 이야기꾼의 이야기에 귀 기울이고, 같은 「겨복 쌀복」의 이야기라 하더라도 미묘한 세부의 차이를 구분하여 독자적인 「겨복 쌀복」을 끌어내는 것이 가능하다.

현재는 이런 우수한 이야기꾼이 점점 줄어들었고, 공민관이나 학교나 보육원에서 이야기하는 '새로운 이야기꾼' 이 늘었지만 그들에 관해서도 같은 것을 말할 수 있다.

새로운 이야기꾼의 이야기 소재는 독서를 통하여 세계 로 넓어지고 있다. 예를 들면 그림의 「아궁이지기」, 제이콥스의 「골풀 모자」, 한국의 「콩쥐팥쥐」는 꽤 비슷한 편이지만 조금씩 다르다. 그 차이와 반복의 미묘한 어긋남을 이해하고 있지 않다면 좋은 이야기꾼은 될 수 없다. 어느 이야기를 하더라도 항상 같은 분위기로 한다면 청자도 질려 버릴 것이고 이야기꾼 자신도 만족할 수 없다. 가능한 많은 이야기를 접하여 이야기의 배경이 되는 지역과 시대와 이야기의 사정에 대해서 알고 싶다고 생각할 것이다. 그러한 때에 민담의 국제비교에서 연구된 광대한 「신데렐라」의 기록물이 쓸모가 있을 것이다.

신데렐라 · 모티프의 네트워크

세계의 신데렐라 스토리의 '국제비교'를 생각함에 있어 또 하나 중요한 것은 신데렐라가 수많은 민담 중에서도 특히 탄탄한 구조를 가진 이야기라고 하는 것이다. 이야기의 구조가 탄탄하기 때문에 이야기의 세부가 조금씩 바뀌어도 전혀 영향을 끼치지 않는다.

신데렐라의 어머니가 계모여도, 친엄마여도, 주인공이 남자여도, 여자여도, 조력자가 요정이건, 할멈이건, 숫소이건, 물고기이건 신데렐라는 어디까지나 신데렐라이다.

세계에는 여러 가지 세부를 가진 신데렐라가 존재한다. 세계의 신데렐라를 모아 세부의 비교연구를 하는 것도 민담 국제연구의 크나큰 목적이다.

예를 들면 신데렐라라고 하는 이름에 대해 생각해 보자. 세계에는 '신데렐라=아궁이지기'라고 하는 이름을 가진 주인공이 등장하는 「신데렐라」와 그렇지 않은 「신데렐라」가 있다. 그 중 '재(灰)'와 관련 있는 이름을 가진 주인공이 등장하는 「신데렐라」는 크게 두 개의 그룹으로 나뉠 것이다. 하나는 모친이나 언니들에게 구박받아 항상 부엌의 아궁이에서 아궁이지기가 되어 있는 불쌍한 신데렐라 그룹이다. 다른 하나는 게으름뱅이로 항상 난로의 재 속에서 뒹굴고 있는 꽤 넉살이 좋은 신데렐라 그룹이다. 재가 '마이너스로 작용을 하는 신데렐라'와 '플러스로 작용을 하는 신데렐라'가 있는 것이다. (제8장 「아궁이지기」 참조)

이것을 좀 더 자세하게 보면 재가 마이너스로 작용하여 구박받는 유형의 신데렐라는 엄마와 언니가 계모와 의붓언니이기 때문에 고립되어 있는 경우가 많다. 이에 반해 재가 플러스로 작용하는 게으름뱅이 신데렐라의 엄마와 언니는 친엄마나 친언니인 경우가 많다. 이 경우의 신데렐라가 고립되어 있는 것은 불쌍한 의붓자식이라서가 아니고, 넉살좋은 게으름뱅이로 타인이 말하는 것을 듣지 않기 때문이다.

세계의 민담에는 신데렐라와 같이 모친을 잃고 고립되어 있는 주인공의 이야기가 많이 있다. 「백설공주」도 「홀레할머니」도 이 계열의 이야기다.

한편 아궁이지기의 게으름뱅이 계열의 이야기도 적지 않다. 예를 들면 러시아 민담인 「곱사등이 망아지」(Конёk ropβунok)[24]의 주인공 이반은 일도 하지 않고 페치카 위에서 뒹굴뒹굴 빈둥거리고 있었다가 갑자기 일어나 엄청난 일을 해치운다. 이반이 고립되는 것 역시 엄마가 없는 탓이 아니고 넉살좋은 '게으름뱅이'라고 하는 다른 사람과 다른 자질을 가지고 있기 때문이다.

넉살좋은 게으름뱅이 유형의 주인공이라면 일본에도 「모모타로(桃太郎)」[25]라고 하는 뒤지지 않는 주인공이 있다. 재의 모티프가 없는 것이 유감이지만, 잠만 자고 있던 게으름뱅이 주인공이 도깨비 퇴치를 하는 유형의 이야기가 등장한다.

미나카타 구마구스는 '서력 9세기의 중국고서에 있는 신데렐라 이야기' 중에서 중국의 「예쉔」과 포르투갈의 「소녀와 물고기」를 소개한 후에 조력자로서 물고기의 문제를 언급하고 있다. '말하자면 고금어류를 숭배하여 신으로 하는 민족이 많다' 라며 물고기의 신비스러운 능력에 특별한 애정을 느끼고 있었다.

신데렐라는 전 세계로 퍼져있는 네트워크를 가지며, 때로는 그 범위를 넘어서 다른 이야기와 결합하고, 때로는 이야기라고 하는 범위를 넘어서 이야기꾼들의 신앙과 세계관을 표현하기도 한다.

신데렐라의 국제비교는 이상과 같이 각지에 퍼져있는 신데렐라 네트워크를 분명하게 하는 것으로 각 지역의 이야기를 다른 지역

---

24 러시아의 민담. 작자는 러시아의 시인 표도르 파브로비치 엘쇼(Пётр Пáвловнч Ершóв, 1815~1869) 이반은 밤이 되자 마을에 금빛말이 와서 밭을 망가뜨려 그 말을 잡았다. 이반은 자기를 놓아주면 세 마리 새끼를 주겠다고 하여 금빛말로부터 검정말 두 마리와 사람의 말을 하는 등에 혹이 두 개 있는 망아지를 받는다. 이반은 두 마리 검정말을 왕에게 팔고 자기도 그 말을 돌보기 위해 궁중에 살게 되었다.(……)

25 모모타로는 도깨비섬의 도깨비가 사람을 괴롭힌다는 이야기를 듣고 도깨비를 잡기로 결심한다. 도깨비와 싸워 멋지게 승리하고 빼앗은 보물로 돌아와서 행복하게 살았다는 일본의 설화이다. 일본의 도깨비는 오니(鬼)라고 하며 한국의 도깨비와 성격이 약간 다르다.

과 비교하여 즐기거나 독자적인 이야기로 갈고 닦거나 새롭게 바꾸어 나가는데 공헌한다. 또 동시에 AT510과 AT511이라고 하는 화형그룹의 범위를 넘어서 다른 유형의 이야기와 상호관계를 분명하게 하는 것에도 쓸모가 있다. 그리고 한층 더 나아가 민담이라고 하는 범위를 넘어 이야기꾼이나 청자의 신앙과 세계관을 분명하게 하는 것에도 큰 역할을 한다.

원주

* 이 책에서는 Folktale의 역어로 '민담'을 채용하기 때문에 아르네의 『카탈로그』의 주요한 세 개의 어형 분류 ① Tiermärchen(Animal Tales), ② Eigentliche Märchen(Ordinary Folk-tale), ③ Schwänke(Jokes and Anecdotes)에 대해, ① 동물민담, ② 본격민담, ③ 소화(우스운 이야기) 라고 하는 용어를 채용한다. ( )안에는 나중에 톰슨이 *FF Communications* NO.184에서 채용한 영어에 의한 분류명임.

** 아르네도 톰슨도 '화형(話型)(Type/Tale Type)'과 '모티프(Motif)'라고 하는 용어는 사용하고 있지만 '에피소드'라고 하는 용어는 사용하고 있지 않다. 그러나 실제의 이야기의 구성을 검토하면 바로 알 수 있듯이 '모티프 몇 개가 모여 하나의 에피소드(혹은 시퀀스)를 구성하며 에피소들 몇 개가 모여 하나의 화형이 구성된다.'는 것도 분명하다. 예를 들어 톰슨은 AT 510번 「신데렐라」라는 화형을, Ⅰ. 구박받는 주인공, Ⅱ. 마법의 원조, Ⅲ. 왕자와의 만남, Ⅳ. 정체가 알려진다, Ⅴ. 왕자와의 결혼, Ⅵ. 소금의 가치라고 하는 다섯 개의 파트로 나누어 설명하고 있지만 이 다섯 개의 파트는 복수의 모티프의 조합으로부터 구성되어 있다. 따라서 이 책에서는 각 화형의 파트를 구성하는 모티프의 조합을 '에피소드'라고 부르기로 한다. '에피소드'는 원칙적으로는 복수의 모티프에 대해 구성되지만 때로는 단일 모티프에 의해 구성되는 경우도 있을 수 있다.

Chapter 3

페로와 그림의 「빨간 모자」

-민담의 구조 연구-

1
프롭의 방법

블라디미르 프롭이 『민담의 형태학』[1]을 공표한 것은 1928년의 일이다. 이때는 러시아 형식주의의 성숙기에 해당한다. 프롭은 언어학자 로만 야콥슨(Roman Osipovich Jakobson, 1896~1982)[2], 문예 비평가 시클롭스키(V. Shklovsky, 1893~1984)[3]와 함께 이 운동에 깊이 관여하여 『민담의 형태학』의 발표와 동시에 러시아 연구자들 사이에서 높은 평가를 받았다.* 그러나 1930년대 들어와 스탈린주의의 압력이 강해져 혁명 초기부터 회화, 음악, 연기 연극, 건축 등을 이끌어 온 러시아 전위파(아방가르드) 운

---

1 민담을 유기체 구조의 형태론이 가능한 것처럼 민중의 구비문학인 민담 분야에서도 형태의 관한 고찰과 구조의 합법성을 확립한다는 취지의 저서로 민담유형의 독특한 방법론을 제시하였다.

2 러시아의 민속학 · 언어학 · 인류학자.

3 러시아 형식주의 문학이론가, 문예비평가.

동이 침묵을 강요당하는 사회주의 리얼리즘 시대가 오자 『민담의 형태학』도 잊혀져 갔다.

『민담의 형태학』이 다시 각광을 받고 본격적인 평가를 받는 것은 1958년에 미국에서 번역되어 출판된 후의 일이다. 특히 프랑스의 반응은 압도적으로 문화 인류학자 레비 스트로스가 1960년에 「구조와 형식, 블라디미르 프롭의 저작에의 고찰」이라는 논고를 발표하자(C. Levi Strausse, 1960, pp.1~36) 바르트(Roland Barthes, 1915~1980)[4], 토도로프(Tzvetan Todorov 1939~)[5], 부레몽(L'abbe Henri Bremond, 1865~1933)[6], 에코(Umberto Eco, 1932~)[7] 등 당시의 신진 문학 연구자가 '코뮤니카시온'(Comunication)지[8]를 중심으로 차례차례 뛰어난 논고를 발표, 프롭의 이론을 언급하면서 이른바 문학의 구조주의를 밀고 나가게 된다. 언어학 측면에서도 A. J. 그레마스(Algirdas Julien Greimas, 1917~1992)[9]의 『구조 의미론』(*Structural Semantics*), 『의미에 관하여』(*Du Sens, Essais Semiotiques,T.I*)[10] 등이 간행되어 『민담의 형태학』은 일거에 화제의 중심이 되었다.

---

4 프랑스의 비평가, 기호학자.

5 불가리아의 구조주의 문학이론가.

6 프랑스의 문학평론가, 역사가.

7 이탈리아의 기호론 철학자, 문예평론가.

8 기호학의 대가인 롤랑 바르트가 매스 커뮤니케션 연구센터를 설립하고 창간하였다.

9 프랑스의 기호학, 구조주의 문학 연구가.

『민담의 형태학』 발표 당시(1928년)의 프롭

프롭이 『민담의 형태학』에서 분석 대상으로 하고 있는 것은 아파나셰프의 민담집 중 100편 정도의 마법민담이다. 그리고 그의 뛰어난 업적을 민담학에 한정해서 말하자면, 대상이 한정되어진 연구로부터 모든 '마법민담'을 정의하는 보편적인 방법을 찾아낸 것에 있다고 말할 수 있을 것이다.

프롭은 지금까지 아르네가 해온 모티프나 일화 등을 이야기의 구성 요소로 하는 분류를 배제하고 대신에 '기능'이라는 개념을 두기로 했다. 그리고 이야기의 지리적인 전파나 전통의 역사 등에 관한 고찰을 일시적으로 멀리하고, 모인 민담은 전부 동일 평면상에 두고 기능을 중심으로 정리하기로 했다. 프롭이 그 연구를 민담의 '형태학'이라고 부른 것은 스웨덴의 식물학자 린네(Carl Linnaeus, 1707~1778)[11]가 확립한 식물분류학의 영향 때문이다. 그는 『민담의 형태학』 시작부분에서 다음과 같이 말하고 있다.

---

10 기호학 이론의 발전 과정에서 중요한 방법론적 · 인식론적 전기를 마련한 저서 중 핵심적인 논문을 담고 있다. 저자의 기호학이 타 학문에로 확장 가능케 한 인식적 틀, 분노, 도전, 존재의 양태화에 대한 논으로 엮었다.(김성도 역, 『의미에 관하여』, 인간사랑, 1997.)

11 스웨덴의 식물학자로 식물의 분류 체계를 세웠다.

> 형태론이라는 말이 의미하는 것은 형(폼)의 연구이다. 식물학 분야에서 형태론이 의미하는 것은 식물의 다양한 구성부분, 구성부분 상호 간의 관계, 그리고 구성부분과 전체와의 관계에 관한 연구 즉, 식물의 구조 연구이다.(프롭, 1970, 6쪽)

프롭이 린네로부터 배운 것을 알기 쉽게 설명하기 위해 지하에서 성장하는 부분을 식용으로 하는 3개의 채소 순무, 연근, 감자를 비교해 보자.

형태상으로는 연근과 감자보다도 순무와 감자가 더 닮아 있는 것처럼 생각될지도 모른다. 그러나 식물 전체를 구성하는 조직으로서는 연근과 감자는 줄기가 변형된 것이고, 순무는 뿌리이기 때문에 순무와 연근, 감자를 비교하는 것은 의미가 없다. 줄기라는 조직 사이에서 연근은 칸나와 같은 '근경'(根茎), 감자는 시클라멘과 같은 '괴경'(塊茎)에 하위분류 된다. 식물을 비교 분류하기 위해서는 꽃과 줄기와 잎이나 뿌리 등의 기본적인 조직의 구성을 이해한 다음 꽃은 꽃, 줄기는 줄기, 뿌리는 뿌리라는 구성 요소 별로 비교 하는 것이 필요할 것이다. 민담을 비교 분류하는 경우에도 같은 작업이 필요하다. 예를 들어 마녀와 거인과 야수 같은 이야기의 구성 요소를 서로 비교하는 경우에도 먼저 그것이 이야기의 어느 부분에 속하는지를 이해하고 비교하지 않으면 의미가 없다. 마녀와 야수 같은 신비한 세계의 거주자는 무서운 적도 되고 좋은 조력자도 된다. 같은 마녀도 이야기에 따라서는 「신데렐라」의 요정과 같이 조력자가 되는 경우도 있고, 「잠자는 숲 속의 공주」처럼 무서운 적이 될지도 모른다. 같은 야수도 「미녀와 야수」에서처럼 마지막에 아름다운 왕자로 변신하는 야수도 있고, 주인공에게 공격당해 불쌍한 최후를 맞는 야수도 있다. 문제는 그들 마녀와 거인과 야수가 이야기 전체의 어느 부분에 등장해 어떤 역할을 담당하는가이다. 단지 마녀와 거인과 야수를 비교해 보아도 이야기 전체 구조와의 관계가 분명히 밝혀지지 않는 한 의미가 없다고 하는 것이 프롭의 생각이다. 프롭은 실제로 이 형태론이라는 관점을 민담에 적용하여 분석을 진행하고 다음 네 가지를 지적했다.

첫 번째 마법민담의 기본적인 구성 요소는 '기능' 이다. 여기서 '기능' 이라고 하는 것은 등장인물의 행위를 말한다. 프롭에 따르면 기능은 이야기가 전개되어 나감에 있어 해당 행위가 어떤 역할을 하고 있는가에 의해 결정되며, 기능을 결정함에 있어서는 해당 행위의 주체가 누구인가, 행위의 대상이 무엇인가는 문제가 되지 않는다.

프롭이 분석의 대상으로 한 러시아 민담의 이반이라는 주인공이 용을 죽이는 행위를 예로 들어 보자. 이 행위는 기능이라고 하는 관점에서 볼 때 '주인공(이반)이 적(용)을 퇴치한다' 라는 식으로 분류된다. 그리고 '주인공이 적을 퇴치한다' 라는 기능은 보편성을 가지고 있기 때문에 러시아 민담뿐만이 아니고 세계의 마법민담에 적용된다. 예를 들어 일본의 민담에서는 주인공 이반을 대신해서 지카라타로(力太郎)가 등장하고, 죽는 적이 드래곤에서 식인 도깨비로 바뀌어도 '지카라타로[12]가 식인 도깨비를 퇴치한다' 라고 하는 행위는 '주인공이 적을 퇴치한다' 라는 기능으로 분류된다. 그림 동화「헨젤과 그레텔」[13]에서 남매가 힘을 합하여 마녀를 물리치는 것도 '주인공이 적을 퇴치한다' 에 해당한다. 이반이 드래곤을 퇴치하는 것과, 지카라타로가 식인 도깨비를 물리치는 것과, 헨젤과 그레텔이 마녀를 태워 죽이는 것은 '주인공이 적을 퇴치한다' 와 같은 하나의 기능으로 정리 된다.

「곱사등이 망아지」의 주인공 이반은 불새를 찾아 모험의 여정을 떠난다.(이반 빌리빈, 1899년)

프롭이 다음으로 지적한 것은 이러한 마법민담의 기능의 수가 한정되어 있다는 것이다. 하나의 민담에 항상 모든 기능이 갖추어져 있는 것이 아니고 아파나셰프의 민담을 검토해 보면 기능은 31개[14]로 한정된다.

조금 길어지지만 이 기능을 프롭이 붙인 기호와 함께 소개해 보

12 노부부의 몸에서 나온 때로 인형을 만들자 남자아이로 변한다. 아이는 '아카타로' 라고 이름 짓는다. 아카타로는 여행중 만난 이들과 힘겨루기도 하고, 어느 부자의 딸을 제물로 삼으려고 하는 귀신과 싸워 이긴다는 이야기이다.

13 Hänsel und Gretel, KHM15『그림 동화집』.

자. 먼저 그리스 문자가 할당된 시작의 상황(α)과, 그에 계속되는 일곱 기능이 이야기의 예비 단계로 등장한다.

〔시작의 상황 (α)〕 ① 연장자의 부재(β), ② 금지(γ), ③ 금지의 침범(δ), ④ 가해자의 질문 (ε), ⑤ 정보의 제공(ζ), ⑥ 모략(η), ⑦ 주인공의 협력(θ)

다음 라틴 문자의 가해행위(A) 또는 결여(a)에서 시작하여 결혼(Wo)에 이르는 이야기의 중심부분이 전개된다.

⑧ 가해행위(A) 또는 결여(a), ⑨ 중개(B), ⑩ 반격의 시작(C), ⑪ 주인공의 출발(↑), ⑫ 마법 수단의 증여자의 첫 기능(D), ⑬ 그에 대한 주인공의 반응(E), ⑭ 마법 수단을 손에 넣는다(F), ⑮ 주인공의 이동(G), ⑯ 가해자와의 투쟁(H), ⑰ 주인공이 증표를 받는다(I), ⑱ 승리(J), ⑲ 가해행위 또는 결여 해소(K), ⑳ 주인공의 귀환(↓),

---

14 프롭은 마법민담의 핵심적인 기본적 이야기 단위를 등장인물의 행위가 갖는 '기능'이라고 설명하였다. 그에 따르면 등장인물들의 외모나 연령, 성별, 직업, 속성 등은 달라질 수 있으나, 그 행위는 줄거리가 전개되는 과정에서 같은 기능을 수행한다는 것이다. 즉, 누가 어떻게 행하느냐보다는 등장인물이 무엇을 행하는가 하는 문제가 가장 중요하다는 것이다. 마법민담은 7명의 등장인물(적, 증여자, 조력자, 공주, 파견자, 주인공, 가짜 주인공)이 수행하는 31가지 기능으로 구성된다. 그는 각 기능의 본질에 대해 간결하게 요약하고 그것을 다시 한 단어로 단순하게 정의한 후 그 기능을 나타내는 약정 기호를 붙였다. 기능을 기호로 나타낸 것은 나중에 다양한 설화의 구조를 도식적으로 비교할 수 있게 하기 위함이다.

㉑ 주인공이 추적당한다(Pr), ㉒ 살아난다(Rs), ㉓ 주인공이 몰래 도착한다(O), ㉔ 가짜 주인공이 거짓된 주장을 한다(L), ㉕ 난제(M), ㉖ 난제의 해결(N), ㉗ 주인공이 인식되다(Q), ㉘ 가짜 주인공의 발각(Ex), ㉙ 주인공의 변신(T), ㉚ 처벌(U), ㉛결혼(Wo)**

프롭의 세 번째 지적은 31개 기능의 전개에는 일정한 순서가 있다는 것이다. 러시아 민담뿐만 아니고 세계의 어느 민담에도 31개의 기능을 모두 갖춘 이야기는 존재하지 않는다. 어떤 이야기도 이야기마다 이야기의 재미요소가 다르기 때문에 어떤 기능의 이야기에는 힘을 넣어 반복하거나, 다른 기능을 무시하거나 하여 때로는 생략해 버리는 경우도 종종 있다. 그러나 기능 전개 순서의 엄밀함은 전승되는 이야기의 특질로 나중에 새롭게 만들어진, 예를 들면 안데르센 등의 작가에 의한 창작동화와는 성격을 달리 한다.

그리고 프롭의 마지막 지적으로 모든 마법민담은 구조로부터 말하자면 하나의 유형으로부터 성립되어 있다는 놀라운 사실이다. 프롭은 민담 연구의 모델로 린네의 형태론을 생각하였을 때 적어도 '마법민담' 에는 여러 유형이 있다고 가정하고 있었을 것이다. 그러나 연구 결과 그와 같은 여러 유형은 존재하지 않는다고 결론지었다.

프롭은 이상의 네 가지 지적을 근거로 해서 '마법민담' 을 다음과 같이 고쳐 정의하였다.

> 마법민담이라는 것은 이미 설명한 기능이 다양한 형태로 올바른 순서를 가지고 전개되는 이야기이다. 그 때 몇 개의 이야기에서는 특정한 기능이 빠져 있거나 또 다른 이야기에서는 그것이 반복되거나 하는 경우가 있다.(……) 형태론적으로 말하면 가해행위(A) 또는 결여(a)가 중간 여러 기능을 거쳐 결혼(Wo) 또는 종국(終局)으로 사용되는 다른 여러 기능(F, K, Rs 등)에 이르는 각종 발전을 마법민담이라고 부를 수 있다.(프롭, 1970, 122쪽)

'마법민담' 을 이와 같이 정의하면 '마법' 이라는 키워드가 의미를 잃을 뿐만 아니고 '동물민담', '본격민담(마법민담)', '소화' 라는 틀도 쓰임이 없어져 버리고 만다. 예를 들어 '주인공이 적을 퇴치한다' 라는 기능이 지금까지 동물민담으로 분류되었던 「늑대와 일곱 마리 아기염소」에도 「브레멘 음악대」에도 해당되기 때문이다. 그리고 '가해행위 (A) 또는 결여(a)가 중간 여러 기능을 거쳐 결혼(Wo) 또는 종국(終局)으로서 사용되는 다른 여러 기능(F, K, Rs 등)에 이르는 발전' 은 민담이라는 테두리를 넘어 신화와 서사시, 또는 소설과 시 등 온갖 이야기에 보이기 때문에 '민담이란 무엇인가' 라고 하는 질문은 '이야기란 무엇인가' 라는 질문으로 발전해 간다. '민담의 형태학' 이 가지는 이러한 보편성은 아마 프롭의 예상을 뛰어 넘는 것이었음에 틀림없다. 그래서 여기에서는 문제를 민담으로 한정하고 프롭의 생각을 페로와 그림의 「빨간 모자」라는 구체적인 이야기에 맞추어가면서 그것이 민담 연구에 어떤 역할을 하는지를 생각해 보자.

2
「빨간 모자」의 형태학

민담에 익숙한 성인과 어린이라면 누구나 잘 알고 있는 것처럼 「빨간 모자」는 페로와 그림의 두 개의 버전이 있다. 페로의 이야기도 그림의 이야기도 주인공은 빨간 모자를 쓴 소녀지만 페로판에서 소녀는 늑대에게 잡아먹히고 끝난다. 반면에 그림판에서는 친한 사냥꾼이 등장하여 늑대의 배를 갈라 빨간 모자와 할머니를 구해 낸다.

이 두 이야기 둘러싸고 '페로판이 먼저인가? 그림판이 먼저인가?' 라는 오리지널 찾기 이외에 '빨간 모자가 늑대의 뱃속에서 멀쩡하게 튀어 나온 것은 늑대가 빨간 모자를 산 채로 꿀꺽한 것인가' 라는 어린이를 위한 질문이라든지, 그것보다도 '빨간 모자를 잡아먹는 '늑대' 란 무엇인가?' 하는 성인용 질문 같은 즐거운 수수께끼를 푸는 숙제도 있다. 그러나 그 전에 먼저 두 이야기의 '구조적인 차이'에 대해 배우는 것부터 시작하자. 우선 최초의 빨간 모자인 페로의 버전부터 시작하자. 프롭이라면 어떻게 기능 분석을 할 것인가, 시부사와 다쓰히코(澁澤龍彥, 1928~1987)[15]의 번역(페로, 1973)에서 이야기를 읽으며 다음을 살펴보자.

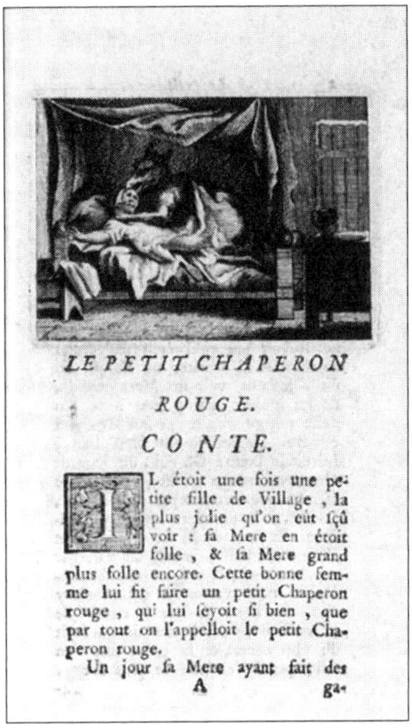
LE PETIT CHAPERON ROUGE.

CONTE.

IL étoit une fois une petite fille de Village, la plus jolie qu'on eût ſçû voir : ſa Mere en étoit folle, & ſa Mere grand plus folle encore. Cette bonne femme lui fit faire un petit Chaperon rouge, qui lui ſeyoit ſi bien, que par tout on l'appelloit le petit Chaperon rouge.
Un jour ſa Mere ayant fait des ga-
A

1697년판 「빨간 모자」의 권두화

> 옛날 어느 곳에 사랑스러운 소녀가 있었습니다. 엄마와 할머니는 소녀를 매우 귀여워했습니다. 특히 할머니는 눈에 넣어도 아프지 않을 정도로 소녀를 귀여워했습니다. 할머니가 소녀를 위해 만든 작은 빨간 모자는 소녀에게 아주 잘 어울렸습니다. 그래서 소녀는 어디를 가도 '빨간 모자'라고 불릴 정도였습니다.

이것은 전형적인 '시작의 상황'(α)이다. 민담의 이 부분은 어디까지나 '상황 제시'에 지나지 않고 '행위'가 아니기 때문에 프롭은 이것을 '기능'에는 포함시키지 않았다. 모든 이야기의 시작은 주인공의 가족 구성이나, 이름의 유래, 행복한지 불행한지(α)와

15 소설가, 불문학자, 평론가.

빨간 모자와 숲의 늑대(귀스타브 도레, 1867년)

같은 생활의 상태 등 앞으로 시작하는 이야기의 세계를 엮어가는 '상황 제시'가 필수적이다.

어느 날, 어머니가 비스킷을 구우면서 소녀에게 이렇게 말했습니다. "듣자니 요즘 할머니가 많이 아프신 것 같아. 그러니 네가 구운 비스킷과 버터 항아리를 가지고 병문안을 갔다 오렴."

조금 이상한 느낌을 줄지도 모르지만 이것은 주인공에 대한 '금지 기능(γ)'의 변종 '제안(γ2)'이다. '금지 기능(γ)'은 보통 '연장자의 부재 기능(β)'과 한 세트로 되어있다. 예를 들어 그림의 「늑대와 일곱 마리 아기 염소」는 엄마 염소가 집을 나갈 때 '결코 문을 열지 말라'는 말을 남긴다. 이것은 아기 염소들을 지키는 엄마 염소(연상의 보호자)가 없어지면 어린 아기 염소들(주인공)만 남겨진 상태에서 위기에 빠진다는 기본적인 설정이다.

빨간 모자의 경우 금지는 없지만 대신에 엄마(연장자=보호자)가 빨간 모자(젊은 주인공)에게 '위험한 숲을 통해서 심부름을 하도록' 주인공에게 명령한다. 덕분에 연장자의 보호를 잃은 주인공은 위험에 노출된다. 이 '제안=명령'은 '금지(γ)'와 같은 기능을 가진다.

> 그래서 빨간 모자는 이웃 마을에 살고 있는 할머니에게로 가기 위해서 즉시 집을 나왔습니다.

빨간 모자는 엄마가 명령하면 솔직하게 그것을 실행한다. 그것은 '금지의 침범(δ)'과 같은 기능을 가진 '명령의 실행(δ2)'이다. '금지'와 '금지의 침범'의 기능은 대비되어 있다.「늑대와 일곱 마리 아기 염소」의 경우 엄마염소가 '문을 열지 말라'라고 말하면 아기 염소는 반드시 그 금지를 깨고 문을 열게 된다.「빨간 모자」의 경우는 엄마가 명령을 내리면(γ2) 빨간 모자는 반드시 명령을 실행하고 그 결과 위기에 빠진다.

> 숲을 지나가고 있자니 빨간 모자의 눈앞에 늑대 아저씨가 홀연히 나타났습니다. 늑대 아저씨는 소녀를 잡아먹고 싶어 안달이 나 있었습니다만, 숲 속에는 몇몇의 나무꾼이 일하고 있었으므로 쉽게 잡아먹을 수 없었습니다. 그래서 빨간 모자에게 "어디로 가니?"라고 말을 걸었습니다.

이것은 '가해자의 질문(ε)'이다. 빨간 모자를 잡아먹고 싶어서 안달이 난 늑대는 주인공에게 흑심을 가지고 접근하고 어떻게 하면 잡아먹을 수 있을까에 대한 정보를 손에 넣으려고 한다.

숲 속에서 늑대와 이야기를 하는 것은 매우 위험한 일임에도 불구하고 빨간 모자는 그런 것은 조금도 신경 쓰지 않았기 때문에 이렇게 대답했습니다.

"할머니 병문안하러 가요. 엄마의 심부름으로 비스킷과 버터를 전달하기 위해서"

"할머니의 집은 어디니?" 하고 늑대가 물었습니다.

"으…응…아주 멀어요."라고 빨간 모자는 대답했습니다.

"있잖아요. 저기 풍차오두막이 보이지요? 저 풍차오두막에서 한참 더 들어가야 해요. 마을로 들어가서 첫 번째로 보이는 집이에요."

이것은 '정보의 제공(ζ)' 기능이다. 숲 속에서 늑대와 이야기를 해서는 안 되지만 빨간 모자는 그대로 늑대의 함정에 빠져 필요한 정보를 제공해 버린다. 마법민담의 가해자는 충분한 정보를 손에 넣고 주도면밀하게 함정을 판다.

"그렇구나, 그렇구나." 하고 늑대가 말했습니다. 그렇다면 나도 병문안을 가주지. 나는 이 길을 따라 가는 것으로 하자. 너는 저쪽 길을 따라 가는 게 좋겠다. 누가 먼저 도착하는지 해보자꾸나.

이것이 '모략(η)'의 기능으로 가해자는 여러 가지 방법을 사용하여 상대를 속이려고 한다. 늑대는 빨간 모자에게 멀리 돌아가는 길을 알려주고 자신은 재빨리 가까운 길로 가서 시간을 벌려고 한다.

> 그렇게 말하고는 늑대는 가까운 쪽의 길로 쏜살같이 내달려서 가버렸습니다. 빨간모자는 돌아가는 길을 터벅터벅 걷기 시작했지만 도중에 개암 열매를 줍거나, 나비를 쫓아가기도 하고 꽃을 꺾어 꽃다발을 만들거나 하며 실컷 놀면서 걸어갔습니다.

주인공의 협력(θ). 속아넘어간 피해자는 본의 아니게 적에게 힘을 빌려준다(θ1). 빨간 모자는 늑대의 유혹에 넘어가 먼 쪽의 길을 택했을 뿐만이 아니고 꽃까지 꺾으며 실컷 놀아버린다. 민담의 주인공은 반드시 가해자의 모략(η)에 답하여 협력(θ)하고 결정적인 가해행위(A)를 일으킨다.

할머니를 덮치는 늑대(귀스타브 도레, 1867년)

그런데 기능분석은 여기까지는 순조롭게 진행되었다. 아파나세프를 소재로 한 프롭 자신의 분석도 이렇게 부드럽게 전개한 예는 드물다.

그러나 이야기의 흐름은 예비 단계를 끝낸 곳에서 급변한다. 늑대는 잠시 후에 할머니를 잡아먹고, 그 후 빨간 모자를 잡아먹으면서 이야기가 끝나 버리는 것이다. 이 부분은 이야기의 절정이기 때문에 페로는 매우 정교하게 이야기를 진행하고는 있지만 (따라서 분량도 꽤 많지만) 기능으로서는 A의 가해행위 외에는 다른 어떠한 기능도 눈에 띄지 않는다.

하지만 기능A는 예비 부분을 마친 이야기가 지금부터 진행되는 이야기의 본래 기능을 전개하는 단서에 불과하다. 만약 이야기가 여기서 끝나 버리면 프롭이 생각한 마법민담의 테두리 안에 「빨간 모자」를 넣을 수 없게 된다. 마법민담으로서 「빨간 모자」를 성립시키기 위해서는 기능A 바로 뒤에라도 결혼(Wo) 또는 이와 유사한 경사스러운 결말 중 하나가 와야 한다. 이야기가 이대로 끝나 버리면 「빨간 모자」는 프롭의 방법에 걸림돌이 될 것이다. 아무리 프롭의 마법민담 정의가 잘되어 있어도 그 정의에 따라 「빨간 모자」를 민담에서 빼 버려서는 손실이 너무 크다.

그러나 아주 절묘하게(그리고 누구나 바로 눈치채는 부분이지만) 「빨간 모자」의 독자 중에는 시대는 조금 거슬러 내려가지만 또 하나의 전통적인 그림의 「빨간 모자」가 준비되어 있다. 이 버전의 빨간 모자는 다행스럽게 구출되고 끝난다.

그래서 연이어 가네다 기이치(金田鬼一, 1886~1963)[16] 번역의 이와나미(岩波)문고를 이용하여 페로에 그림의 버전을 접목하여 기능 분석을 계속해 보자.

> 늑대는 먹고 싶은 만큼 먹고 배에서 꼬르륵 소리가 멈추자 그대로 침대에 파고들어 잠들어 버리고는 엄청나게 코를 골았다.

이는 프롭이 말하는 중개(B) 기능이다. 민담의 세계에서는 뭔가 비극적인 사건(가해행위A 혹은 결여a)이 일어나면, 그것은 어떠한 형태로든 세상에 퍼져 주인공이 알게 되어야 한다. 주인공은 부탁을 받거나 명령되거나 하여 사건의 해결을 위해 출발한다. 이 경우 불행한 사건을 주인공에게 알리는 것은 늑대의 코골이이다.

> 친하게 지내는 사냥꾼이 그 때 마침 집 앞을 지나가며 "할머니가 지독하게 코를 골고 있네. 무슨 일이 있나 가봐야겠다" 고 생각했습니다.

이렇게 주인공의 반격(C)이 시작된다. 주인공인 탐색자는 사건을 느끼고 행동으로 옮긴다. 「빨간 모자」의 주인공은 노련한 사냥꾼이다. 그는 숲에 숨어 있는 야수의 기척이나 변하기 쉬운 바람의 움직임을 읽는 것처럼 이상하리만치 오두막에 마음이 끌린다.

---

16 일본의 독문학자, 번역가로 일본에 그림동화를 소개했다.

그래서 방으로 들어가 침대 앞에 서니,

주인공의 출발(↑)

이 기능은 너무 짧기 때문에 간과하기 쉽다. 그러나 민담의 주인공은 반드시 평온무사한 일상세계를 버리고 탐험으로 가득 찬 전장으로 발을 들여놓아야 한다. 빨간 모자의 경우는 거대한 식인 늑대가 잠자는 오두막자체가 주인공의 전장인 것이다.

지금까지 노리고 있던 늑대가 이불을 둘둘 말고 자고 있는 것이 보였습니다.

"이 녀석 이런 곳에 있었군. 그렇게 찾아 다녔는데"

사냥꾼은 이렇게 말하고 총을 늑대의 볼에 대고 노렸으나, 그때 이 놈이 할머니를 잡아먹은 것은 아닐까, 그렇다면 아직 살릴 수 있을지도 모른다는 생각이 들어 총을 쏘는 것은 멈추고 가위를 들어 쿨쿨 자고 있는 늑대의 배를 가르기 시작했습니다.

이것은 승리(J) 기능이라고 생각해도 좋다. 승리는 보통 가해자와의 싸움(H)과 대비되어 '싸움'의 결과로 나타난다. 「빨간 모자」의 경우에는 늑대와 사냥꾼과의 싸움(H)이 없다. 이것은 '승리(J)' 기능 중 하나의 형태 '적은 싸우지 않고 죽는다(J5)'에 속한다고 생각해도 좋을 것이다. 늑대는 부주의하게 잠자다가 공격을 받고 죽는다.

2, 3번 자르자 선명한 붉은 빛깔의 빨간 모자가 보였습니다. 거기서 또 2,3번 자르자 소녀가 튀어나왔습니다.

"아아! 깜짝 놀랐다. 늑대 뱃속은 깜깜하네." 라고 소리쳤습니다.

그리고 다음으로 늙은 빨간 모자의 할머니가 뱃속에서 나왔습니다. 할머니는 살아 있기는 했으나 숨이 곧 끊어질 것 같았습니다.

여기서 가해행위에서 해방된다(K). 이것은 이야기의 발단인 '가해행위(A)' 와 대립하는 기능이다. 늑대에게 잡아먹힌 여주인공은 남주인공(사냥꾼)에 의해 가해자(늑대)의 뱃속에서 구해진다.

이것으로 이야기는 대단원의 막을 내린다. 「빨간 모자」의 경우는 늑대에게 먹힌 빨간 모자와 할머니가 늑대의 뱃속에서 살아서 나온다.

그건 그렇고 빨간 모자는 커다란 돌을 여러 개 가지고 와서는 함께 늑대의 뱃속에 집어넣습니다.

사냥꾼이 활약하는 알버트 슈미트하마의 독일판 「빨간 모자」(1910년)

늑대가 잠에서 깨어 한걸음에 도망을 가려고 했습니다. 그렇지만 뱃속의 돌이 너무 무거워서 바로 꽈당 하고 넘어져 죽어버렸습니다.

이것은 늑대에 대한 '승리(J5)' 기능의 완결부이지만 동시에 '처벌(U)' 기능이라고 생각할 수도 있다.

일반적으로 기능U는 가해행위가 해소된 뒤에 주인공의 공적을 빼앗는 가짜 주인공이 등장하여 다시 남주인공과 여주인공을 위기에 빠뜨리는 경우가 나타나지만 「빨간 모자」에는 이런 과정이 없다. 그러나 사냥꾼뿐만이 아니고 빨간 모자 자신이 가해자인 늑대를 최종적으로 쓰러뜨리고(J5), 처벌을 한다(U)는 점이 이 이야기의 커다란 특징이 되고 있는 것은 분명하다.

이것을 보고 세 사람은 일단은 이것으로 다행이라고 안심합니다. 사냥꾼은 늑대의 가죽을 벗겨 전리품으로 가지고 돌아갔습니다. 할머니는 빨간 모자가 가져 온 과자를 먹거나 포도주를 먹고 건강을 회복하였습니다. 그리고 빨간 모자는 "어머니가 가지 말라고 했는데 혼자서 숲 깊은 곳까지 들어가는 행동은 평생 다시는 하지 않을 것이다"라고 생각했습니다.

사냥꾼은 늑대의 가죽을 얻고, 할머니는 건강해지고, 빨간 모자는 착한 아이가 된다. 이 이야기의 끝에 결혼(Wo)은 없지만 주인공들이 전부 무언가 좋은 것을 손에 넣는다. 프롭의 기능(Wo)의 변종에는 '주인공은 왕녀를 손에 넣는 대신 금전이나 다른 형태로 상을 받는다(W3)' 가 있다. 「빨간 모자」의 결말은 이 기능에 속한다고 생각해도 좋을 것이다. 구태여 말하자면 포도주와 과자에 대해서 말하는 부분은 어딘가 결혼식과 같은 화려한 기분을 느끼게도 한다.

그렇다면 이상의 결말을 페로로부터 그림으로까지 연결하여 도식화해 보면 다음과 같다.

$$\underbrace{\alpha\gamma2\ \delta2\ \varepsilon\ \zeta\ \eta\ \theta1\ A}_{\text{페로}}\ \underbrace{B\ C\ \uparrow\ J5\ \ K\,(U)\ W3}_{\text{그림}}$$

이것이라면 프롭의 의도에 들어맞는 훌륭한 마법민담이다. 그러나 이것은 어디까지나 페로의 「빨간 모자」에 그림의 이야기를 접목한 경우를 말하고 페로의 이야기에는 여전히 B이하의 기능이 결여되어 있다. 그렇다고 한다면 그림의 민담이 연대적인 관계에도 불구하고 「빨간 모자」 본래의 모습이고, 페로판은 17세기 취향의 문학적 각색에 지나지 않을 것이다.

이것은 매우 있을 법한 가정이다. 그냥 기록의 연대가 오래되었다고 해서 오래된 것이 반드시 민담의 원형을 가지고 있다고는 말할 수 없다. 그리고 민담의 기록에 있어서 그림의 태도는 매우 신중하며 모여진 이야기도 소박한 이야기의 묘미를 남기고 있다. 이에 비해 페로의 이야기는 정말로 베르사유의 귀부인 취향으로 쓰여 진 것으로 언어의 선택 하나하나가 탁월하다.

페로가 먼저인지 그림이 먼저인지 프롭이 제안한 기능의 문제를 기다릴 필요도 없이 이것은 민담연구자들 사이에서도 큰 관심을 불러일으켰다. 그러므로 우리들은 먼저 프롭식 구조론의 시대를 넘은 공시적 지평을 떠나 또 한번 아르네가 해온 민담의 지리 · 역사적 연구라고 하는 통시적 지평의 탐구에 눈을 돌려 폴 들라뤼(Paul Alfres Delarue, 1889~1956)[17]와 마리 루이즈 테네즈(Marie Louise Ténèze, 1922~)[18]의 카탈로그와 마르크 소리아노(M. Soriano)의 연구를 단서로 「빨간 모자」의 오리지널의 문제를 생각해 보자.

---

17 프랑스 민담을 수집하여 민담유형목록을 제작했다.

18 프랑스 민담유형색인의 제작에 공헌했다.

3

민담의 지리 · 역사학

프랑스의 페로에 관한 연구 중 최근의 가장 큰 성과는 마르크 소리아노의 『페로의 민담-지식인의 교양과 민중의 전통』(*L Contes de Perrault, culture sarante et traditions populaires*)일 것이다.

가르니에판 페로 민담집을 편집한 G. 루제(Gilbert Rouger)도 여러 비판 점을 나타내면서도 이 연구를 높이 평가하고 있다.

'그림이 먼저냐, 페로가 먼저냐' 이 점에 대해서는 전혀 망설일 필요가 없다고 소리아노는 생각한다. 페로의 「빨간 모자」는 확실히 민담의 이야기꾼이 직접 기록한 것이다. 「빨간 모자」 이외의 페로 작품에 대해서는 「잠자는 숲 속의 공주」와 「신데렐라」만 해도 예를 들면 「펜타메로네」 등의 선행 작품으로부터의 각색이 거론된다.

그러나 「빨간 모자」는 1697년 페로가 발표할 때까지 문학 작품에 소개된 흔적이 없다. 페로 스스로가 '거위 아줌마'라고 부른 이야기꾼으로부터 직접 「빨간 모자」 이야기를 들었다고 하는 것은 꽤 가능성이 있는 이야기이다.

그렇다고는 해도 그 이전에 문자로 옮겨진 것이 없다고 해서 바로 페로의 이야기를 오리지널이라고 생각할 수는 없다. 그가 '거위 아줌마'의 이야기를 전혀 바꾸지 않았다는 보장은 무엇하나 없기 때문이다. 그의 문학적 취미에서 문제의 후반 부분을 모두 버리고 재구성했을 가능성도 배제할 수 없기 때문이다.

그래서 페로판 「빨간 모자」의 민담으로써의 순수함을 증명하기 위해서는 오늘날에도 구전에 의해 살아 있는 오리지널 형태와 페로의 작품을 비교해 볼 필요가 있다.

그러나 이 작업은 매우 어려운 것이 되었다. 페로의 「빨간 모자」가 너무 유명해져 버린 결과, 프랑스 전역에 보급되어 각지에 전달되어져 있었던 다양한 「빨간 모자」를 쫓아내 버렸을 가능성이 지적되었기 때문이다.

1697년부터 오늘날에 이르는 300년 사이에 페로의 작품이 프랑스 어린이나 이야기꾼에게 어느 정도의 영향을 주었는지는 상상하기 어렵지 않다.

이 어려운 작업에서 하나의 훌륭한 결론을 이끌어 낸 것은 폴 들라뤼이다. 그는 아르네의 지리적 · 역사적 방법과 톰슨에 의해 축적된 견실한 연구 방법을 답습하면서 거기에 스스로의 연구를 더했다. 그리고 오늘날처럼 매스 커뮤니케이션이 발달하지 않았던 시대에 기록된 35화의 「빨간 모자」를 비교 검토하는 작업을 시작했다.(들라뤼, 1957)

그 결과 20화는 전혀 활자의 영향을 받지 않았고, 다른 2화는 페로의 이야기를 기초로 하면서 이야기의 전통적인 형식으로 돌아간 것이라는 결론에 이르렀다. 나머지 13화는 중간 형태였다.

또 결과를 지역적으로 검토하면 활자의 영향을 받지 않은 이야기와 중간 형태의 이야기는 프랑스를 동서로 횡단하는 지역에 구전된 것으로 루아르(Loire, 프랑스) 계곡, 알프스 북부에 많았고, 북부 이탈리아나 티롤(Tirol, 오스트리아) 지방에도 비슷한 이야기가 많았다. 그리고 이러한 전통적인 이야기를 비교해 보면 거기에는 페로의 작품에서 볼 수 없는 몇 가지 공통된 특징이 있다.

17세기에 이야기 되었던 「빨간 모자」에는 이러한 특징이 결여되어 있어 나중에 그것이 추가되었다고는 생각하기 어렵다. 따라서 페로는 '거위 아줌마'에게 이야기를 들었으나 의식적으로 자신의 작품에서는 이러한 특징을 배제한 것이다. 그것은 아마도 문제의 부분이 당시의 궁정이나 살롱에서 문자로 이야기하기에는 정숙함이 너무 부족했기 때문일 것이다.

그러나 이러한 문학적인 변경을 제외하면 페로의 이야기는 대략적으로 17세기 후반에 프랑스 각지에서 들려진 이야기의 원형을 간직하고 있다. 이것은 페로의 이야기와 원형적인 이야기와의 세부 사항을 비교해 얻어진 결론이다.

다만 이렇게 해서 페로의 「빨간 모자」의 대략적인 정당성이 확인되었다 하더라도 페로의 이야기와 그림의 「빨간 모자」와의 관계의 문제는 여전히 남아 있다. '그림이 먼저냐, 페로가 먼저냐' 라는 수수께끼의 해결을 위해서는, 더욱 그림에 대해서도 페로와 같은 검토를 거듭할 필요가 있다. 들라뤼는 페로와 그림을 비교해서 이 점에 대해서도 세밀한 검토를 하고 있다.

> 그림의 이야기는 주의 깊게 양자를 비교하여 사실과 대조해 보면 알 수 있듯이 페로의 이야기에서 유래하고 있다. 그림의 작품은 페로의 작품과 같은 세부 사항을 가지고 비슷하게 각색되면서 더 절묘해짐과 동시에 양자에 공통적인 결여 부분을 가지고 있다.(들라뤼, 1957, 381쪽)

들라뤼의 추리는 이렇다. 페로는 「빨간 모자」를 쓰면서 문학적인 배려에 의해 원래의 민담에서 어떤 부분을 배제했다. 따라서 만약 그림의 이야기가 페로 이야기와 같은 결여 부분을 가지고 있다면 그림의 이야기는 페로의 이야기의 재화가 된다.

이 들라뤼의 판단은 타당할 것이다. 그리고 이 기술 다음에는 잘 알려진 역사적 사실의 소개가 이어진다.

그림은 프랑스계 독일 여성으로부터 이야기를 들었는데 그녀는 프랑스와 독일의 두 전승을 혼동하여 기억하고 있었다. 그녀는 언니와 함께 페로의 다른 이야기 3화와 오노와 부인의 이야기 1화를 그림 형제에게 이야기하여 『그림 동화집』 초판에 수록되었지만, 제2판 이후에는 그것들이 삭제되어 있다. 「빨간 모자」 이야기가 남은 것은 결말이 페로의 이야기와 달라 독립적인 이야기라고 믿었기 때문이다. 그러나 이 결말은 「늑대와 일곱 마리 아기 염소」의 독일어 버전의 영향이다.(들라뤼, 1957, 381쪽)

칼 화링거(1874~1952)의 그림책 「늑대와 일곱 마리 아기 염소」

그리고 마지막으로 페로에게 한 것과 같은 오리지널의 조사가 진행된다.

몇 세대에 걸쳐 대부분의 독일인들은 어릴 적부터 그림 형제의 민담집에 담긴 아름다운 이야기를 알고 있었다. 그러나 「빨간 모자」 이야기는 독일의 전승 중에는 존재하지 않는 것이다.(겨우 두 개의 이야기만이 오늘까지 독일에서 수록되어 있으며 두 가지 다 그림에서 유래한 것

들이다.)(들라뤼, 1957, 381쪽)

즉 「빨간 모자」 이야기는 그림 이후 완전히 독일에 정착하여 방방곡곡에서 이야기되었다. 그러나 독일의 전승 중 그 원형이 된 이야기를 찾아내는 것은 불가능하다.(들라뤼, 1956~1963)

따라서 그림의 이야기는 프랑스 이야기의 재화이다. 페로의 이야기를 원형으로 하는 유형의 이야기에 독일의 전통 민담 「늑대와 일곱 마리 아기 염소」의 결말이 접목된 것이다.

그래서 우리는 다시 처음의 질문으로 돌아가게 되었다. 프롭의 정의에 따르면 마법민담이란 가해행위(A)에서 시작해 결혼(Wo)으로 끝나는 이야기인데 페로의 「빨간 모자」에는 Wo의 기능이 없다. 그림 버전에는 이 기능이 있지만 오리지널은 페로의 이야기이다. 불행을 알리고 그대로 끝나 버리는 이야기를 과연 민담이라고 부를 수 있는 것인가.

프롭과 달리 형태론의 입장에 서지 않는 들라뤼나 소리아노로서도 이것은 큰 문제였다. 그것은 단지 「빨간 모자」가 페로의 동화집 속에서 유일하게 불행한 동화이기 때문만이 아니라 모든 민담을 조사해도 불행이 불행인 채 끝나 버리는 이야기는 소수라고 생각했기 때문이다.

들라뤼는 이 점을 언급하며 다음과 같이 말하고 있다.

이 이야기는 아이들을 위험에서 보호하고 위험한 행동을 하지 않도록 이끌기 위한 것이다. 예를 들어 물가나 숲, 추수가 끝난 밭에 혼자 나가지 말라, 저녁 늦게 다니지 말라, 모르는 사람에게 문을 열어주지 말라 등의 경고이다.(…) 페로의 「빨간 모자」도 본래는 아이에게 숲을 혼자 다니지 않게 하기 위하여 만든 이야기였다.

숲은 수천 년 전부터 늑대들이 많이 나타나는 장소였다. 엄마도 아이들에게 이것을 다짐받고 있었을 것이다.(들라뤼, 1957, 383쪽)

들라뤼와 소리아노는 이 유형의 민담에는 불행한 결말이 필요하다고 생각했다. 아이들이 공감을 느끼려면 불행한 일을 당해 죽어야 한다. 소리아노는 이 테마가 보편성을 지닌 하나의 예로 도데(Alphonse Daudet, 1840~1897)의 「스간씨의 염소」[19]를 들고 있다. 이 이야기는 민담은 아니지만 민담의 보편적인 테마를 살린 것으로 가장 적당하다고 본 것이다. 이야기의 주인공인 염소(프랑켓)는 온화한 주인(스간씨)의 말을 듣지 않고 야산으로 가서 늑대를 만난다. 늑대와 작고 귀여운 프랑켓의 용감한 전투는 독자의 공감을 모으지만 그녀는 죽어야 한다. 읽는 사람이 그녀에게 동정하고 더 나아가 그 죽음을 쓸모없는 것으로 생각하여 '숲(또는 세

19 남프랑스 프로방스 지방의 이야기이다. *Les letters de mon moulin*이란 단편집에 수록된 La chevre de Monsieur, Seguin 임을 밝힌다.

상)은 위험하다'는 교훈을 손에 넣어야 하기 때문이다.

페로의 「빨간 모자」도 이와 같은 효과를 가지고 있다는 것이 소리아노의 의견이다. 17세기에는 아직 숲을 혼자 걷는 것은 분명히 현실적인 위험을 안고 있었다. 또한 도시와 궁정에는 숲과는 다른 종류의 늑대가 많이 있었던 것이다.

그러나 들라뤼와 소리아노의 해석이 반드시 우리를 납득시키는 것은 아니다. 교훈담이 반드시 불행으로 끝나야 한다는 설정 자체가 충분하지 않다. 페로의 이야기 속에서 한 가지 예를 들어 설명하면 「푸른 수염」은 분명히 「빨간 모자」와 같은 종류의 교훈을 내포하고 있다. 주인공 푸른 수염은 어린 소녀에게는 가장 위험한 '늑대'이며, 빨간 모자처럼 귀엽고 모험을 좋아하는 주인공은 위험에 빠져 죽을 뻔 한다. 그러나 결국 푸른 수염의 의도와 다르게 그녀는 구출된다.

실제 늑대의 위험을 다룬 예를 들어보면 「늑대와 일곱 마리 아기 염소」가 이에 해당한다. 이 이야기는 들라뤼의 '모르는 사람에게 문을 열지 말라'는 교훈도 포함한다. 여기에서도 일단은 가해 행위가 일어나지만 마지막에는 불행이 제거된다.

이처럼 일부 민담을 검토해 보면 청자에게 뭔가 위험한 존재를 가르치려는 이야기라 하더라도 반드시 불행한 결말로 끝나지 않는다는 것을 알 수 있다. 따라서 교훈의 필요성으로부터는 페로의 「빨간 모자」의 불행한 결말을 설명할 수 없다.

또 하나 소리아노의 설명을 뒤집는 사실이 있다. 즉 들라뤼가 수집한 구전의 「빨간 모자」 이야기들 중에도 해피엔딩의 결말을 가진 것이 존재한다. 그러나 그 결말은 그림의 것과는 다르다. 그 결말이란 '소녀는 늑대가 할머니로 둔갑한 것을 눈치채고는 핑계를 대고 밖으로 나온다. 늑대는 그때 끈으로 소녀를 잡아 두는데 소녀는 밖으로 나오면서 끈을 풀어 달아나 버린다'는 것이다. 들라뤼에 따르면 이 결과는 투렌(Touraine)이나 알프스(Alps)에서부터 이탈리아, 티롤에 걸쳐 분포하고 있는 이야기 같다.

그렇다면 지금으로서는 이 유형의 「빨간 모자」가 원본인지, 결말만 접목된 파생된 형태인지 명확하지 않다. 그러나 이 이야기는 이미 17세기 말에는 알려져 있었을 테니 페로가 해피엔딩의 「빨간 모자」도 만났을 가능성은 크다.

그러나 페로는 이러한 결말을 취하지 않았다. 그것은 왜일까. 불행한 결말의 이야기에 비하면 이 유형의 이야기가 민담으로서는 불순하게 보였기 때문일까. 또는 문학적인 가치가 낮아 보였기 때문일까. 「빨간 모자」를 이야기하는 페로의 어조는 확실히 무서운 이야기를 만들려고 하는 의도가 느껴진다. 불행한 결말의 선택은 잔혹한 취미에서 비롯된 것일까.

대답은 그 중 하나이기도 하고 전부 아닌 것도 같다. 그러나 적어도 민담의 지리·역사적 연구에서 밝혀진 것이 하나 있다. 그것은 민간에 유포되어 있던 「빨간 모자」에는 불행한 결말로 끝나는 것이 있어 페로는 자신의 『동화집』에 이 유형의 이야기를 선택하여 꽤 충실하게 재현했다는 것이다. 그리고 그림의 이야기보다 페로의 이야기가 역사적으로는 민담의 진정한 모습을 보여주고 있는 것이다.

4

꿈과 상징언어

「빨간 모자」의 불행한 결말은 소리아노를 따르자면 어린이에게 늑대의 위험을 가르치기 위한 배려의 결과였다. 이미 언급했듯이 우리는 이 설명을 충분한 설득력을 가진 것으로 받아들일 수 없다. 그러나 이야기의 결말이 불행으로 끝나든 그렇지 않든(페로의 경우도 그림의 경우도), 「빨간 모자」가 위험에 대한 하나의 교훈을 내포하고 있는 것은 사실이다. 두 경우 모두 빨간 모자는 '늑대'를 조심해야만 한다.

이 경우 '늑대'는 이미 언급한 바와 같이 이중의 의미를 가지고 있다. 하나는 진짜 위험한 늑대이다. 이야기가 발생했다고 생각되는 중세기에는 늑대에 의한 피해가 일상적인 것이었다는 것은 의심할 여지가 없다. 아이들이건 어른들이건 혼자 숲을 걷는 것은 동일한 위험이며 매년 적지 않은 사람들이 늑대에게 습격당해 사망했다.

그러나 페로가 이 이야기를 쓴 시대의 늑대는 또 다른 의미를 가지고 있었다. 17세기 프랑스에서는 숲의 늑대도 무서웠지만 마을의 늑대도 그에 못지않게 위험한 존재였다. 페로도 충분히 그것을 의식하고 이야기의 마지막에 붙이는 교훈 속에서 이렇게 말하고 있다.

> 한마디로 늑대라고 하여도 여러 가지 종류가 있어서 송곳니를 감추고 미끼로 달콤한 말을 속삭이며 젊은 소녀의 뒤를 귀찮게 쫓아다니며 몰래 집안의 침실까지 침입하는 등 야비한 성격의 것도 있다. 여러 종류가 있는 가운데 이 달콤한 늑대의 속임수만큼 위험한 것은 없다. (페로, 1973, 32쪽)

페로의 「빨간 모자」는 오늘날의 성인 동화이기도하다. 그는 교묘하게 숲의 늑대와 마을 늑대의 모호성을 나눠 사용하는 것으로 세련된 동화의 세계를 만들어 내고 있었다. 이야기의 말투는 민담 그 자체이기 때문에 빨간 모자와 늑대가 만나는 대목 등은 읽는 사람을 두근두근하게 만든다. 그러나 이야기의 저변에는 항상 장난스러운 성인의 눈으로 독자를 엿보고 있다. 페로의 그야말로 루이 왕조의 사교 인간다운 필력은 숨길래야 숨길 수 없는 에로티시즘을 떠오르게 만든다. 예를 들어 빨간 모자가 늑대의 침대에 들어가는 대목이 있다.

> 빨간 모자는 옷을 벗고 침대에 들어가려고 했습니다만 침대안의 할머니 모습을 보고는 경악을 금치 못했습니다.(페로, 1973, 29쪽)

이 대목은 민중의 속마음이 좀 더 노골적으로 다루어지고 있는 것 같다. 어떤 이야기에서는 빨간 모자가 옷을 하나씩 벗을 때마다 늑대에게 그것을 어디에 두는지 질문하게 되어 있다. 페로는 원래의 민담 속에 살아 있는 숨김없고 노골적인 부분과 사람을 잡아먹는 잔혹한 부분을 하나하나 제거하여 오늘날 우리가 접하는 형태로 정리한 것이다.

여하튼 「빨간 모자」의 늑대는 이야기꾼과 작가의 의식 속에서 이중의 의미를 가지게 하여 상징 언어로써의 기능을 하고 있었던 것이다. 그러나 늑대의 위험성에 대한 해석은 이야기를 듣는 사람들의 의식 차원에 머물지 않고, 꿈과 무의식의 숨겨진 차원에까지 이르게 하여 더욱 풍부하고 깊은 교훈을 포함하게 될지도 모른다. 민담의 세계는 신화와 전설 심지어는 시와 소설처럼 사람들의 무의식을 여는 하나의 열쇠를 가지고 있다. 그것은 잊혀진 언어이며 우리 마음속의 닫힌 경험을 멋지게 표현하는 기능을 가지고 있다. 「빨간 모자」의 모험도 이런 숨겨진 차원의 탐구로서 읽어낼 수 있지 않을까.

에리히 프롬(Erich Pinchas Fromm, 1900~1980)[20]의 『꿈의 정신분석』(psychoanalyis)은 부분적이기는 하지만 우리의 이런 기대에 대답을 준다. 이 책의 「빨간 모자」라는 하나의 장에서 프롬은 다음과 같이 쓰고 있다.(프롬, 1952, 241~248쪽)

> 이 동화의 대부분의 상징적 의미는 쉽게 이해할 수 있다. '붉은 벨벳의 작은 모자'는 생리의 상징이다. 위에 설명했듯이 모험을 하는 작은 소녀는 성숙한 여자가 되고 거기서 성 문제에 당면한다. '병을 떨어 뜨려 깨뜨리지 않도록' 하기 위해 '도중에 딴 짓을 하지마라'는 경고는 분명히 성에 대한 경고이며 처녀성을 잃지 말라는 경고이다.

프롬의 기술은 상징의 해석적 문제를 제외하고는 페로가 의식적으로 전달하려고 했던 교훈과 일치하고 있다. 초경을 맞아 빨간 모자(=월경)를 쓰게 된 소녀는 늑대(남자들)를 조심하여 처녀성(버터의 항아리)을 잃지 않도록 해야 한다. 이 가르침은 그가 이미 이야기의 마지막 부분에서 이야기한 것이다. 그러나 프롬의 '늑대' 해석은 한 걸음 더 나아가 페로나 많은 「빨간 모자」 이야기꾼들이 의도하지 않은 가르침까지 겨냥한 것이다. '늑대'는 세상 남자들의 상징이다. 남자들은 교활하고 잔혹한 동물로 그려져 있다.

---

20 독일 태생의 미국의 심리학자.

소녀는 숲 속에서 만난 늑대의 사탕발림에 침대로 인도되지만 성적 행위는 늑대가 소녀를 잡아먹는다는 식인 행위로 표현된다.

그러나 늑대는 그 대담한 행동으로 말미암아 조롱받고 처벌되어야 한다고 프롬은 생각한다. 늑대가 소녀와 할머니를 삼켜 뱃속에 간직하는 행위 자체가 늑대(남성)의 임신 욕망을 드러내고 있기 때문이다. 고대 바빌로니아 신화에서 나타내는 것처럼 임신은 여성 우위를 나타내는 특권이다. 늑대는 두 생명을 삼켜 임산부 역할을 하고자 하지만 오히려 뱃속에 돌이 담겨 죽는다. 프롬에 따르면 이 돌은 '석녀', 즉 불임의 표시인 것이다.

> 늑대의 행위는 원시적인 보복의 법칙에 따라 범한 죄에 의해 처벌된다. 즉 불임의 상징인 돌에 의해 살해당하고 분수에 넘치는 임산부 역을 하고자 한 것이 조롱된다.

이 이야기는 할머니, 어머니, 딸과 같이 3세대를 대표하는 인물이 주가 되어(이야기의 끝 무렵에서는 사냥꾼이 그렇게 중심적이진 않지만 관습적인 아버지의 모습으로 표현되고 있다) 남성 대 여성의 갈등을 이야기하고 있다. 남자를 미워하는 여자의 이야기이고 여자의 승리로 연결되어 있다. 남녀 간의 투쟁에서 남자가 승리를 얻는 오이디푸스 신화와는 완전히 반대이다.

프롬의 해석은 즉시 프랑스에 소개되었지만 민담의 지리 · 역사적 연구의 입장에서는 받아들이기 어려운 것이었다. 분석적인 해석이 너무 노골적이고 지나치게 대담하다기보다는 그 해석에 사용된 근거가 비판을 금치 못한다는 것이 그들의 반대 이유였다. 분명히 프롬은 분석의 소재로 「빨간 모자」의 텍스트를 무비판적으로 사용한 경향이 있다. 그가 대상으로 선택한 것은 그림의 텍스트인데 만약 페로의 텍스트 쪽이 오리지널에 가깝다면 한마디라도 자신의 선택에 대한 이유를 언급해야 한다는 것이다. 들라뤼는 이 점에 대해 다음과 같이 말하고 있다.

> 프롬은 「빨간 모자」를 설명하기 위해 이야기와 관련이 없는 부분(지나가는 사냥꾼, 갈라진 배와 두 명의 희생자를 대신하여 담겨진 돌)과 전혀 상관없는 우연의 요소(빨간 모자와 버터 항아리)만을 취하고 있으나 한편으로 정말 민담적이고 오래된 요소의 대부분을 간과하고 있는 것이다. 정신분석은 민담 연구의 다른 분야에서는 도움이 되지만 「빨간 모자」에 대한 이런 종류의 공론은 아무런 가치가 없다.(들라뤼, 1956~1963, 516~517쪽)

지리 · 역사적 연구의 입장에서 프롬에 대한 반론은 다음의 두 가지로 요약할 수 있다. 첫째는 프롬이 본래의 「빨간 모자」와는 전혀 관계없는 군더더기 부분(사냥꾼의 빨간 모자 구출과 그와 관련된 테마)까지 분석이 미친 부분이고, 둘째는 분석의 상징언어로써

'빨간 모자'와 '버터 항아리'라는 민담의 모티프로는 비교적 새로운 이차적인 요소를 선택한 부분이다.

이러한 민속학적 비판에 대해 프롬은 반론을 발표했을까. 우리가 아는 한 그런 반대 비판은 존재하지 않는다. 그러나 여기에서 프롬의 편에 서서 얼마 안 되는 반론을 시도하는 것은 가능하다고 생각한다.

우선 들라뤼 비판의 첫째 부분이다. 우리는 지리 · 역사적 연구를 존중하고 페로의 작품이 그림의 것보다 오래된 민담의 원형에 가까운 것을 인정하자. 그리고 또한 그림의 이야기는 페로형 「빨간 모자」에 독일형 「늑대와 일곱 마리 아기 염소」를 연결했다는 것을 승인하자. 이 경우 프롬의 분석 후반 부분이 「빨간 모자」에 맞지 않는 것은 인정해야 한다.

그러나 「빨간 모자」와는 다른 또 하나의 정통 민담 「늑대와 일곱 마리 아기 염소」에 대해서는 확실히 유효하다는 것은 증명되었다고 생각한다. 이 이야기의 경우에는 늑대가 집어삼키는 것이 새끼 염소이기 때문에 늑대의 임신 욕구는 더욱 명확해진다. 또한 늑대의 배를 가르고 불임의 돌을 채우는 것은 아기 염소들의 어머니이기 때문에 복수의 의도도 명확하게 떠오른다. 따라서 프롬의 분석은 「빨간 모자」라는 개별적인 경우로는 지리 · 역사적 연구에 자리를 양보해도 '늑대가 아이 등을 삼킨다'라는 민담의 보편적 테마를 해석한다는 점에서 뛰어난 특성을 발휘할 수 있을지도 모른다.

들라뤼의 비판 두 번째 부분은 「빨간 모자」의 여러 이본(異本)을 비교해 보면 분명하다. 예로 앙리 풀라(Henri Pourrat 1887~1959)[21]가 기록한 또 하나의 「빨간 모자」를 예로 들어 보자〔다나베 데노스케(田辺貞之助, 1905~1984)[22] 편, (1970, 288~292쪽)〕 빨간 모자는 숲 속에 할머니와 둘이 살고 있다. 그녀는 숲 속에 땔감을 구하러 가서 늑대를 만난다. 그녀는 늑대의 말에 속아 딴짓을 해서 할머니와 함께 잡아먹혀 버린다. 따라서 거기에는 '아픈 할머니' 도 없거니와 '병문안용 비스킷과 버터 항아리' 도 없다. 만약 다른 이본(異本)에 같은 경우가 많이 보인다면 '버터 항아리' 는 「빨간 모자」의 본질적인 테마라고는 말할 수 없다.

그러나 「빨간 모자」라는 이름의 문제는 별도이다. 현재 프랑스에 전해지는 이 유형의 주인공에 '빨간 모자' 라는 귀여운 이름이 등장하지 않는 이야기도 많다. 그 중에는 이름도 붙어 있지 않고 그저 '소녀' 라고 하는 것도 있다. 그러나 '빨간 모자' 라는 주인공도 곳곳에 살아 있다. 특히 페로의 영향을 받은 이야기의 압도적인 인기의 비밀은 주인공의 '빨간 모자' 라고 하는 이름 덕분이라고 말해도 좋을 정도이다.

---

21 프랑스 민담집의 집필에 공헌했다.

22 프랑스 문학자로 많은 번역서를 출간했다.

아주 소박하게 생각해도 「빨간 모자」 이야기가 옛날부터 '빨간 모자' 라는 불린 것은 왜일까. 왜 '빨간 모자' 대신 '검은 모자' 는 안 되는 것일까. 누구나 '쾌걸 검은 모자' 와 '쾌걸 빨간 모자' 가 있다면 빨간 모자의 유래를 알고 싶어 한다는 것이다.

또한 이 점에 대해서는 좀 더 확실한 근거가 있을지도 모른다. 페로의 「빨간 모자」는 아주 짧은 이야기이다. 그러나 소리아노의 조사에는 이 짧은 이야기 속에 실로 11번 '빨간 모자' 라고 하는 단어가 나온다.(타이틀도 포함하면 12회) 페로의 서술은 매우 숙련되어 있기 때문에 읽을 때 이것이 신경 쓰이지 않는다. 예를 들어 이런 대목이 있다.

> 할머니가 소녀를 위해 만든 작은 빨간 모자는 소녀에게 아주 잘 어울렸습니다. 그래서 소녀는 어디를 가도 '빨간 모자' 라고 불릴 정도였습니다.(페로, 1973, 24쪽)

프랑스어는 일본어와 달리 대명사가 매우 발달한 언어이므로 명사의 이러한 빈번한 반복은 매우 이상한 일이다. 게다가 만약 이러한 반복이 별로 독자의 눈에 띄지 않고 무의식적으로 간과되는 경향이 있다면, 그것이 단순히 페로가 가진 문체의 힘뿐만 아니라 무언가 더 깊은 의도에 힘입은 것이라 생각된다. 반복은 강박 관념처럼 반드시 의미 있는 것이다.

또 다른 상징언어 '버터 항아리'는 이미 설명한 것처럼 민담 「빨간 모자」에는 일반적인 테마가 아니다. 게다가 '샛길로 들어가서는 안 된다. 버터 항아리를 깨트리기 때문에'라는 어머니의 금지도 그림 고유의 것으로서 페로의 이야기에서는 존재하지 않는다. 그러나 이것도 늑대의 임신 소망과 불임의 돌처럼 민담 전체에서는 깊은 의미를 가진 주제이다. 게다가 '항아리'라는 말이 은어로 무엇을 가리키는지는 예로부터 알려진 것이다. 페로의 이야기 속에도 '구운 비스킷과 버터 항아리'라는 말이 다섯 번 반복되어있다. 그리고 이 '비스킷과 항아리'를 무사히 가지고 가는 것은 어머니의 명령이다. '빨간 모자'는 이 명령을 맹목적이고 기계적으로 달성하고자 노력하고 있다. 거기에는 전승적인 민담 테마가 페로의 개인적인 배려를 넘어 하나의 구조로서 자신을 관철해 가는 모습이 분명히 보이는 것 같다.

원주 *『민담의 형태학』에 추가되어 해설 중에 E. M. 메레틴스키[23]는 프롭이 포멀리스트(Formalist)였던 것을 부정하고 있다. 그러나 예를 들면 토도로프(Tzvetan Todorov)와 같은 연구자는 프롭의 연구를 포멀리즘 이론의 중요한 구성 요소로 보고 있다. (그리고 프롭 자신의 저작에도 시클롭스키에 대한 언급이 보인다) 메레틴스키는 운동사적으로 엄밀하게 생각해서 프롭을 포멀리스트에서 배제한 것이지만 현재의 구미에서는 포멀리즘 이론의 수용은 훨씬 넓은 시야로 이루어지고 있는 것처럼 보인다.

** 여기서 거론한 31개의 기능은 더욱 각각의 단계에서 몇 개의 클래스로 분류된다. 예를 들면 '가해행위(A)'는 '적이 인간을 유괴한다', '적이 조수나 마법의 물건을 뺏는다' 등 19개의 하위 클래스를 가진다. 또 기능에 붙인 기호는 프롭의 원저에서는 키릴 문자(cyrillrc alphabet)[24]가 사용되고 있지만 본서에서는 프랑스어역을 참고하여 프랑스식의 알파벳 표기를 이용한다.

실제 마법민담에서는 모든 기능을 갖춘 이야기는 존재하지 않지만 구체적인 기능의 역할을 설명하기 위해서는 인공적으로 모든 기능을 갖춘 이야기를 만들어 보자.

옛날 옛날 어떤 성에 왕과 왕비가 공주와 살고 있었습니다(시작의 상황-α). ① 어느 날 왕과 왕비는 마을로 외출을 했습니다(연장자의 부재-β). ② 그리고 공주에게 혼자서 성을 나가서는 안 된다고 말했습니다(금지-γ). ③ 그러나 심심했던 공주가 밖으로 나가자(금지의 침범-δ) ④ 마녀가 와서 왕과 왕비는 어디 있느냐고 물었습니다(가해자의 질문-ϵ). ⑤ 마을에 갔다고 대답을 하자(정보의 제공-ζ) ⑥ 마녀는 숲으로 꽃을 꺾으러 가자고 유혹합니다(모략-η). ⑦ 공주가 숲으로 들어가자(주인공의 협력-θ) ⑧ 마녀는 공주를 납치해서 유리산의 마녀의 집에 감금시켜버립니다(가해행위-A). ⑨ 왕과 왕비가 돌아와서 구조를 요청하자(중개-B) ⑩ 잭이 왔습니다(반격의 시작-C). ⑪ 잭은 유리산으로 출발했습니다(주인공의 출발- ↑). ⑫ 숲의 갈림길에 다다르자 배고픈 늑대가 잭에게 먹을 것을 나눠달라고 말합니다(마법 수단과 증여자의 첫 기능-D). ⑬ 잭이 빵을 나눠주자(그에 대한 주인공의 반응-E) ⑭ 늑대는 새끼 한 마리를 답례로 줍니다(마법 수단을 손에 넣는다-F). ⑮ 잭은 새끼 늑대를 타고 바로 유리산의 마녀의 집에 도착합니다(주인공의 이동-G). ⑯ 잭이 마녀와 싸우고 있자(가해자와의 투쟁-H) ⑰ 공주가 빨간 머리띠를 던져 줍니다(주인공이 증표를 받는다-I) 잭이 머리띠

23 서사시 연구자로 고대 슬라브의 신화세계를 재구축하려는 시도가 있었다.

24 9세기 그리스의 전도사 키릴로스(kyrillos)가 고안한 것으로 전해지는 문자. 슬라브계의 여러 언어를 표기하는 데 사용하였으며, 현재 러시아 문자의 모태가 되었다.

를 두르고 싸워 마녀를 무찌르고 ⑱ 마녀의 보물을 손에 넣어(승리-J). ⑲ 공주를 구해(가해행위 또는 결여의 해소-K) ⑳ 서둘러 유리산을 내려옵니다(주인공의 귀환-↓). ㉑ 마녀의 동료가 쫓아왔으나(주인공이 추적당한다-Pr). ㉒ 늑대를 탄 잭과 공주는 무사히 숲의 입구에 도착합니다(살아난다-Rs). ㉓ 잭은 그대로 무사 수행의 길에 올라 1년 후에 몰래 마을에 돌아오자(주인공이 몰래 도착한다-O). ㉔ 나쁜 대신이 마녀를 물리친 것은 자신이라고 거짓말을 하고 있습니다(가짜 주인공이 거짓된 주장을 한다-L). ㉕ 잭은 진짜 마녀를 물리친 것은 자신임을 증명해야만 합니다(난제-M). ㉖ 잭은 공주에게 받은 빨간 머리띠를 보입니다(난제의 해결-N). ㉗ 머리띠를 하고 있는 잭을 보고 공주는 바로 잭임을 알아봅니다(주인공이 인식된다-Q). ㉘ 대신의 거짓말이 들통납니다(가짜 주인공의 발각-Ex). ㉙ 잭은 마녀의 보물로 아름다운 청년으로 변신합니다(주인공의 변신-T). ㉚ 대신은 성에서 쫓겨나고(처벌-U) ㉛ 잭은 공주와 결혼하여 행복하게 살았습니다(결혼-Wo).

Chapter 4

「빨간 모자」와 「헨젤과 그레텔」
–민담의 신비스런 힘–

1
또 하나의 민담의 정신분석

에리히 프롬은 프로이드의 영향으로 신화나 민담을 꿈과 마찬가지로 '상징언어'라고 생각했다. '상징언어'는 마음속의 경험이나 감정 및 사상을 마치 외부 세계에서 일어난 것처럼 표현할 수 있다.

프롬은 그의 저서 『꿈의 정신분석』에서 "「빨간 모자」는 프로이드의 견해를 설명하는 좋은 재료"라며, 「빨간 모자」를 재료로 취급한 나머지 민담의 '신비스런 힘'을 진정한 의미에서 해명해내지는 못했다. 민담은 프롬이 「빨간 모자」에서 생각한 것처럼 "사춘기 여자 아이에게는 여러 유혹이 따르니 조심할 것"이라는 메시지를 전하고 있는지도 모르지만, 사실은 훨씬 기본적인 수준에서 어린이나 어른의 마음을 지탱해주거나 위로해주는 '신비스런 힘'을 지니고 있다. 그리고 그 힘은 들려주는 민담 자체의 구조에서 유래하는 것으로 각각의 민담은 각각의 이야기꾼이나 청자의 심리 구조와 조응하며 힘을 발휘한다.

이 문제에 관련해서는 융이나 폰 프란츠를 비롯해 일본의 가와이 하야오에 이르기까지 융학파에 의한 일련의 연구가 있지만, 들려주는 구조라고 하는 시점에서 보았을 때 가장 일관된 업적을 보인 것은 역시 프롬과 같은 프로이드파인 부르노 베텔하임이다.

베텔하임은 『밤과 안개』(*Nuit et brouillard*)[1]의 저자인 빅토르 프랑클(Victor Emil Frankl 1905~1997)[2]과 마찬가지로 본인 또한 수용소 체험을 했다. 그는 1930년대 초경부터 빈의 자택에서 자폐증 치료와 연구에 전념해오고 있었는데 독일이 오스트리아를 합병한 뒤 체포되어 1939년까지 약 1년간 수용소 생활을 하고 석방 후 미국으로 망명했다. 그의 저작은 1960년대 후반부터 집중적으로 일본에 소개되기 시작해 지금은 거의 모든 저서가 일본어로 번역되어 읽을 수 있다. 여기서 소개하는 『민담의 마력』(*The Uses of Enchantment*, 1976)[3]이라는 저서도 이미 잘 알려져 있다.

베텔하임은 이 책에서 '민담이란 무엇인가' 라고 하는 문제를 어

---

1 아우슈비츠 강제수용소에서 기적적으로 살아남은 유태인 심리학자 빅토르 프랑클의 체험기.

2 정신분석학자. 수용소 체험과 더불어 로고테라피(Logotherapie)에 대해 쓴 『죽음의 수용소에서』(*Man's Search for Meaning*)로 세계적인 명성을 떨침.

3 마력을 사용하는 자유, 동화를 연구하는 가이드북으로 의미와 중요성이 있다.

디까지나 청자인 어린이를 중심으로 고찰하고 있다. 그에 따르면 어린이는 보통 가정이라든가 사회라고 하는 세계로 새롭게 들어온 이른바 '신참자' 이다. 따라서 그들은 이 미지의 환경에 대해 여러 심오한 의문을 품고 있다. 예를 들면 '세상이란 어떤 곳인가' 라든가 '자신은 그곳에서 어떻게 살아야만 하는가' 라든가 '어떻게 하면 그곳에서 자기를 확립할 수 있을 것인가' 등등. 하지만 아이를 받아들이는 부모 쪽은 이 의문에 대해 명확하게 답할 수가 없다. 또는 아이와 이 의문을 주제로 소통할 만큼의 적당한 말을 가지고 있지 않다. 하지만 아이는 어리면 어릴수록 그 고민은 심오하고 자칫 잘못하면 가정에도 사회에도 적응하지 못하고 자기 안으로 파고들어 숨을 도리밖에 없다. 이런 의미에서 아이는 어른이 생각하는 것보다 훨씬 커다란 위기 속에 직면해 있는 것이다.

민담은 그럴 때 부모를 대신해 아이 의문에 답해 준다. 민담은 독자적인 상징언어로 아이들을 위로하고, 수수께끼를 풀어주고, 살아가는 용기를 심어준다. 몇 겹이나 되는 셀 수 없을 만큼의 깊은 층위를 거쳐 몇 세기, 때로는 수십 세기라는 시대를 넘어서 보내져 온 민담의 메시지는 어린이의 마음에 바로 반응하며 말을 건네 온다.

그러나 아이에게 향하는 민담의 말은 신기할 정도로 결코 달콤한 것이 아닌 종종 잔혹하고 단호한 어조를 띤다. 민담은 그들에게 두리뭉실하고 자상한 말투를 쓰지 않고, 이 세계는 '대수롭지 않다' 듣가 '괜찮다' 라는 말 대신에 '아주 굉장히', '참으로 힘들다' 라는 무서운 말을 한다. 「푸른 수염」에서 피투성이가 된 새 신부라든가 「잠자는 숲 속의 공주」의 뱀이나 개구리로 가득 찬 통은 아이들뿐만이 아니라 이야기를 들려주는 어른들마저 섬뜩하게 할 정도다. 하지만 이러한 도를 넘어서는 듯한 잔혹함은 나중에 밝히지만 아이를 위해서는 반드시 필요한 것이다. 아이들은 민담을 통해서 이 세상은 아주 무섭지만 두려워하거나 절망하지 말라는 가르침을 얻는다. 또 이러한 위기가 자기뿐만이 아니라 그 밖의 다른 사람에게도 닥쳐오는 일이고 노력에 따라 이 위기를 이겨낼 수 있으며 더 나아가서 언젠가는 어른들(부모)마저도 능가할 수 있음을 깨닫게 해주는 것이다.

따라서 민담의 주인공들은 어떤 경우가 되었든 간에 반드시 위기를 극복해낸다. 목이 잘려도, 독이 든 사과를 먹고 죽어도, 때로는 조각조각 토막 나더라도 다시 살아난다.

하지만 대부분의 경우 그들은 이 위기를 혼자서 맞서지는 않는다. 거기에는 신비한 조력자들인 동물, 요정, 지혜로운 자 등이 기다리고 있다가 주인공을 바른 길로 인도하여 마법의 힘으로 구출해 준다. 「두 형제」의 동물들이나 「신데렐라」의 요정, 「곱사등이 망아지」(Конёк горβунок) 등을 떠올려보면 된다. 아이들은 이러한 조력자라는 존재 덕분에 실제 인생에서의 위기 속에서도 자기는 결코 혼자가 아니며 타인의 따뜻한 손길 덕분에 살고 있음을

「엄지손가락 아이」 삽화, 아이를 숲에 버리자고 의논하는 부모와 몰래 엿듣는 아이들(귀스타브 도레, 1867년)

알게 된다.

강제 수용소라고 하는 그야말로 역사의 지옥 속을 헤쳐 나온 베텔하임이 "타인을 믿는 자는 그것을 찾아내 구출된다."라고 하는 것을 민담의 중핵이 되는 메시지의 하나로써 생각하고 있는 점은 주목할 가치가 있다.

베텔하임에 의하면 이처럼 아이들은 새롭게 가담한 '신참자'였다. 하지만 그렇다고는 해도 아이들이 어렸을 때 알고 있는 세계는 그리 넓지 않다. 그들을 에워싸고 마음의 중심을 차지하는 것은 아직 넓게 열려져 있는 사회가 아닌 연속하고는 있지만 종종 폐쇄적인 가족 사회라는 한구석에 지나지 않는 것이다.

따라서 민담의 세계에서 아이들이 맨 처음에 배우지 않으면 안 되는 것은 넓은 사회 속 한 명 한 명의 개인과의 관계가 아닌 부모나 형제와의 관계이다. 대부분의 아이들은 부모가 자기보다 많은 것을 알고 있다고 믿고 있지만 단 한 가지 예외가 있다. 그것은 자신을 진정으로 올바르게 평가해 주지 않는 점이라고 베텔하임은 말하고 있다. 아이는 자신이 언제나 부당하고도 낮은 평가를 받고 있다고 생각하고 있다. 그리고 가정이라고 하는 좁은 사회 속에서 때로는 아버지가 자신의 욕망을 억압하는 최대의 폭군이 되기도 하고, 어머니는 엄격한 가정교육을 담당하는 학대자 역할, 형제나 자매는 얄미운 경쟁 상대가 된다. 민담 속에 언제나 나쁜 계모나 잘난 체하는 왕이 나오거나, 성깔 사나운 형이나 언니들이 주인공을 업신여기거나 괴롭히는 것은 이러한 아이들의 심리가 명확하게 반영된 것이다.

물론 아이들은 이들 악역들이 실은 자신의 '나쁜' 아버지나 어머니이고, 형제들의 그림자인 것임을 잘 알고 있지만 한동안은 철천지원수의 가면을 씌워 놓은 채로 그들에게 악역을 완수하도록 한다.

그것은 달리 말하면 친부모 형제가 사실은 악이란 것을 아는 것이 아이들에게는 괴롭고 참기 힘들기 때문이기도 하지만 다른 한편으론 언젠가 이 적들을 해치울 단계가 되어 등장하는 조력자들이 '좋은' 부모나 형제의 또 하나의 그림자이기 때문이다. 민담에 등장하는 등장인물들은 어린이가 처한 현실을 다의적으로 반영한 것이다. 그리고 아이들을 괴롭히는 나쁜 어른들은 마지막에는 모두 처벌을 받게 되어있다. 「헨젤과 그레텔」의 마녀처럼 불가마 속으로 빠진다거나, 시뻘겋게 달아오른 철 구두를 신게 된다거나, 통 속에 갇혀 바다로 떠밀려 내려간다거나 하는 등 민담에는 잔혹한 죽음으로 가득 차 있다.

하지만 이 '죽음'은 물론 현실의 죽음이 지닌 만큼의 무게를 지니고 있지 않다. 그것은 육체의 죽음이라기보다는 오히려 정신의 죽음이고 주인공의 마음속 미숙한 악이 미숙한 탓에 벌을 받아 죽는 것이다.

따라서 그림판 「신데렐라」의 마지막 부분에서 얄미운 언니들이 작은 새에게 눈을 쪼이는 것도 눈의 현실적인 '죽음'이 아닌 언니들이 세상의 가식적인 아름다움에 넋을 잃고 진정 소중한 마음의 아름다움을 알아보지 못한 것에 대한 정신적인 처벌이다. 이와 반대로 여동생인 신데렐라는 이름 그대로 재투성이인 채로 넝마로 된 옷을 입고 있지만 심성이 아름다웠기 때문에 결국에는 왕자의 마음을 얻어 행복해질 수 있었던 것이다.

민담의 세계에서 죽음은 지극히 상징적인 것이어서 잘못을 범한 자는 곧바로 처벌을 받는다. 하지만 그들이 과오로 인해 받게 된 시련을 이겨내면 다시 모두는 행복한 결말을 맞이한다. 잘렸던 손가락이나 손은 원상태로 돌아오고, 저주도 언젠가는 풀린다. 늑대나 괴물에게 잡아먹히더라도 주인공은 뱃속에서 소생한다.

따라서 어른들은 민담의 잔혹함에 대해 불필요한 염려를 할 필요는 없다. 이러한 이야기의 전개 법칙과 상징성은 아이들도 이미 잘 알고 있기 때문이다. 그리고 또 이런 잔혹한 '죽음'은 나중에도 언급하겠지만 그 무엇보다도 아이들 자신의 자기 회복을 위해서 빼놓을 수 없는 요소이기도 하다.

그러나 이야기의 잔혹함 이상으로 어른들을 위협하는 문제는 아마도 때로는 민담 안의 노골적인 성 표현일 것이다. 베텔하임에 따르면 민담이라고 하는 것은 이런 터부를 그냥 지나치는 달콤한 설탕과자 같은 것이 결코 아니다. 그것은 오히려 적극적으로 아이들의 호기심에 대응하여 올바른 이해의 길로 그들을 인도한다. 민담은 어른들에게도 아이들에게도 공통적으로 성의 문제는 중요하지만 아이들은 너무 서둘러 거기에 다가서지 말 것을 경고한다.

예를 들면 「푸른 수염」의 젊은 아내는 너무나 성급한 호기심으로 인해 작은 방의 열쇠를 열고 하마터면 목숨을 잃을 뻔한다. 또 「잠자는 숲 속의 공주」는 마음과 몸이 미숙한 탓에 왕자의 사랑을 받아들이기까지 앞으로도 더 백년의 잠을 기다리지 않으면 안 된다. 이 때 미녀를 수호하는 가시나무는 사춘기의 견고한 가시이다. 하지만 이러한 견고한 껍질이나 가시도 시간과 함께 변화한다. 「미녀와 야수」나 「도가머리 리케」에서 처음에는 못생기고 무섭게만 보였던 것이 사랑과 함께 아름답게 변신해 가는 것은 이 때문이다. 사랑이 성의 모습을 확연하게 변화시킨 것이다.

베텔하임은 이와 같이 민담이 가진 다양한 층을 보기 좋게 해명해간다. 그 사고의 깊이는 민담이라고 하는 인간의 마음속 심층에 잠들어 있는 무한한 보석에 빛을 주고 있는 것과 같다. 그는 세대에서 세대로 전수되어 온 민담에 담긴 메시지의 고유의 의미를 하나하나씩 면밀하게 풀어내 간다. 그리고 그 일 중에서도 분석의(分析醫)로서의 베텔하임이 가장 빛을 발하고 있는 것은 민담의 '이야기' 구조에 대해서 언급하고 있는 부분일 것이다.

그가 말하는 민담의 최고의 이야기꾼은 아이들의 부모이다. 부모들은 아이들의 반응을 확인해 가면서 천천히 이야기를 들려줄 수 있다. 아이들은 그렇게 해서 자신 안에 내재된 욕망이나 어른에 대한 증오를 직접 부모에게 인정받았다고 실감한다. 못된 계모나 악한 전제 군주가 몰락하고 그에 대해 부모가 "잘 됐다"라고 공감을 표명하면 아이는 안심하게 된다. 아이들이 지닌 은밀한 욕망은 이렇게 억압되는 것이 아닌 부모들 손에 의해 풀어헤쳐질 필요가 있다.

이야기 속에 마녀나 식인귀 또는 늑대가 나타나서 잔혹한 행동을 해야만 하는 것도 이와 마찬가지 이유 때문이다. 이야기꾼은 잔혹함을 숨겨서는 안 된다. 왜냐하면 듣는 아이들 마음속에는 그러한 핏빛 서린 욕망이 있고 그 잔혹함이 모두 부정될 종류의 것이 아니기 때문이다. 아이들은 오히려 이러한 잔혹함의 화신이 되어 마음껏 잔혹한 행동을 하고 그것을 바깥으로 표면화하여 극복해 나가야 하는 것이 바람직하다.

그리고 이런 청자의 심적 메커니즘이야말로 '옛날 옛적 어떤 곳에' 라고 하는 모든 민담을 성립시켜주는 형식의 비밀이 있다. 이 단순하고 소박한 시작의 말은 실은 이야기꾼과 청자를 상상의 세계로 떠나게 해주는 주문인 것이다. 지금부터 시작하는 이야기는 하나도 무서워할 필요가 없다. 이야기를 하는 나에게도 듣는 너희들에게도 아무런 상관이 없는 꿈 이야기이다. 하지만 이 꿈속에 사실은 무서운 현실이 담겨있다. 나쁜 계모는 진짜 어머니이고, 냉혹한 왕은 아버지이다. 하지만 이러한 잔혹한 현실은 '옛날 옛적 어떤 곳에' 라고 하는 한 마디로 상상의 세계(지금이 아닌 '옛날 옛적' 과, 여기가 아닌 '어떤 곳')로 보내어진다. 그리고 아이들은 이 꿈의 세계에서야말로 스스로를 치유하고 현실에 맞설 용기를 얻는 것이다.

2
「헨젤과 그레텔」과 구순기의 극복

베텔하임에 따르면 「빨간 모자」의 주제는 두 가지이다. 하나는 '구순기(口脣期) 고착에서의 탈출' 이고, 또 하나는 '오이디푸스기가 불러온 현실 원칙과 쾌락 원칙과의 갈등과 해소' 이다.*

우선 구순기 고착의 문제인데 베텔하임은 이것을 「헨젤과 그레텔」의 경우와 비교하면서 논지를 전개하고 있다. 따라서 우리들도 조금 길을 우회하여 이 이야기의 분석부터 시작하자.

잘 알려진 것처럼 이 이야기의 시작 부분에서 아이들은 가난한 부모에 의해 숲에 버려진다. 그리고 숲 속의 과자로 만들어진 집에서 마녀에게 붙잡혀 하마터면 솥단지 속에서 타 죽을 뻔한다. 하지만 그들은 기지를 발휘하여 역으로 마녀를 죽이고 그녀가 남긴 보석을 찾아내 행복하게 살게 된다. 베텔하임은 이 이야기를 몇 가지 주제로 나누어 그 심층 의미를 검토한다.

우선 그가 든 첫 주제는 '가난한 부모가 아이들을 버리다'이다. 이 주제는 지극히 현실적인 문제와 연관을 갖는다. 즉 이야기가 발생한 중세기에도 지금과 마찬가지로 빈곤이 인간을 악으로 유인하기도 했으며, 물질적인 생활의 혹독함이 어른들을 이기주의자로 만들기도 했기 때문이다.

「헨젤과 그레텔」의 삽화(아서 래컴, 1909년)

하지만 좀 더 파고들어 분석적으로 생각해 보면 그것은 현실적인 교훈도 물론 중요하지만 아이들안에 내재한 원초적인 공포나 불안 체험과 밀접하게 관련되어 있음을 알 수 있다. 즉 스스로의 힘으로 음식을 손에 넣을 수 없는 유아는 가령 배가 고파 늦은 밤 잠에서 깨었을 때 어둠 속에 버려져 죽을지도 모른다는 공포를 맛본다. 헨젤과 그레텔이 계모에 의해 숲 속에 버려져 허기에 지쳐 헤매는 부분은 이 기아 체험과 유사하지 않을까 싶다.

유아에게 엄마는 그 무엇으로도 대신할 수 없는 중요한 존재이다. 그것은 '유아가 자립하는 그날까지 엄마만이 허기를 채워' 주기 때문이다. 하지만 이것은 또한 '엄마만이 날 버리고 기아 상태로 방치할 수 있다' 란 의미를 띠기도 한다.

따라서 때에 따라 공복인 채로 버려져 기아의 공포를 맛본 아이가 엄마를 이기주의자로 보고 자기는 버려진 존재라고 느끼는 것도 이상할 것이 없다. 「헨젤과 그레텔」의 시작 부분에서 집 안에 먹을 것이 하나도 남아 있지 않게 되었을 때 가장 먼저 아이를 버리자고 제안하는 것은 엄마이고, 아버지가 이야기 전체를 통해서 무력하고 쓸모없는 존재로 나오는 것은 지극히 상징적이다.

「헨젤과 그레텔」 제2의 주제인 '숲 속 과자로 만든 집' 은 이처럼 허기진 아이들의 꿈을 가장 소박한 형태로 보여주고 있다. 아이들은 아직 자제심을 충분히 습득하지 못했기 때문에 식욕을 충족시키기 위해서 이 미지의(또는 휴식의 장소가 될지도 모르는) 집을 망설임 없이 파괴하기 시작한다.**

베텔하임에 따르면 상상이나 꿈의 세계에서 집은 몸(특히 엄마의 몸)을 표현하고 있는 경우가 많다. 이 집은 처음에는 "아이들의 욕망 앞에 스스로 몸을 던져 아이들의 공복을 무조건적으로 충족시키고 있기" 때문에 어느 쪽이냐 하면 '좋은 엄마' 의 상징이다. 아이들은 자기의 엄마가 조금이라도 자신의 식욕을 억압하기 시작하면 이 '좋은 엄마' 의

마녀를 아궁이에 밀어 넣는 그레텔 (테오들 호스만, 1807~1875)

모습을 추구하게 된다. 그것은 원초적인 엄마의 모습이기도 하고 관용 그 자체의 화신이라고도 말할 수 있을 것이다.

그러나 이러한 원초적인 욕망에 몸을 내맡기고 엄마 품에 매달려 살아가는 것은 한편으로는 달콤한 일이지만, 역시 파괴적이며 '퇴행적' 이라 위험하다. 엄마에게 기생하는 행위는 아이의 건전한 자립과 자기 확립을 방해한다. 제3의 주제 '과자로 만든 집에 사는 마녀' 는 바로 이 위험의 구체적인 표현이다.

새빨간 빛깔의 눈을 한 마녀는 구순기의 파괴적인 양상을 온 몸으로 체현(體現)하고 있다. 그녀는 아이들이 집을 먹어치운 것과 마찬가지로 이번에는 아이들을 잡아먹으려고 노리고 있다. 마녀의 출현으로 인해 아이들과 엄마의 관계는 역전하여 본인 스스로의 맹목적인 욕망(즉 에스[4])으로 엄마를 파괴하고자 했던 아이들은 그 때문에 본인 스스로가 파괴의 늪에 직면하게 되는 것이다.

하지만 아이들은 스스로가 파괴의 욕망에 따른 이상 마녀의 식욕(=파괴적 욕망)도 인정하지 않을 수가 없다. 아이들이 마녀를 이겨내기 위해서는 '먹고 · 먹히는' 맹목적인 쾌락의 위험성을 깨닫고 상황을 이성적으로 지배하는 것을 배우지 않으면 안 된다. 에스의 압력에 굴복하지 않고 자아와 협조하여 행동하는 것이 필

4 독일의 물리학자이자 작가인 리히텐베르크가 고안한 용어. 정신분석에서는 프로이드가 사용한 이래 정신분석학 용어로 차용됨. 그 후 이 용어는 영어로 번역될 때 라틴어로써 이드(id)로 번역되어 개인 본능의 충동의 원천이란 뜻으로 사용됨.

요하다. 그레텔은 기지를 짜내 마녀를 물리치고 붙잡힌 헨젤을 해방한다. 아이들은 엄마에 대한 무반성적인 귀속을 끊고 자립을 향해 한 발 전진한 것이다.***

그러자 또한 아이들은 심술궂은 엄마인 마녀의 배후에 자상하고 관대한 엄마의 모습을 발견한다. 그것이 제4의 주제 '보석' 의 의미이다. 헨젤과 그레텔은 마녀가 남긴 보석을 찾아내 행복하게 가족 품으로 돌아온다. 일가의 짐이었던 아이들은 자력으로 문제를 해결했을 뿐만 아니라 일가의 생활을 지탱해 줄 부를 가져다주는데 이 때 자립의 상징이 되는 보석을 가져다주는 것은 역시 '좋은 엄마' 인 것이다.

헨젤과 그레텔은 숲 속에서 돌아오는 길에 물새의 안내로 커다란 강을 안전하게 건너게 되는데 이 강 역시 그들이 나쁜 과거와 결별하고 앞을 향해 성장의 발걸음을 내딛는 것을 상징하고 있다고 볼 수 있다. 아이는 파괴적인 구순기의 위기에서 벗어나, 나쁜 엄마의 무서운 위압으로부터 탈출하여, 보석을 안고 강을 건너 좋은 부모 품으로 다시 되돌아온다.

3
「빨간 모자」와 오이디푸스 콤플렉스

이상과 같이 간단하게 「헨젤과 그레텔」을 정리한 다음에 「빨간 모자」에 대한 분석으로 넘어가 보자. 이 이야기도 「헨젤과 그레텔」과 마찬가지로 '잡아먹히는 것에 대한 공포'가 중심적인 주제가 된다. 하지만 동일한 하나의 주제는 두 개의 이야기 속에서 전혀 다른 형태의 모습을 하고 나타난다. 그것은 한편으로는 한 명 한 명 개인 속에 반드시 보이는 일종의 기본적인 심리구조가 각자의 경험이나 해석법에 따라 어떻게 다른 표현을 취하는가에 대한 좋은 일례가 되는데, 그와 함께 한정된 소수의 주제가 민담의 세계에서는 얼마나 많은 사람들의 관계를 포괄하고 있는가를 나타내주기도 한다.

모든 것은 주제의 전개 과정과 관련이 있다. 「헨젤과 그레텔」의 경우에는 앞서 살펴본 것처럼 주제가 엄마에게 의존한 아이가 그 지배를 끊고 구순기 고착에서 풀려나게 되는 것이지만 그 과정이 얼마나 힘든가를 중심으로 전개했다.

반면에 「빨간 모자」의 경우는 학교에 들어갈 나이가 된 소녀가 이야기의 중심이 된다. 그것은 이 연령의 소녀가 만약 무의식중에 오이디푸스적인 관계를 남기고 있으면 위험한 유혹자의 꼬임에 몸을 내맡기게 되어 '늑대'의 먹이감이 될 수도 있음을 가르쳐주고 있다.

「빨간 모자」나 「헨젤과 그레텔」에는 둘 다 '숲 속 집'과 '마을 집'이라고 하는 두 개의 집이 등장한다. 베텔하임은 이 두 개의 집이 사실은 동일한 하나의 집(=아이 부모의 집)에 지나지 않고 그것이 단지 아이의 심리적인 상황이 변화할 때 모습을 달리하여 나타난다고 보고 있다.

두 개의 집은 「헨젤과 그레텔」에서는 각각 불안정하게 모습을 바꾸는데 원칙적으로 '마을 집'은 아이를 지켜주는 좋은 엄마 집이고, '숲 속 집'은 마녀(=나쁜 엄마)의 집이다. 구순기 고착에서 벗어나지 못한 두 아이는 숲 속 엄마 집을 먹어치우는 것 말고 다른 건 생각하지 못하고 마녀를 솥단지에 빠뜨려 태워 죽이는 일도 서슴지 않는다.

이에 비해 이미 구순기 고착에서 탈피한 「빨간 모자」에서는 이러한 파괴적인 폭력은 없다. 그녀의 '마을 집'은 풍요롭고, 할머니의 '숲 속 집'으로 먹을 것을 가져다 줄 정도로 여유롭다.

하지만 그런 한편으로 '마을 집'의 빨간 모자는 양친에게 보호를 받는 순하고 착한 아이이며, 문제 처리 능력도 있었으나 '숲 속 집'에서는 늑대를 만난 탓에 완전히 주눅이 들어 무엇 하나 유효하게 처리할 수가 없게 된다.

늑대와 빨간 모자의 만남[가타야마 겐(片山健), 1992년]

빨간 모자에게 있어 '숲'은 이미 헨젤과 그레텔의 경우와는 달리 그렇게 위험한 장소일 리가 없다. 그녀는 집에서 나오자 곧바로 올바른 길을 찾을 수가 있었으며, 엄마도 길에서 벗어나지 말 것임을 단단히 주의 주고 있다. 헨젤과 그레텔이 빈곤 때문에 숲에 버려진 것에 비해 그녀는 본인 스스로 집을 나와 숲 속으로 들어선다.

빨간 모자에게 '숲'의 바깥 세계는 그리 무서운 것이 아닌 오히려 아름답기까지 하다. 하지만 그 아름다움 속에 위험이 도사리고 있는 것이다.

즉 '숲'이 '집'을 지배하는 일상성을 넘어서 소녀의 눈에 매력적으로 비춰진다면 그것은 '숲'이 비일상적인 쾌락의 장소이고 그녀에게 '집'을 지배하는 현실 원칙을 버리고 숲의 쾌락 원칙에 몸을 맡기도록 유혹하고 있기 때문이다.

이러한 현실 원칙과 쾌락 원칙과의 사이의 위험한 상황은 늑대의 다음과 같은 말에서 분명하게 드러난다.

숲에서 꽃을 따는 빨간 모자(가타야마 겐, 1992년)

이것 봐, 빨간 모자, 여기 좀 보라니까. 여기 온 천지에 피어있는 예쁜 꽃들을 말이지. 왜 주변을 돌아보지 않는 거니? 작은 새들이 저렇게 재미나게 노래 부르고 있는데도 빨간 모자는 말이야 전혀 들리지도 않는 듯하단 말이지. 마치 학교에라도 가는 것처럼 정색하고 걸어간단 말이야. 집하고는 달리 숲은 이토록 활기차고 재미있는데 말이지.(그림, 1979, 제1권, 269쪽)

빨간 모자는 늑대의 말을 듣고 숲의 아름다움에 눈이 번쩍 뜨인다. 그리고 점차 대담해지고 결국에는 양손에 다 쥘 수 없을 만큼의 꽃을 따다가, 간신히 할머니에 대해 떠올린다. 즉 그녀는 자신의 욕망이 가득 충족될 때까지 숲의 쾌락 원칙에 따르는 것이다.

베텔하임에 의하면 빨간 모자는 사춘기 고유의 복잡한 문제를 안고 있다. 그리고 아직 감성적으로 미숙하기 때문에 자신의 힘으로 욕망을 조율하면서 살아갈 수가 없다.

이 문제를 극복하기 위해서는 누군가 유력한 자기편의 조력자를 필요로 한다.

하지만 그런 한편 이미 「헨젤과 그레텔」과 같은 구순기적인 폐쇄된 세계를 혼자 힘으로 극복하고 세상에 대해 보다 넓은 관심을 보이고 있는 것도 사실이다.

가령 헨젤과 그레텔이 숲 속에서 과자로 지어진 집을 발견하자마자 아무런 거리낌 없이 허겁지겁 먹기 시작하는 것과는 반대로 빨간 모자는 할머니 집에 도착하자 우선 주변을 살피고는 바로 이상한 점을 발견한다.

> 도착해서 보니 현관문이 열려져 있어 빨간 모자는 이상하게 생각했습니다. 그리고 방으로 들어가 방 안 모습이 어쩐지 평상시 모습과는 다른 점을 눈치채고, 어머나 어떻게 된 것일까. 오늘따라 어쩐지 이상한 기분이 드는 걸. 다른 때는 할머니 집에 오면 좋기만 했는데 하고 생각했습니다.(그림, 1979, 제1권, 270쪽)

빨간 모자는 결국 늑대의 교묘한 변장에 속아 잡아먹히고 말지만 거기에 이르기까지의 그녀의 질문은 집요하여 늑대의 커다란 귀나 눈이나 손, 입 등에 일일이 반응한다.

즉 그녀는 세계를 이해하기 위해서 오감을 전부 열어젖히고 있는 것이다.

「헨젤과 그레텔」 이야기가 구순기 고착과 극복을 주제로 전개되고 있는 것에 비해, 「빨간 모자」는 소녀의 오이디푸스 콤플렉스와 극복이 상징적인 중심이 되고 있다. 그곳에는 「헨젤과 그레텔」에서 그처럼 중요했던 엄마(나쁜 계모와 마녀)의 모습은 없고 대신에 주인공과 아버지(늑대와 사냥꾼)와의 관계가 중요한 갈등의 중심축으로 등장한다.

「빨간 모자」 이야기에도 여자들(엄마와 할머니)이 등장하지만 그녀들은 「헨젤과 그레텔」의 마녀나 계모에 비해 훨씬 무력하다. 주인공을 위협하지도 않지만 충분히 보호해주지도 않는다.

그에 대신하여 중요한 역할을 담당하는 것은 남자들이다. 그들은 한편으로 위험한 유혹자이기도 하고 살인자인 늑대이기도 하지만 한편으로는 소녀의 보호자로서 신중한 아버지의 형상을 한 사냥꾼이기도 하다.

빨간 모자는 이 이야기로 인해 아버지로 대표되는 남자들의 이면성을 배우게 된다. 즉 ① 이기적이고 반사회적이며, 폭력적인데다가 파괴적인 '에스' 측면과 ② 애타적이고 사회적이며 사려 깊고 보호자적인 '자아'의 측면과의 대립이다.

할머니로 둔갑한 늑대
(가타야마 겐, 1992년)

「빨간 모자」 이야기가 많은 사람들로부터 사랑받아 온 것은 사랑스럽고 게다가 순수하고 착한 아이인 빨간 모자가 나쁜 늑대의 유혹에 몸을 내맡기고 그 술책에 빠지고 만다는 점이 독자의 공감을 불러일으키기 때문이다. 하지만 베텔하임은 거기서 "왜 소녀가 그리도 쉽사리 늑대의 덫에 걸리고 만 것일까"를 생각해 볼 필요가 있다고 말한다.

상식적으로 보면 늑대의 덫은 너무나 단순하고 허점투성이다. 그렇다고 치면 그 허점투성이인 덫에 빠진 소녀의 마음 중심에는 어느 정도 본인 스스로가 그 덫에 걸리고 싶어 하는 마음, 즉 '늑대'를 사랑하는 마음이 없으면 안 된다고 베텔하임은 생각한 것이다.

「빨간 모자」의 '늑대'는 페로가 즐겨 구상했던 것처럼 어쩌면 아주 멋진 유혹자였던 지도 모른다. 그렇기 때문에 빨간 모자는 간단하게 그의 외면의 아름다운 말에 현혹되었던 것은 아니었을까.

그리고 여기서 한 발 더 깊게 들어가 생각해 보면 '늑대'는 우리들 한 사람 한 사람 마음속에 꿈틀거리는 반사회적이고 파괴적인 '에스'의 표현이라고 말할 수는 없는 것일까.

그리고 빨간 모자 내면에서도 이 '에스'의 세력에 따르고자 하는 '무의식'이 존재하여, 언제나 착한 아이이고자 하는 '의식'과 투쟁하고 있었던 것은 아니었을까.

베텔하임은 이 이야기 속에서 늑대에게 잡아먹혀버리고 마는 것은 빨간 모자만이 아니라는 점, 그녀보다 앞서 할머니가 늑대의 희생양이 된 점에 주목했다.

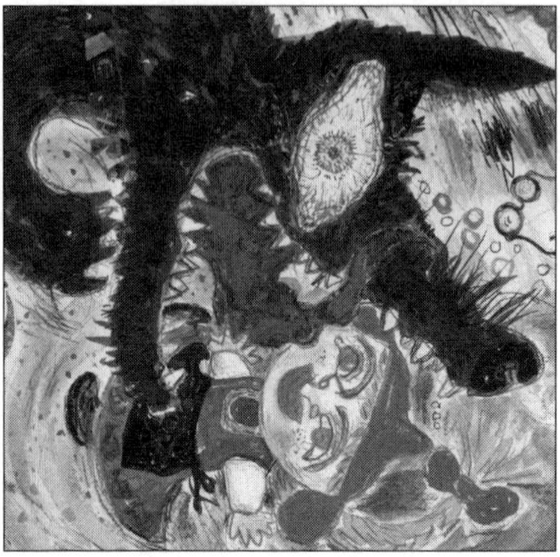
빨간 모자를 '잡아 먹는' 늑대(가타야마 겐, 1992년)

분석자의 눈으로 보면 '숲 속 집'이 '마을 집'의 또 다른 하나의 모습이라고 한 것과 마찬가지로 '할머니' 또한 '엄마'의 또 다른 모습이기도 하다. 숲 속에서 늑대를 만나 '에스'의 유혹을 좇아 쾌락 원칙에 몸을 맡기려고 하는 주인공은 우선 방해자인 엄마(할머니=현실 원칙)를 무너뜨리고자 한다. 그래서 그녀는 너무도 쉽게 늑대에게 '숲 속 집'에 대한 정보를 주고 만다. 이 시점에서는 그녀 또한 늑대와 함께 파괴의 욕망에 취해 있다. 그리고 이렇게 생각하면 그에 이어지는 빨간 모자의 죽음도 이 욕망에 대한 대가로 설명된다. 그녀는 늑대에게 엄마를 건네준 죄로 죽지 않으면 안 되는 것이다.

따라서 '늑대'는 오이디푸스적인 유혹자임과 동시에 또한 아이 자신의 악을 표현하고 있다고도 말할 수 있을 것이다. 부모의 말을 어기고, 부모가 제시해 준 길에서 벗어나 성적인 유혹을 받거나 주거나 하는 깊은 욕망이 아이의 측면에도 존재하고 있는 것이다. 하지만 이야기 속에는 계속해서 이어지는 전개가 말해 주는 것처럼 주인공이 이러한 악에서 소생하는 방법이 존재한다. 그것이 '사냥꾼의 등장'의 의미이다.

사냥꾼은 '에스'의 유혹에 무너져 엄마와 할머니를 배신하고 마는 주인공에 비해 훨씬 냉철하고, 아버지로서 본인의 감정에 휩쓸리지 않는 판단력을 갖추고 있다. 그는 오랫동안 찾아 헤맨 늑대를 만나자 일격에 쏘아 죽이려고 하지만 그 분노를 억누르고(즉 '에스'의 충동을 죽이고), 생각한다(즉 자아의 움직임에 따른다). 그는 신중하게 배를 가르고 두 사람을 구출해 낸다.

이렇게 악당을 퇴치하고 착한 사람을 구출해 낸 사냥꾼의 태도는 이야기를 듣는 아이들의 마음에 커다란 공감을 불러일으킬 것이다. 또한 지금까지의 이야기 경과 속에서는 파괴로만 연결되어지던 폭력도 사냥꾼의 경우에는 건설적인 것으로써 표현되어 이 점에서도 아이들을 만족시켜 준다.

사냥꾼은 이야기 속에서 이처럼 큰 역할을 수행하고 있지만 그 존재에 대해서는 몇 가지 수수께끼를 남기고 있다. 우리들은 가령 그가 도대체 어디에서 왔는지, 주인공과 무슨 관계인지에 대해 알지 못한다. 확실한 것은 그가 빨간 모자를 구출한다는 점뿐이다.

그리고 사냥꾼의 수수께끼와 더불어 이 이야기에 단 한 번도 아버지에 대한 언급이 없는 것도 기묘하다.(어머니가 아주 중요한 역할을 담당한 「헨젤과 그레텔」에도 아버지가 존재한 것을 함께 생각해 볼 필요가 있겠다.) 여기서 우리들은 아버지는 이야기에 등장하지만 무언가 가면을 쓰고 있을 것이라고 상상한다.

베텔하임에 따르면 일반적으로 소녀가 어떤 난처한 상황에 처했을 때 아버지의 도움을 기대한다. 특히 그녀가 아버지를 유혹하거나 아버지에게 유혹받고자 하는 욕망을 갖고 그 결과 난처한 상황에 처했을 경우에는 더욱 더 그렇다.

단 이 경우 우리들은 베텔하임이 '유혹'이라고 하는 단어에서 무엇을 의미하고 있는가를 정확하게 이해해 둘 필요가 있다. 베텔하임이 '유혹'이라고 부르는 것은 소녀가 '다른 누구보다도 자기를 사랑하도록 아버지를 유도하는 욕망'이고, '그를 위해서 그녀가 지불해야할 모든 노력'이다. 소녀는 '아버지가 딸의 사랑을 바란다면 그만큼 노력하는 모습을 보고 싶어' 하는 욕망을 가지고 있다.

부모의 보호를 받는 착한 아이 빨간 모자
(가타야마 겐, 1992년)

베텔하임에 따르면 이 욕망(아버지를 유혹하는 욕망)은 모든 소녀에게 공통된 일반적인 것으로 결코 이상한 것이 아니다. 하지만 소녀가 혹시 이 단계에 고착되어 이 욕망이 언제까지나 길어지면 반드시 비극을 불러일으키는 것도 자명하다.

이러한 시점에서 보면 「빨간 모자」에는 분명하게 두 형태의 아버지가 존재하고 있음을 알 수 있다. 즉 한편에는 오이디푸스적인 갈등을 인격화시킨 '늑대'가 있고, 다른 한편에는 보호자이기도 하고 구제자이기도 한 '사냥꾼'이 있는 것이다.

분노한 첫 반응에도 불구하고 '사냥꾼'은 즉시 '늑대'를 죽이지는 않는다. 구출되어 뱃속에서 나온 빨간 모자는 그곳에 돌을 집어넣을 것을 제안한다. 그리고 늑대는 잠에서 깨어나 너무 무거운 돌로 인해 곧 죽고 만다. 여기에서는 그녀가 자기 스스로 늑대의 운명을 결정하고 혼자 힘으로 장애를 없애는 것이 중요하다. 그것은 그녀가 평생 안전을 확보하고 유혹자의 위험을 스스로 처리할 수 있는 것을 의미한다. 그로 인해 자신의 힘으로 자신의 약함을 극복했다는 것을 알 필요가 있다.

빨간 모자와 할머니는 이야기 속에서는 늑대에게 잡아 먹혀도 죽지는 않는다. 그들은 한 번 죽음을 거쳐 재생한다.

빨간 모자가 늑대에게 잡아먹히고 마는 것은 그녀의 마음에 미숙한 부분이 있었기 때문이다. 그리고 늑대에게 잡아먹혀 죽는 것은 유혹에 몸을 내맡긴 '나쁜 빨간 모자'이고 소생하여 뱃속에서 나오는 것은 성숙해진 '착한 빨간 모자'인 것이다. 그녀는 늑대의 어둠을 헤쳐 나옴으로써 비로소 감수성이 풍부해지고 스스로를 조절하는 법을 알게 된다.

"그리고 나서 빨간 모자는 '엄마가 가지 말라고 하는데 자기 멋대로 혼자 숲 속 샛길로 들어가는 행동은 평생 두 번 다시 하지 않으리라' 고 생각했습니다."라고 하는 「빨간 모자」의 마지막 대사는 이 점을 잘 보여주고 있다고 말할 수 있을 것이다.(베텔하임, 1978, 238쪽)

4

베텔하임의 페로 비판

「빨간 모자」에는 앞서 살펴본 바와 같이 페로판과 그림판이 있다. 에리히 프롬은 베텔하임과 마찬가지로 정신분석 관점에서 분석하면서도 두 개의 텍스트의 차이를 무시하여(아주 부주의하게도 그림 텍스트에 의존하여), 민담 연구자들에게 비판을 받았다.

이에 비해 베텔하임은 종래의 민담학과는 조금 다른 각도이기는 하지만 이 두 개의 텍스트에 대한 비교 검토를 실시하고 거기서 몇 가지 흥미로운 논점을 산출하고 있다. 따라서 우리들 또한 그의 작업을 따라가면서 베텔하임 방법의 특색을 생각해 보고자 한다.

여기서 첫 번째 논점인데, 그것은 금지 기능에 대한 문제이다. 그림 판의 「빨간 모자」를 읽어보면 첫머리에 엄마가 주인공을 숲으로 보내는 부분에서 "샛길로 들어가서는 안 된다"라든지 "딴 짓을 해서는 안 된다"라고 주의를 주는 구절이 있다. 이것은 프롭이 『민담의 형태학』에서 '금지'라고 부른 기능인데(제3장 참조), 페로판에는 그 부분이 결여되어 있다.(…라기보다는 "숲을 지나 할머니 집까지 심부름 다녀오너라"라고 하는 '명령' 기능은 있다.)

베텔하임은 이 점을 중시하였다. 앞에서 살펴본 것처럼 「빨간 모자」 이야기는 현실 원칙과 쾌락 원칙, 또는 자아 · 초자아와 에스의 이율배반을 축으로 구성되어있다. '금지'는 물론 현실 원칙 측면이 요청하는 가장 중요한 기능의 하나이다. '금지=현실 원칙'에 비해 '위반=쾌락 원칙'이 있으며, 이것이 이야기의 긴장감을 불러일으켜 읽는 이의 마음을 사로잡는다.

따라서 페로의 이야기처럼 어느 한 쪽을 빠뜨리고 있는 것은 이야기의 대비 구조를 빼앗고 있을 뿐만 아니라 민담 고유의 메시지를 알 수 없게 만들고 있다.

민담은 사건의 확실한 의미를 아이들에게 전달하는 역할을 하고 있기 때문에 이 결핍은 중대한 결함이다.

그리고 또한 이야기의 첫머리에서 이 기능이 결여되어 있다는 것은 더 나아가 이야기의 결말까지도 불투명하게 만든다. 페로판 「빨간 모자」에는 늑대에게 빨간 모자가 잡아먹히기 전에 할머니가 잡아먹히는 장면이 있다. 이것은 '금지', '위반'이라고 하는 기능의 맥락에서 보면 '위반'에 대한 '처벌'이라는 식으로 불러도 좋다.

하지만 이 경우 과오를 범한 빨간 모자가 '벌'을 받는 것은 그렇다 쳐도 아무것도 모르는 병든 할머니까지 잡아먹히고 마는 것은 무슨 이유에서일까.

베텔하임의 해석에서는 "할머니는 아이를 응석받이로 감싸는 나쁜 엄마의 전형으로서 죽는다."이다. 하지만 '나쁜 엄마의 죽음'의 의미는 '아이를 보호하는 좋은 엄마'나, 혹은 그것에 대체되는 '구제자로서의 아버지'와의 대비로 인해 비로소 확연해진다.

페로판에는 금지하는 좋은 엄마도 없고, 사냥꾼(=아버지)도 등장하지 않는다. 따라서 '할머니의 죽음'의 의미가 잘 다가오지 않는다.

이처럼 그림과 페로를 구조라고 하는 시점에서 비교하면 그림판에는 ① 금지, ② 위반, ③ 처벌, ④ 구제와 재생이라고 하는 기능이 명확하게 들어 있는 것에 비해, 페로판에는 ① 금지가 불명확, ④ 구제와 재생의 결여, ② 위반과 ③ 처벌이 너무 크게 부각되어 있는 것을 알 수 있다.

이것을 정신분석의 맥락에서 생각해보면 ① 금지와 ④ 구제와 재생이 현실 원칙 측에 속하고, ② 위반과 ③ 처벌이 쾌락 원칙에 속하는 것은 분명하다. 즉 그림판이 두 원칙 사이의 긴장을 지극히 정확하게 지키고, 거기다 마지막에서 이야기를 현실 원칙 측으로 되돌리고 있는 것에 비해, 페로판은 그러한 대립을 승화시키는 장치가 없다. 거기에는 단지 무질서하게 활동하는 쾌락 원칙만 있을 뿐이고 그에 대항하는 현실 원칙의 계기가 결여되어 있다.

다음으로 제2의 논점으로 이동하는데 이것도 첫 번째 논점과 깊은 관련이 있다. 그것은 그림이 재화를 할 때 무엇보다도 전승의 형식을 존중한 것에 비해 루이 왕조의 문인 페로가 민담을 베르사유를 의식해 개편한 것에 있다. 이러한 수사는 민담의 피비린내 나는 요소나 다의성을 빼앗고 이야기를 평탄한 것으로 만들고 말았다.

예를 들면 페로판의 늑대는 야생의 늑대로서의 위험성이 거의 의식적으로 제거되어있다. 페로의 늑대는 어른을 의식한 인간세상의 늑대인 것이 너무나 명백하고, 세련되기는 하지만 이야기를 듣는 아이들에게 그 위험성을 호소하는 박력이 없다.

하지만 민담을 읽는 아이들은 오히려 야생의 커다랗고 식인적인 늑대한테서 두려움을 느끼는 동시에, 늑대와 동일시하는 것으로 인해서 자신 안에 숨겨진 증오나 공감을 자유롭게 분출할 수 있다. 그곳에 그들의 깊은 욕망이 있다.

마찬가지로 늑대뿐만이 아니라 주인공인 빨간 모자에 대해서도 같은 이야기가 가능하다. 그녀도 또한 너무나 평탄한 나머지 독자의 공감을 불러일으키지 못한다. 예를 들면 그녀가 늑대의 침대로 들어가는 장면에서 전혀 저항하지 않는 것은 어린이 눈에서 봐도 자연스럽지 못하다. 이것은 소녀가 늑대의 성적 유혹을 스스로 받아들이고 있거나 또는 정말로 어리석거나 어느 한 쪽인 것이다. 그림판에는 이 침대 장면은 없다.

아이들은 페로의 빨간 모자 같은 주인공에게 자신을 동일시하려 하지는 않을 것이다. 이러한 단순화는 생기발랄한 소녀대신에 베르사유의 사랑에 지친 여성들의 이미지가 들어있다고 볼 수 있다.

하지만 페로의 이러한 메시지의 단순화가 가장 표면적으로 드러나는 것은 '교훈' 부분이다. 잘 알려진 대로 페로는『페로 동화집』에 수록한 각각의 이야기 마지막에 그 이야기에 대한 짧은 교훈을 곁들이고 있다. 그림판에는 이런 노골적인 교훈은 없다. 이것이 베텔하임이 지적하는 제3의 논점인데 이야기를 하면서 청자에게 한 가지 의미만을 강요하는 식의 교훈을 주는 것처럼 어리석은 것은 없다. 양질의 민담은 다양한 수준에 걸친 의미 작용을 지니고 있기 때문에 이야기를 듣는 아이들 한 명 한 명은 자신의 연령과 상황에 맞게 적절한 의미를 유출해 낸다. 그리고 아이들은 성장하는 과정에서 같은 이야기라 하더라도 예전과는 다른 의미를 다시 하나하나 끄집어내 자신의 이해력이 진보했음을 확인한다. 하지만 만약 이야기꾼이 너무 성급하게 하나의 절대적인 의미만을 아이에게 강요한다면 풍부한 의미의 발견은 불가능해진다. 페로의 명석한 문체나 친절한 교훈은 이러한 민담 본래의 깊이와 중층적인 의미 작용을 죽이는 일이 되고 만다.

베텔하임이 지적하는 제4의 논점은 페로 이야기에 그림판의 후반부가 결여되어 있다는 점이다. 이것은 가장 분명한 페로의 결함이라고 생각할 수 있다. 거기에는 아버지=구제자라고 하는 사냥꾼의 모습은 없고 죽음은 즉물적(卽物的)인 형태 그대로 이야기된다. 몇 번이고 되풀이해서 언급하지만 민담 속의 죽음은 상징적인 것이어서 마음 속에 기거하는 미숙한 부분의 죽음이다. 주인공인 빨간 모자는 늑대와의 '만남'과 '죽음'에 의해 유치한 무지에서 탈피하여 '재생한 자'만이 손에 넣을 수 있는 지혜를 얻게 된다. 그녀는 스스로의 무지를 인식하고 반성하여 부모나 형제의 도움을 얻어 세상을 향해 나아갈 수 있게 된다. 그런 의미에서 이 '재생'의 주제는 현실 원칙을 체현하는 사냥꾼과 더불어 뺄 수 없는 요소이다.

아이는 이야기 전개 속에서 여러 참혹한 사건과 마주하더라도 상처받지 않는다. 그것은 그들이 그러한 사건들의 상징성을 이해하고 있기 때문이며 그러한 피비린내가 자기 안에도 어떤 형태로든지 존재하고 있으며, 에스와 쾌락 원칙을 따르고 있다는 것을 알고 있다. 그리고 이런 못된 부분이 언젠가 어떠한 형태이든 현실 원칙의 대표자에게 파괴당해 자기 안의 착한 마음이 죽음을 넘어 다시 소생하여 줄 것을 기대하고 있는 것이다.

그러나 만약 민담 속에 이러한 기능이 존재하지 않으면 아이들은 깊은 상처를 받게 된다. 페로의 이야기 속에는 앞서 언급한 것과 같이 쾌락 원칙의 파괴 작용을 억제하는 시스템이 없다. 따라서 이러한 잔혹함은 어른들은 기쁘게 할지라도 아이들에게는 구원이 없다.

베텔하임은 이상 네 가지 견지에서 그림의 이야기 쪽이 페로의 이야기보다도 민담으로서 바른 형태를 보여주고 있다고 생각한다.

하지만 이런 입장은 물론 지리 · 역사적인 민담 연구자의 강한 반격을 받게 될 것이다. 분명히 역사적으로 「빨간 모자」를 거슬러 올라가면 아무래도 들라뤼나 소리아노가 말하는 것처럼 페로의 이야기 쪽이 오리지널인 것처럼 생각되기 때문이다. 하지만 베텔하임은 이에 대해 「빨간 모자」의 기원을 '집어 삼킨 이야기'로 생각하여 그리스 신화의 우라노스와 가이아, 크로노스 이야기와 연결시켰다.

헤시오도스(Hesiodus, 기원전 740~670경)[5]의 말에 따르면 천지가 시작될 때에는 카오스 상태였다. 그 뒤 넓은 가슴을 지닌 대지를 나타내는 가이아가 생겨나고 가이아는 하늘을 나타내는 우라노스와 맺어진다. 하지만 우라노스는 태어난 아이들을 싫어하여 계속해서 가이아의 안 깊숙한 곳에 숨겼다. 가이아는 우라노스의

5 BC 700년경에 활동한 그리스의 서사시인.

소행을 증오하여 아이들 중 한 명인 크로노스에게 날카로운 낫을 건네주어 우라노스의 남근을 절단시킨다. 이렇게 해서 가이아는 우라노스로부터 해방되지만, 아버지를 능가할 정도로 사악한 크로노스 역시 아들에 의해 무너지는 일을 두려워하여 아내인 레아가 낳은 아이들을 모두 삼켜버리고 만다. 아내인 레아는 고민 끝에 꾀를 생각해내고 미래 신들의 아버지인 제우스가 태어났을 때 그를 감추고 대신에 크로노스에게는 천으로 싼 돌을 건네준다. 그리고 제우스는 성장하여 계락을 써 크로노스를 정복하고 삼켜져 버렸던 아이들을 모두 토해내게 하여 해방시킨다. 여기에서는 「빨간 모자」와 공통된 모티프, '삼켜진 아이들', '대신하여 삼켜진 돌', '재생' 등을 찾아볼 수 있다.

베텔하임은 이 밖에도 1023년에 에그베르 드 리에쥬(Egbert Liège, 972~?)[6]가 라틴어로 쓴 이야기를 「빨간 모자」의 원형으로 들고 있다.

이 이야기에는 늑대들과 살고 있었던 소녀의 이야기와 함께 이야기 중에 중요한 의미를 띠는 소녀의 빨간 옷이 기술되어 있다. 그리고 어느 주석자에 의하면 이 옷은 작은 빨간 모자였다고도 한다. 그렇다면 여기에 (페로보다 6세기나 이전에) 「빨간 모자」의 주요 모티프가 다 갖춰지고 있음을 알 수 있다. 즉 '작은 빨간 모자

6 Fecundaratis 라는 우화집을 저술했다.

를 쓴 여자 아이', '늑대의 출현', '산 채로 삼켜져 또 다시 배에서 나온 아이' 그리고 '대신해서 채워진 돌'이다.

「빨간 모자」 변이의 지리적 분포를 조사하지 않더라도 베텔하임의 이 추론은 분명 매력을 갖추고 있다. 적어도 거기에 나타난 주요 모티프를 순서대로 잘 나열해보면 「빨간 모자」의 이야기가 완성되는 것이 분명하다. 하지만 그것만으로는 역시 지리 · 역사적인 민담 연구자들을 설득할 수는 없을 것이다. 왜냐하면 베텔하임의 이 논의는 「빨간 모자」의 중요한 모티프의 기원도 설명 가능하나 각각의 모티프들 간의 상관관계에 대해서는 설명할 수 없기 때문이다.

특히 그리스 신화에서 보이는 일련의 '삼키는 화소'와 에그베르 이야기의 '빨간 모자 · 늑대'와의 사이에는 골 깊은 균열이 있어서 이것을 연결시켜 주는 근거가 어디에도 없다. 이 점에서의 베텔하임의 주장은 에리히 프롬과 같은 결함을 지닌다. 모티프 기원 문제와 연관 문제는 다른 차원의 문제로 이 두 차원의 만남은 아주 어렵다. 하지만 베텔하임의 공적에는 프롬과는 달리 민담을 지탱하는 내적 논리를 분명하게 하는 '형식'으로 향하는 방향이 있다.

5
민담의 구조와 심리적 구조

지금까지의 민담학 흐름 속에서 민담의 연대적인 순서 전개 구조에 대하여 가장 뛰어난 공헌을 한 것은 프롭이다. 프롭은 『민담의 형태학』에서 민담을 지배하는 기능을 31개로 한정하고 기능 전개에 일정한 순서가 있는 것을 제시하였다.

하지만 오늘날 우리들이 프롭을 읽는 한 기능의 전개는 제시되어 있어도 어떠한 논리에 의거해서 해당 기능이 등장하는가에 대해서는 설명되어 있지 않다. 하지만 여기서 프롭의 민담 구조론에 베텔하임의 심층 구조론을 중첩시켜 읽다보면 그 내적 논리가 상당히 분명해질 것이다.

"형식적으로 말하면, '가해행위(A)' 또는 '결여(a)'의 중간 기능을 거쳐 '결혼(Wo)' 또는 결말에서 인용되는 그 밖의 모든 기능(F · K · Rs)에 이르는 모든 전개를 마법민담이라고 부를 수 있다"라는 프롭의 민담의 정의를 다시 한 번 떠올려보자.

프롭의 이 정의는 너무나 광범위하다는 이유로 스위스의 민담 연구자인 막스 뤼티 등으로부터 비판을 받은 일은 잘 알려져 있다. 하지만 여기에 베텔하임의 심층 구조론을 도입하면 민담이 왜 기능 A와 Wo를 중심에 두는가가 분명해질 뿐만 아니라 A와 Wo를 이어주는 몇 가지 중간 기능의 중요성도 명확해질 것이라고 생각된다.

프롭의 형태론에서 모든 민담을 여는 기능을 부여받은 '가해행위(A)' 또는 '결여(a)'에 대해 베텔하임의 생각은 "세상에 신참자로 참여한 어린이의 난처한 상황"에 상응한다고 말해도 좋을 것이다. 이것은 가령 「헨젤과 그레텔」로 치면 '먹을 것이 없다/숲에 내다버려진다'에 해당하고, 「빨간 모자」로 치면 '주인공이 늑대에게 잡아먹힌다'에 해당한다.

이 경우 프롭이 말하는 '가해자/적'은 베텔하임의 '어린이를 둘러싼 가정 내의 악인'이며, 엄마는 마녀나 나쁜 계모, 아버지는 나쁜 왕, 형제나 자매는 못된 형이나 언니인데 이 가해 기능 그 자체는 많은 경우 주인공이 잠깐 딴짓을 하거나, 적의 감언이설에 속아 문을 열고 만다거나 하는 것에 의해 유도된다.

이것은 프롭의 '금지의 침범(δ)' 기능에 해당하는데 금지가 침범당하는 것에는 당연히 처음에 '금지(γ)'의 기능이 있을 것이다. 베텔하임은 이 금지와 침범을 「빨간 모자」에서는 현실 원칙

(숲에서 딴짓을 하면 안 된다)과 쾌락 원칙(주인공은 딴짓하는 것이 즐겁다)의 상극이라고 하는 형태로 설명하고 있다. 집이나 마을에서는 딴짓을 해서는 안 된다고 하는 '좋은 엄마'가 제시하는 현실 원칙을 따르고 있지만 숲에서는 그것을 거부하고 쾌락 원칙의 유혹에 몸을 내맡기고 있는 것이다.

그런데 가해행위(A) 또는 결여(a)에 의해 난처한 상황에 빠진 주인공은 마침내 그 상황 극복에 매달리지만 대개의 경우 불리한 조건에 처해 있어 혼자 힘으로는 문제를 해결할 수 없다. 거기에는 반드시라고 해도 좋을 정도로 조력자가 나타난다. 그것은 「신데렐라」[7]의 요정이나 「백설 공주」의 난쟁이, 「장화 신은 고양이」의 고양이 등인데, 조력자들은 그냥 쉽게는 주인공을 도와주지 않는다. 백설 공주는 난쟁이 집에서 식사 준비나 빨래나 청소를 하지 않으면 안 된다. 신데렐라는 약속대로 무슨 일이 있어도 12시에는 성에서 나와야만 한다. 「장화 신은 고양이」에서는 고양이를 위해서 장화를 준비하지 않으면 안 된다.

주인공은 조력자의 도움을 받아 식인 괴물을 물리치거나 유리로 된 산에 올라 왕녀로부터 황금 사과를 얻는다. 때로는 용을 퇴치하고 왕녀를 구출해 내기도 한다.

이렇게 가해행위(A) 또는 결여(a)는 해소되어(K) 행복한 결혼

---

7 Aschenputtel KHM 21『그림 동화집』

(Wo)에 이르는 것처럼 보이지만 그 전에 주인공은 앞으로 더 한 고비를 넘지 않으면 안 되는 경우도 있다. 물리쳤다고 생각한 용에게는 형제가 있어 주인공을 돌로 만들어버린다거나, 어렵사리 용을 물리쳤는데 나쁜 대신이 나타나 공훈을 가로챈다거나하는 많은 고난이 대기하고 있다.

프롬은 이것을 '마법 수단의 증여자의 첫 기능(D)', '가해자와의 투쟁(H)'과 '승리(J)', '난제(M)'와 그 '난제의 해결(N)', '가짜 주인공의 거짓 주장(L)'과 그 '처벌(U)' 등의 기능의 그룹으로 정리하고 있다. 베텔하임은 이 시련과 극복의 문제 또는 조력자의 문제 하나하나를 아이가 정신의 미숙한 부분을 없애고 성장하기 위한 시련, 또는 가정에서의 타인에 대한 신뢰 회복의 과정이라고 여기고 있다.

이러한 검토를 한층 넓혀 프롬이 말하는 기능의 하나하나를 베텔하임의 시점에서 자세하게 검토해보면 풍성한 결과가 나올 것이다. 하지만 형식의 문제에서 마지막으로 한 마디 해두고 싶은 것은 베텔하임의 고찰이 때로는 프롬을 능가하는 경우도 있다는 것이다.

우리들은 "옛날 옛적 어떤 곳에"라고 하는 민담의 첫 시작 말이 지니는 중요한 역할에 대해서 지적했다. 이 '시작의 상황'에 관한 베텔하임의 설명은 지금까지 이루어진 어느 해석보다도 우리들을 납득시키는 힘을 지니고 있다.

거기다 하나 더 민담의 형식 문제에 베텔하임의 이론을 적용해 보도록 하자. 그것은 민담 고유의 삼배화(三倍化)의 법칙이다.

베텔하임은 「아기 돼지 삼 형제」[8], 「깃털 세 장」[9], 「세 마리의 곰」[10], 「백설 공주」[11], 「신데렐라」 등을 분석 대상으로 삼고 있는데 아쉽게도 정리된 분석 예는 없다. 따라서 일본의 「배 따러간 형제(なしとり兄弟)」[12]를 예로 들어 고찰을 진행해 보자.

「배 따러간 형제」 첫 부분에는 "무슨 일이 있어도 똘배가 먹고 싶다"고 말하는 병든 어머니가 등장한다. 그래서 세 명의 아들이 한 명씩 산으로 가지만 먼저 간 두 형은 실패하여 연못 주인에게 잡아먹히고 만다. 도중 산속에서 만난 노파의 충고를 지키지 않았기 때문이다.

그러나 막내 동생만은 신중하게 노파의 명령을 잘 지켜 똘배를 따고 연못 주인을 퇴치하여 두 형을 구출해 낸다. 어머니는 똘배를 먹고 회복하여 넷은 행복하게 살게 된다.

문제는 세 명의 형제와 세 번의 시련이다. 모든 민담에서 이 세

---

8 *The Story of the Three Little Pigs*, 최근에 민담은 조셉 제이콥스(Joseph Jacobs)의 『영국동화집』(*English Fairy Tales*, 1890 초판)이 나오면서 널리 보급되었다.

9 *Die drei Federn*, KHM63 『그림 동화집』.

10 *The Three Bears* 또는 *Goldilocks and Three Bears* 영국의 민담이다.

11 Sneewittchen, KHM53 『그림 동화집』.

12 일본의 민담으로 3형제 중 막내가 재난을 극복하고 아버지의 병을 낫게 해준다는 효도담이다.

번은 공통적으로 정확하게 말투까지 흡사하게 되풀이되는 것이 일반적이다. 베텔하임은 이 문제에는 직접 답을 하고 있지는 않지만 그의 논리를 따르자면 해답은 용이하다.

이 세상의 신참자인 어린이는 그 어떤 부족(프롬의 a)함과 마주해 즉시 그것을 해결하지는 못한다. 거기에는 반드시 시행착오가 따른다. 세 형제의 모험담은 이 문제를 안고 있는 아이가 몇 번인가의 시도와 실패, 그리고 그에 따른 마음의 성장을 제시하고 있다고 생각할 수 있지 않을까.

마음의 성장이라고 하는 시점에서 생각하면 세 형제는 실은 세 명이 아니라, 문제를 안고 있는 아이 한 명이다. 처음 두 형은 아이의 두 번에 걸친 시도를 의미한다. 그들은 아직 충분히 성숙한 영혼을 갖고 있지 못하기 때문에 너무 서두르다 일을 실패한다. 세 번째는 이런 두 번의 실패를 통해 충분한 경험을 쌓았기 때문에 자신이 지닌 힘의 한계를 잘 알고 있다. 그는 신중하게 조력자의 충고를 귀담아 듣고 올바르게 일을 진행하여 목적한 바를 손에 넣는다.

「배 따러간 형제」의 세 아들이 사실은 한 명의 주인공의 삼배화인 점에는 또 하나의 근거가 있다. 그것은 실패한 위의 두 형이 막내 동생 손에 의해 괴물 뱃속에서 구출되는 부분에서이다. 그들은 마법의 식기로 연못 물을 마시고 기력을 회복하는데 이 '재생'은 베텔하임이 말한 대로 미성숙한 마음이 '상징적인 죽음'을 통과하며 경험을 쌓아 결국 훌륭하게 성장했음을 증명하는 것이다. 이 경우 두 형은 막내 동생의 미숙한 영혼에 해당하기 때문에 그가 일에 성공 했을 때 벌에서 풀려나 구출된다. 이야기를 듣는 아이들은 이 재생 덕에 무거운 어깨의 짐을 내려놓고 깊은 안도의 숨을 내쉴 수 있는 것이다.

삼배화는 물론 언제나 형제에 의해서 행해지는 것만이 아닌, 경우에 따라서는 한 사람의 주인공에 의해 같은 종류의 탐색이 세 번 되풀이되는 경우도 있다(알렉산드르 아파나셰프의 민담집 속의 「이반 왕자와 불새와 회색 늑대」[13] 등). 또는 세 형제 중 두 형이 지독한 악인인 경우도 있다.(마찬가지로 「대담한 용사와 불사의 사과와 부활수」[14] 등)

하지만 세 형제의 경우에는 대부분 가장 아래 평소 때는 바보 취급을 받던 소년이 대다수의 예상을 깨고 중요한 사명을 완수한다.(예를 들면 「바보 이반」[15] 등)

이것은 앞서 언급한 것처럼 이야기를 듣는 쪽인 아이가 부모로

---

13 *Russkie narodnye skazki*, AT550 아파나셰프의 러시아 민담. 임금의 정원에 황금 사과나무가 있다. 밤이 되면 불새가 날아와 사과를 먹어치운다. 임금은 이 불새를 사로잡는 사람은 나라의 절반을 주고 자기의 후계자로 삼는다고 명했다. 그리고 세 명의 아이에게 번을 세웠다. 두 형은 잠이 들고 막내가 지키고 있을 때 불새가 왔다. 임금은 세 명에게 불새를 찾으러 가게 했다.(……)

14 *Russkie narodnye skazki*. 아파나셰프의 러시아 민담.

15 아주 순박하고 우직한 남성 캐릭터로서 최후에는 행운을 갖는 수가 많다.

부터 충분할 만큼의 평가를 받고 있지 않다고 하는 불만을 느끼고 있거나, 여러 열등감으로 괴로워하고 있는 것에 대한 일종의 답이 된다. 어린이는 자기와 같은 어린 마음의 소유자가 시련을 이겨내고 성장하는 모습의 이야기를 듣고 삶에 대한 밝은 격려로 받아들였음이 분명하다.

어찌되었든 이렇게 민담이 지닌 형식의 수수께끼를 푸는 일은 민담 연구에 새로운 전망을 가져다 줄 뿐만 아니라 정신분석에 한층 더 깊이를 가져다주는 일이 될 것이다. 이어서 이러한 베텔하임의 시점을 채용하면서 민담의 문학으로서의 형식에 대해서 생각해 보기로 한다.

6
세 형제의 모험

일반적으로 '문학' 이라고 부르는 것과 '민담' 은 도대체 어디에서 갈라져 어디서 다시 마주치는 것일까. 이것은 중요한 문제이다. 지금까지 베텔하임의 생각에 맞추어 민담을 아이들의 것으로 생각해 왔는데 이것은 물론 지극히 한정된 시점에서 본 이야기이다.

신화나 전설과 더불어 민담의 전승이 종교적인 의례나 축제와 결부되어 어른들의 '성(聖)' 의 세계를 구성하고 있었다는 것에 대한 흔적은 도처에 존재한다. 오늘날 우리들은 이 성스러운 세계를 거의 확실하게 상실해가고 있다. '문학' 은 이렇게 대두된 '속(俗)' 의 세계의 상징이라고 말할 수 있는데 민담이 신성성을 상실해가면서도 여전히 '속' 이란 일상 세계 속에서 숨쉬며, 문학 속에도 그 형태가 계승되고 있는 점은 쉽게 찾아 볼 수가 있다.

여기서 셰익스피어의 희곡 몇 개를 소재로 이 문제를 생각해 보기로 하자. 그는 마침 '성'과 '속'이 만나는 르네상스 말기 사람이어서 적절하다. 예를 들면 『햄릿』, 『리어왕』, 『베니스의 상인』에도 「배 따러간 형제」나 「아기 돼지 삼 형제」와 같은 삼배화의 법칙이 들어 있다.

「아기 돼지 삼 형제」(레슬리 브룩스, 1905년)

먼저 『햄릿』에는 아버지를 잃은 세 아들들이 등장한다. 한 명은 노르웨이 왕자 포틴브라스이다. 그의 아버지는 선왕 햄릿과의 싸움에서 져 영지를 잃고 무념 속에 죽는다. 거기다 현 노르웨이 왕은 그의 숙부이다. 그는 이 숙부와 사이가 그리 좋지가 않다. 다음은 덴마크 왕자 햄릿. 그의 아버지는 현왕인 클로디어스의 책략에 의해 살해당했다(라고 조카인 햄릿은 생각하고 있다). 그의 어머니는 현왕인 클로디어스의 아내이다. 세 번째는 레어티즈이다. 그의 아버지는 벽걸이 융단 뒤로 숨은 탓에 햄릿에게 살해당한다. 여동생 오필리아는 햄릿에게 농락당해 미쳐 죽는다. 그들은 셋 다 아버지의 원수를 갚고 명예를 회복시키는 것을 바라고 있다. 그들은 모두 불우했다.

하지만 레어티즈는 그와 같은 현실에 분노하여 평상심을 잃고 클로디어스가 책략한 모략의 앞잡이가 되어 죽는다. 심사숙고를 거듭했던 햄릿 또한 항상 주저하고, 결단력이 부족하여 망설이고 망설이다 죽는다. 단 포틴브라스만은 살아남아 폴란드를 항복시키고, 덴마크를 손에 넣는다.

그렇다면 포틴브라스란 어떤 인물인가? 그는 이 5막 2장 연극의 마지막 장면에 단 한 번밖에 등장하지 않는 그야말로 단역에 지나지 않는다. 하지만 이 단역은 극의 종결을 인수받을 뿐만 아니라 지금까지도 극 분절 때마다 그림자를 드리운 이른바 소문 속의 인물이다. 그에 관해 햄릿의 말을 빌리면 "일신의 면목이 걸린 문제라면 가령 지푸라기 한 올을 위해서라도 감히 무기를 잡는 자"〔후쿠다 쓰네아리(福田恒存, 1912~1994) 역〕, 게다가 아직도 호시탐탐 때를 살피는 만만치 않은 자이다.

이것을 지금 민담 고유의 삼배화의 법칙, 삼 형제 이야기와 중첩시켜 생각해 본다. 즉 햄릿과 레어티즈 두 사람은 「배 따러간 형제」에서 산으로 배를 따러가다 부주의하게 생명을 잃은 형들이다. 그들은 이성을 바르게 쓰는 법을 몰랐다. 햄릿은 "일의 진행을 앞의 앞까지 숙고하고 숙고한 나머지 꼼짝달싹 못하게 된다". 그에 비해 레어티즈는 폭도의 선두에 서 무장한 채 성으로 쳐들어간다. 단 포틴브라스만이 신중하면서도 이성을 유효하게 구사하고 있다. 마치 노파의 충고에 따라 용감하게 연못 마괴와 싸운 막내 동생처럼 목적하던 왕위를 손에 넣고 아버지의 오명을 씻는다.

이처럼 하나의 해석을 제시해 보지만 셰익스피어극의 구조는 중층적인데다 여러 시점에서의 해석을 허용하는 다의적인 구성을 지니고 있다. 따라서 우리들도 이 해석을 유일한 것으로써 고집하는 것은 아니다. 하지만 이런 '민담'의 독해도 극(劇)에 버리기 아까운 넓이와 깊이를 주고 있는 것은 아닌가 싶다. 또한 다행스럽게도 셰익스피어극 전체를 보면 삼배화의 법칙이 작동하는 것은 『햄릿』만이 아니다. 이 '세 왕자'는 그 중에서도 굉장히 복잡한 경우이고 좀 더 알기 쉬운 예가 두어 개 더 있다. 그것을 맨 처음 알아낸 이는 프로이드이다.

프로이드는 말년에 집필한 「작은 상자 고르기 모티프」라고 하는 소론 속에서 셰익스피어의 『베니스의 상인』과 『리어왕』의 '3'의 의미를 언급하며 이렇게 말하고 있다.

> 셰익스피어의 장면이 (하나는 명랑한, 하나는 비극적인), 최근 내게 작은 문제를 제기하고, 이어서 그것을 해석하는 계기를 제공하여 주었다.(프로이드, 1969, 82쪽)

'명랑'이라는 것은 물론 『베니스의 상인』에서 구혼자들이 벌이는 세 개의 작은 상자 고르기이다. 주인공 포셔는 아버지의 명령에 따라 세 명의 구혼자들에게 금, 은, 납으로 만들어진 상자를 고르도록 한다. 정답 상자에는 포셔의 초상이 들어있는데 포셔는 그 상자를 고른 자를 남편으로 선택한다. 굳이 말할 필요도 없이 결과는 그녀의 연인인 바사니오가 보란 듯이 납 상자를 뽑아 그녀의 초상을 찾아낸다.

하지만 문제는 왜 이와 같이 세 개의 작은 상자가 있고, 그 중에서 가장 비루하기 짝이 없는 납이 선택되어졌는가 하는 것에 있다. 프로이드는 납의 의미가 '황녹색'과 '침묵'인 점에서 '죽음'의 상징으로 보고 있다. 그리고 죽음은 운명 아래에 있으며 죽음의 운명을 관장하는 것은 '세 명'의 딸, 즉 모이라[16]의 '3'이다. 물론 『베니스의 상인』에는 죽음의 그림자는 없다. 하지만 그 불길한 납 상자 속에 포셔의 초상이 있고, 당연히 죽음이 있어야할 곳에 사랑이 발견된 것은 소원의 역전, 반작용 형성 이외의 그 아무 것도 아니다.

그에 대해서는 셰익스피어의 작품인 저 비극적인 『리어왕』을 보면 잘 알 수 있다. 『리어왕』에서 이 불길한 '3'을 형성하는 것은 세 딸인 리건, 고너릴, 코딜리아이다.

리어왕과 코딜리아(훠드 브라운, 1821~1893)

늙은 리어왕은 세 딸을 향해 자신이 살아있는 동안에 딸들이 보여주는 애정에 비례하여 영토를 분할할 것임을 결심한다. 두 언니는 기다렸다는 듯이 사랑의

16 그리스 신화에서 운명을 관장하는 세 여신

말을 늘어놓지만 막내딸은 침묵한다. 모이라의 세 딸들(여기서는 리어왕의 세 딸들)은 프로이드에 따르면 "낳는 여자(=엄마), 성적 대상으로서의 여자(=아내), 파괴자로서의 여자(=대지)로 즉 남자에게 있어서는 여자에 대한 불가피한 세 형태의 관계"인 것이다(프로이드, 1969, 91쪽). 죽음을 맞이한 리어왕은 여자에 대해 사랑을 갈구한다. 하지만 그것은 허무하다. 그에게는 더 이상 어머니의 사랑도 아내의 상냥함도 없다. 남겨져 있는 것은 마지막에 그를 감싸 안는 어머니 같은 대지이다.

> 근대 희곡에서 비극의 클라이맥스의 하나, 즉 리어왕이 코딜리아의 시체를 무대로 운반해 오는 저 전율적인 마지막 장면을 떠올리길 바란다. 코딜리아는 죽음이다. 상황을 역으로 해보면 그녀는 우리들에게 이해 가능한 것, 친근한 것이 된다. 즉 그것은 독일 신화의 『와큐레』(Walkúre) 처럼 죽어가는 영웅을 전장에서 운반해 가는 죽음의 여신인 것이다. 원시신화의 옷을 입은 영원한 지혜가 노인에게 사랑을 단념하고 죽음을 선택하라, 죽는다고 하는 필연성과 화해하라고 권고하고 있는 것이다.(프로이드, 1969, 91쪽)

프로이드는 이렇게 세 개의 작은 상자와 세 명의 구혼자, 그리고 세 딸의 의미를 풀어간다. 그의 『리어왕』에 대한 분석의 깊이는 새삼스럽지만 우리들을 경탄에 금치 못하게 한다. 그것은 아마도 그 자신에게 노년이 찾아든 것과 함께 언젠가 올 자신의 죽음을 생각하여 타나토스 시대로 이행했기 때문인지도 모르지만, 그런 만큼 또 하나의 밝은 희곡 『베니스의 상인』에 대한 예리한 분석이 부족한 것이 아쉽다. 더 짓궂게 굴자면 '3' 의 상징에 대한 고찰이 너무 강해서 한쪽에서는 성공했지만, 한쪽에서는 실수하고 말았다. 아마 이것은 프로이드뿐만 아니라 정신분석적 방법의 일반적 결함이다. 상징이라고 하는 것은 그 형식이 보편적이면 보편적일수록 다의적으로 작품에 직결하여 해석해가야 하는 것이 아닐까.

따라서 우리들은 프로이드의 '3' 에 대한 상징해석은 여기까지만 하고, 『리어왕』 속에서 발견한 민담의 형식에 대해 두세 가지 사소한 점을 지적해보고자 한다.

그 하나는 '처벌' 의 기능과 그 현실적인 두께의 결여에 대해서이다. 『리어왕』의 더블 플롯의 곁 줄거리에 글로스터 백작에 관련된 '눈' 이야기가 있다.

리어왕에게 착한 딸과 나쁜 딸이 있었던 것처럼 글로스터 백작에게는 착한 아들 에드거와 나쁜 아들 에드먼드가 있다. 그는 제3막 7장에서 에드먼드의 배신에 맞닥뜨리고 리건의 남편 콘월은 그의 눈을 도려낸다.

리건　　왜 〈리어왕〉을 도버로 보냈어요.

글로스터 왜냐고 말씀하시면 당신이 잔인한 손톱으로 저 불쌍한 노인의 눈을 도려내는 것을 차마 볼 수 없어서이지.

(……)

이런 딸들이 반드시 천벌을 받는 게 눈에 보이는군.

콘월 보인다면 봐봐. 이봐라 의자를 붙잡아라. 니 놈의 그 눈동자를 짓밟아 주지.

글로스터의 눈을 도려내 땅바닥에 내던져 짓밟는다.

글로스터 나이 들어서까지 살고 싶은 자가 있다면 날 좀 도와주게. 오오 무참하기도 하지, 오오 신이시여.(미카미 이사오 역, 三神勳)

이것은 리얼리즘에서 아주 먼 대시대적인 장치이다. 물론 최근에는 무대 장치도 진보했기 때문에 무대 위에서도 피를 흩뿌릴 수 있겠지만, 이 장면의 박력을 정말로 눈을 도려내는 것에 의해서 완성하는 것은 무리이고 헛수고이다. 글로스터가 리얼하게 고통 연기를 하면 우스꽝스러울 것이다.

하지만 그렇다면 왜 글로스터의 눈은 도려내어졌을까?

여기서 떠올려주었으면 하는 것은 그림판 「신데렐라」로, 두 언니가 작은 새에게 눈을 쪼아 먹히는 마지막 장면이다. 역시 거기에도 고통의 표현은 없었다.

두 언니가 왜 눈을 잃게 되는가하면 그녀들이 화장이나 드레스

등 외향적인 아름다움에 마음을 빼앗겨 영혼의 내면의 진실을 보지 못했기 때문이다.

민담의 세계에서는 진실을 보지 못하는 눈은 없어도 된다. 곧바로 '처벌'이 내려져 도려내어져 버리는 것이다.

글로스터 백작이 눈을 잃게 되는 경위는 이와 아주 비슷하다. 그는 주인인 리어왕과 마찬가지로 정말은 착한 아들인 에드거를 사랑하고 있다. 하지만 도중부터 에드먼드의 교묘한 술수, 특히 아름다운 말과 눈에 보이는 연극에 희롱당해 에드거를 내쫓고 만다. 즉 신데렐라의 두 언니들과 마찬가지로 글로스터의 눈에는 인간 내면의 진실이 보이지 않는다. 따라서 아무런 도움이 안 되는 눈은 처벌을 받게 되는 것이다. 마치 민담의 세계에서 나쁜 미성숙한 마음이 상징적인 죽음에 의해 사함을 받듯이 글로스터 백작의 눈도 파내이고 만다.

물론 이 도움이 안 되는 눈을 도려낸다고 하는 모티프는 민담의 세계에만 있는 것은 아니다. 예를 들면 소포클레스(Sophokles, BC 496~BC 406)의 『오이디푸스왕』(*Oedipus Rex*)[17]의 경우도 동일하다. 그는 자신이 처한 숙명의 무서운 진실을 알아채지 못한 채 아버지를 죽이고, 어머니와 동침하게 한 쓸모없는 눈을 본인의 손으

17 희랍 비극 중 최고의 걸작으로 꼽히는 소포클레스의 분석극으로 운명의 장난으로 아버지를 죽이고 어머니를 아내로 삼은 고대 그리스의 비극을 재해석하였음.

로 처벌한다. 그는 끊이지 않고 계속되는 테바이 왕가의 숙명 아래로 떨어져 유랑을 떠난다.

그러나 『리어왕』의 이 장면을 읽는 한에서는 글로스터의 과장되고 그로테스크한 대사는 그리스 비극의 장중함과는 어울리지 않는다. 아마도 이 구절은 그리스 비극보다도 당시 자주 볼 수 있었던 도덕극의 전통에 속하는 것인데, 이 민중극의 전통이야말로 그 순수한 상징성에서 볼 때 민담과 많은 공통 요소를 지니고 있었던 것이다.

셰익스피어는 이 경우 분명하게 현실의 두께와 거리를 둠으로써 연극의 깊이를 넓혀 '리얼리즘'의 범위에 달하고 있는 것이다. 이것은 조금은 역설적이지만 그의 수법의 진실일 것이리라.

글로스터를 중심으로 한 곁 줄거리는 본 줄거리가 대부분 연극을 마쳤을 즈음에 그 의미를 메아리나 그림자처럼 되풀이한다.

본 줄거리에서는 리어왕이 배신당한 분노로 가슴을 쥐어뜯으며 마치 오이디푸스가 안티고네의 손에 이끌려 도시로 떠난 것처럼, 광대패와 함께 태풍의 황야를 헤매고 다닌다. 이것은 격하고 무겁고 무서운 분노이다. 하지만 곁 줄거리인 글로스터에게는 이만큼 격렬한 감정 표현은 허용되지 않는다. 그는 리어왕의 분신에 지나지 않아 주인의 행위를 한층 더 상징적인 형태로 되풀이하지 않으면 안 된다. 따라서 그는 날카로운 말로 내면을 토로하는 대신에 누가 보더라도 그 숨겨진 의미를 알아채도록 흉측하게 눈이 도려내어지고 마는 것이다.

곁 줄거리가 지닌 상징적인 의미의 반사는 제4막 6장의 글로스터와 에드거의 도버 여정길에서 극에 달한다. 이 장면에 대해서는 얀 코트(Jan Kott, 1914~2001)의 뛰어난 비평이 있는데 이 대목은 본 줄거리보다는 극 전체를 우의적으로 투사하는 거울이다. 그리고 셰익스피어가 이 장면에서 중세 이래의 민중적인 전통 이미지(성서에서 발생되어 부뤼겔(Brueggel)도 그린), 맹인의 행진의 비유를 빌리고 있는 경우는 주목할 만하다.

에드먼드에게 비웃음을 받으며 맹인이 된 글로스터는 이 장면에서 백치의 거지로 변장한 아들 에드거의 손에 이끌려 죽음을 갈망하며 도버로 향한다. 그리고 그는 이 도정 끝에 가짜 낭떠러지에서 떨어져 지극히 상징적인 죽음을 거둔다. 그는 이 죽음으로 비로소 진실(에드거)과 만날 수 있게 된다.

한편 거기서 글로스터와 재회하는 리어왕도 완전히 '이성의 눈'을 잃고 세속의 왕으로서는 죽어 있지만 그렇기 때문에 그의 말에서 지금까지 없었던 진실이 쏟아져 나온다. 마치 민담의 주인공들이 시련을 거쳐 '죽음'에 처하여, 유치한 무지함을 잃고, 재생한 자만이 몸에 걸치는 지혜를 얻는 것처럼 리어왕과 글로스터는 허위의 세계에서 벗어나 진실에 이르는 것이다.

『햄릿』, 『베니스의 상인』, 『리어왕』뿐만이 아니라 셰익스피어의 작품 중에는 그밖에도 민담의 장치를 많이 찾아볼 수 있다.

생각해 보면 벨소리가 울리고 막이 열리며 시작되는 연극의 장치는 "옛날 옛적 어떤 곳에……"로 시작하는 민담의 시작과 같다. 그때까지 소란스러웠던 객석이 조용해지며 모두가 각자의 일상생활에서 벗어나 무대의 세계로 빨려든다. 그것은 민담에 귀를 귀울이며 '신비의 세계'로 여행을 떠나는 아이들과 같다.

마지막에 막이 내려지며 연극이 끝나면 브라보라는 환성과 커튼콜(Curtain-call)과 함께 현실의 소란스러움이 되돌아온다. 이것 또한 "행복하게 살았대요. 끝"이라고 하는 맺음말로 현실 생활로 되돌아오게 되는 아이들과 같다.

이러한 '문학'의 장치는 셰익스피어 시대에서 현대까지 바뀌지 않았다. 책장을 열면 이야기의 세계가 시작되고 닫으면 현실로 돌아온다. 이것은 아이팟(ipod)이나 킨들(kindle) 등의 전자 서적에서도 마찬가지이다.

'문학'도 '민담'도 독자나 청자를 이야기라고 하는 '신비의 세계'로 초대하는 장치가 되는 점은 변함이 없다. 민담의 "옛날 옛적 어떤 곳에……"라는 시작하는 말과, "행복하게 살았대요. 끝"이라고 하는 마지막 말 사이에는 여러 '신비함'이 가득 들어 있다. 이 '신비함'의 수수께끼를 풀려고 했던 프롬이나 베텔하임의 노고가 문학 연구자들 사이에서 대환영을 받은 것은 당연하다면 당연한 일인 것이다.

원주

* 프로이드는 아이의 마음이 구순기(Oral stage), 항문기(Anal stage), 남근기(Phallic stage)라고 하는 세 가지 마음의 발달단계(stage)를 거치면서 성장해 간다고 생각했다. 구순기는 엄마 젖을 빠는 입에 쾌락의 중심이 있지만, 항문기에는 배설을 조절하는 항문으로 쾌락의 중심이 이행한다. 남근기에는 성기로 쾌락의 중심이 이행하면서 페니스가 있는 남성과 페니스가 없는 여성은 서로의 차이를 의식한다. 아이에 따라서 그 발달은 각각 다른데 일반적으로 구순기는 태어나서 2세 때까지, 항문기는 2세쯤에서 4세쯤까지, 남근기는 3,4세쯤부터 6세쯤까지로 본다. 아이가 때때로 하나의 단계에서 그 다음 단계로의 성장을 거부하면 쾌락의 중심이 구순기, 항문기, 남근기에 '고착' 되어 여러 가지 장해를 동반하게 된다. 또 다음 단계로 진입한 아이가 그 전 단계로 후퇴하는 '퇴행' 을 하여 문제를 일으키기도 한다. 베텔하임은 민담이 아이들 내면의 갈등이나 불안을 해소하여 고착이나 퇴행의 위험을 막아 하나의 단계에서 그 다음 단계로 적절하게 이행할 수 있도록 촉진하는 기능이 있다고 보고 있다.

** '과자로 만든 집' 을 곧바로 공복과 식욕으로 결부짓는 것은 너무도 소박한 해석으로 여겨질지도 모르겠다. 하지만 베텔하임과 같은 수용소 체험을 지닌 프랑클은 저작 『밤과 안개』에서 기아로 고통 받던 수인들이 얼마나 열렬하게 과일 파이 꿈을 꾸었는지에 대해서 증언하고 있다. 그는 그 책에서 "가장 소박하고 원시적인 욕구 충족이 결여되어 있을 때 가장 원시적인 소망인 꿈에 의해 채워졌던 것이다" 로 기술하고 있다.(프랑클, 1985, 112~117쪽)

*** 프로이드는 마음의 기본적인 구조를 자아와 에스와 초자아 세 영역으로 나누어 생각하였다. 간단하게 말하면 자아라고 하는 것은 '나' 이고, 에스는 '무의식' 이며, 초자아는 사회적 규칙이나 양심으로 나나 무의식에 대해 윤리적인 역할을 담당한다. 우리들은 결코 에스(=무의식)를 의식화할 수는 없지만 인간 모두가 그 강한 에너지와의 사이에서 여러 갈등을 되풀이한다. 이 갈등은 아이들한테도 가차 없이 엄습해 온다. 베텔하임은 민담이 꿈과 마찬가지로 의식과 무의식 사이에 있는 경계를 넘어 일상 세계에서는 결코 넘나들 수 없는 에스의 세계로 뛰어들어가 내면의 갈등을 해소하는 역할을 한다고 본다.

Chapter 5

「푸른 수염」과 질 드 레

런던에서 간행된 『페로 동화집』의 삽화(1729년)

「푸른 수염」은 피와 공포의 이야기이다. 1697년에 간행된 페로의 이 이야기는 순식간에 프랑스와 여러 근접 국가에 큰 영향을 끼쳤고, 여러 형태로 토착화해 간 것이 틀림없다. 예를 들면 그림 형제는 『동화집』 초판에 「빨간 모자」나 「신데렐라」와 함께 「푸른 수염」을 수록하였지만, 나중에 페로의 이야기임을 알고 나서 제2판 이후부터는 이 이야기를 세심하게 제외하고 있다. 프랑스의 이야기가 어느새 독일의 시골 오지까지 뿌리내려 꽃피운 하나의 재미있는 예이다. 일본에서도 분명 푸른 수염이라고 하면 누구나가 알고 있다. 예를 들어 페로의 이야기는 알지 못하더라도 "저 녀석 푸른 수염이야"란 말 한 마디는 누구든 알아듣고 순식간에 소문이 퍼져나갈 것이 틀림없다.

하지만 「푸른 수염」은 민담인 것일까. 이것은 두 가지 점에서 의 문을 준다. 하나는 페로의 이야기가 17세기 일상생활에 너무나 충실한데다 아름답고 세련된 '문체'를 지닌 점, 그리고 본래의 전승 민담에 있을 법한 초자연적인 요소가 적다는 점이다. 거기에는 조력자로서의 동물도, 요정도, 오니(鬼)[1]도 없으며, 타 세계에서의 모험이나 변신도 없이 단지 베르사유의 생활이 있을 뿐이라는 것이다.

그리고 이어서 제2의 의문은 이 이야기에는 어떤 역사적 사실이랄까, 그에 근거하는 전설이 존재하여 그것을 페로가 문학화한 것은 아닌가하는 점이다. 이미 1826년판 페로의 『동화집』 해설 속에서 콜랭 드 플랑시(J. Collin de Plancy, 1794~1881)[2]가 푸른 수염은 14세기 대귀족 질 드 레(Gilles de Rais, 1404~1440)[3]임을 주장하고 있으며, 이밖에도 푸른 수염을 6세기 브르타뉴(Bretagne, 프랑스)의 왕 코모르[4]와 연결 짓는 설도 있다. 물론 이 두 가지 의문은 아주 오래된 것이고, 이미 해결이 난 것이라고도 할 수 있지만 우리들은 이것을 다시 한 번 하나의 단서로 하여 몇 가지 문제를 생각해보기로 한다.

---

1 일본의 요괴. 일본의 민담이나 민간 신앙에 등장하는 강하고 무서운 존재를 상징하는 존재이다.

2 19세기에 활약한 문필가로 『지옥의 사전』(1863)의 저자이다.

3 프랑스 귀족, 군인이며, 한때 잔 다르크의 전우였다.

4 프랑스의 브르타뉴 지방에 전하는 유화에서는 실제 인물 코모르라는 설이 있다.

1
「푸른 수염」은 민담인가?

폴 들라뤼는 잘 알려진 『카탈로그』 속에서 푸른 수염의 이야기를 세 가지로 분류하고 있다. 즉 T311, T312A, T312B가 그것이다. 이것은 아르네 · 톰슨의 인덱스 번호와 거의 일치한다. T311이라면 그림의 46번 「피셔새」[5]로 대표되는 이야기인데 세 딸이 괴물에게 잇따라 납치된다.(이 때의 괴물이라고 하는 것은 인간이라도, 악마라도, 식인귀라도, 동물이라도 상관없다.) 딸들은 각각 괴물이 금지한 방을 몰래 훔쳐 보다 두 언니는 죽임을 당한다. 막내딸만이 위기에서 벗어나 죽은 두 언니를 소생시키고 괴물을 퇴치한다.

T312A라고 하는 것은 페로의 「푸른 수염」형이고, T312B는 이

---

5 Fitchers Vogel, KHM46 『그림 동화집』.

「푸른 수염」 중에서 금지된 방 모티프가 빠지고 기독교화된 이야기이다. 두 딸이 악마에게 납치되어 목숨을 잃을 위험에 처하지만 신의 도움으로 구출된다.(들라뤼와 테네즈, 1976, 182~ 199쪽)

아내에게 열쇠를 건네주는 푸른 수염
(귀스타브 도레, 1867년)

들라뤼는 이 세 이야기 중 T312A를 프랑스 특유의 민담으로 생각했다. 페로의 「푸른 수염」은 전승에 큰 영향을 끼친 것은 틀림없지만, 페로의 이야기에서는 찾아볼 수 없는 특징이 전승된 이야기 속에는 분명하게 보인다는 것이다. 그래서 우선 들라뤼가 전형이 되는 이야기로써 『카탈로그』에 넣고 있는 이야기를 소개해본다.

잭 아저씨

옛날 옛적 6명의 아내를 두었지만, 6명 모두를 살해해버린 남자가 있었습니다. 남자는 7번째 아내를 맞이하자 여행을 떠나며 성의 여러 열쇠를 아내에게 건네주고 갔습니다.

"알겠어, 여보. 이 작은 열쇠 보이지. 이것은 이 방 열쇠야. 하지만 결코 이곳에 들어가서는 안돼. 들어가면 끝이야."

남편이 출발하자 바로 아내는 문을 열었습니다. 그러자 거기에는 6명의 아내들이 신부 의상을 입은 채로 매달려 있었습니다. 아내는 너무도 놀란 나머지 남편이 목을 자른 피웅덩이에 열쇠를 떨어뜨리고 말았습니다.

문을 잠그고 몇 번이고 열쇠를 닦았지만 피는 닦여지질 않았습니다.

그러다 여기저기 성의 방을 보고 있는 사이에 탑 꼭대기에 다다랐습니다. 그리고 그곳에서 푸른 수염이 가둬둔 한 명의 아저씨를 발견했습니다.

"여기서 뭐하는 거예요, 아저씨."

"나는 잭 아저씨다. 푸른 수염이 아주 오래 전에 나를 여기다 가둬두었단 말이지."

(다른 아내들은 지금까지 한 번도 이 탑까지 올라오지 않았던 것입니다.)

그녀는 아저씨에게 자기 음식을 가져다주었습니다.

잭 아저씨는 푸른 수염이 자신을 이 탑에 가둬둔 것은 성에 누군가가 왔을 때 그것을 푸른 수염에게 알릴 수 있게 하기 위해서라고 말했습니다. 아내는 자신에게 일어난 일을 이야기했습니다.

"남편은 제게 작은 방에 들어가서는 안 된다고 말했어요……."

그리고 그녀는 열쇠를 닦았습니다.

"아아 불쌍하게도! 무슨 일을 한 거지! 저 여자들과 같은 처지가 되고 말텐데……."

"아아"

"푸른 수염은 6명의 아내를 죽이고 말았지."하고 아저씨는 말했습니다. "죽이기 전에 다리 밑으로 뭔가를 풀어 자지러지게 만들고 그리고 나서 죽여버렸지."

아내에게는 항상 가족 사이를 왕래하는 작은 개 한 마리가 있었습니다. 그래서 그 개 입에 편지를 물려 오빠들에게로 보냈습니다. 편지에는 이렇게 쓰여 있었습니다.

"오라버니들이여 서둘러 와주세요. 남편이 저를 죽이려 합니다."

푸른 수염은 여행에서 돌아와 아내에게 이렇게 말했습니다.

"내가 준 열쇠를 가져와 보시오."

그는 작은 열쇠가 피로 물들어있는 것을 보자,

"너는 나를 거역했구나, 너는. 네가 본 저 여자들과 같은 꼴이 되는 거지. 자, 방으로 가서 입고 와. 너의 새 신부 옷을. 그리고 내려오란 말이지!"

작은 개는 바람처럼 내달렸습니다. 여자는 화장을 하면서 남편을 기다리게 했습니다.

"이제 다 준비되었겠지, 아내여."

"지금 레이스달린 페티코트를 입고 예쁜 구두를 신고 있는 중이에요."

"잭 아저씨, 아직 아무도 안 오나요?"

"아니 아무 것도 안 보이는데."

그 사이에 푸른 수염은 칼을 갈았습니다.

"뾰족해져라 칼, 날카로워져라, 예쁜 여자의 목을 자르기 위해."

"이제 준비 다 되었는지, 아내여."

"아직요, 코르셋과 오렌지 관을 걸치고 있는 중이에요."

"잭 아저씨, 아직 아무도 안 오나요?"

"왔다왔어, 오빠들이 말을 타고 바람처럼 달려오고 있어."

"더 이상 못 기다리겠다니까, 아내여."하고 푸른 수염은 말했습니다. "서두르란 말야."

"이젠 모자를 쓰고, 레이스 손수건을 들면 되요."

"잭 아저씨, 아직 아무도 안 왔나요?"

"오빠들이 도착했습니다, 부인."

"네에, 다 준비 되었어요."

푸른 수염은 칼을 들고 아내 목을 자르러 다가왔습니다. 하지만 마침 그때 오빠들이 도착하여 푸른 수염의 목을 잘랐습니다.

그러자 여자는 오빠들에게 탑 위에 잭 아저씨가 갇혀 있는 것을 말했습니다. 오빠들은 잭 아저씨를 구출하여 함께 성에서 살았습니다.

이것은 프랑스 방데(Vendée)지방 브뤼엘(Bruyère) 마을에 사는 르네 세느 부인이 1950년 5월에 프랑스 민담연구자인 쥬느비에브

푸른 수염의 최후(귀스타브 도레, 1867년)

마시뇽(Genevieve Massignon, 1921~1966)에게 들려준 이야기이다. 세느 부인은 이 이야기를 어머니한테서 들었다고 증언하고 있다.

이 이야기를 페로의 「푸른 수염」과 견주어서 읽을 때 금방 알아차릴 수 있는 것들이 몇 가지가 된다. 그것은 우선 전승된 이야기와 문학작품과의 '스타일' 차이이다. 전승된 「잭 아저씨」에서는 「푸른 수염」과 같은 자세한 도입부 없이 곧바로 이야기의 핵심이 전개된다. 여자는 이야기의 도입부터 남자와 결혼하였으며, 페로의 문학에서 볼 수 있는 결혼에 대한 '망설임'이라든지 아름다운 생활에 대한 '동경' 등은 없다. 거기에는 모든 심리 묘사가 빠져 있다.

그리고 주인공 남자도 성의 주인인 듯한데 잭 아저씨가 등장할 때까지 푸른 수염이란 호칭이 사용되고 있지 않아 전혀 성격을 알 수 없는 인물이다. 그 대신 핵심이 되는 여자와 푸른 수염과의 대화 내용에 "잭 아저씨, 아직 아무도 안 오나요?"라고 하는 3의 반복이 정확하게 지켜지고 있다. 막스 뤼티라면 추상적인 형식이라고도 불렀을 이 민담의 약속이 여기서는 분명하게 목격된다.

하지만 이러한 스타일의 차이 이상으로 중요한 것은 단연 모티프의 문제일 것이다.

예를 들면 「잭 아저씨」의 경우, 주인공이 위기에 처하자 그것을 알리기 위해서 오빠들이 있는 곳으로 달려가는 것은 한 마리의 작은 개이다. 「두 형제」라든가 「혼 없는 거인」(일본의 경우라면 「모모타로(桃太郎)」[6]라든가 「사루가미 퇴치(猿神退治)」[7])에서 단골 조력자로 등장하는 동물이 페로의 이야기에는 없다. 마침 그날 오빠들이 오기로 약속되어져 있을 뿐이다. 이것은 페로가 옛이야기를 발표한 17세기 귀족 사회는 이미 합리주의가 지배적인 시대로 신비한 힘을 지닌 동물에 대한 신앙을 잃어버렸다는 증거일지도 모른다.

---

6 복숭아에서 태어난 신동은 쑥쑥 자라나 괴물 퇴치에 나선다. 도중에 개와 원숭이의 도움을 받아 괴물을 퇴치하고 금의환향한다는 이야기다.

7 인간을 희생 제물로 바치라는 신을 나그네가 퇴치하고 마을에 다시 평안을 가져왔다는 재난 극복의 민담이다.

또 여자가 마침내 살해될 위험에 처했을 때 「푸른 수염」에서는 시간을 벌기 위해서 기도드릴 시간을 달라고 부탁한다. "죽어주어야겠어, 아내여, 그것도 지금 당장", "진정코 꼭 죽어야만 한다면(……) 신께 기도드릴 시간을 잠시만 내주십시오."라고 말한다. 「잭 아저씨」에서는 이것이 오히려 살인자의 주문이고, 죽음의 예복(새 신부 의상)을 몸에 걸치는 단장의 시간이 되고 있다. 새 신부는 페티코트, 구두, 코르셋, 화관 들을 하나하나 세어간다. 전승의 「빨간 모자」에서도 이것과 유사한 장치가 보였는데 빨간 모자가 늑대 침대 속으로 들어가기 전에 의상을 하나씩 하나씩 세어가며 벗는다. 들라뤼가 이 장치를 아이들 놀이와 연관 지어서 생각하고 있는 것은 흥미롭다. 잔혹한 수세기 노래의 리듬 속에서 긴장감이 증폭되어간다. 페로에게 고전적인 '문체'가 있는 것처럼 전승에도 말로 들려주는 리듬 형식이 존재한다. 들라뤼의 이러한 고찰을 염두에 두고 페로 연구를 한 발 더 앞으로 진척시킨 마르크 소리아노는 여기에 또 하나 '보아서는 안 되는 방'의 문제를 덧붙였다. 즉 전승에서는 이 금지가 아무런 설명도 없이 금기시되었던 것에 비해 「푸른 수염」에서는 이른바 여성 불신에 빠진 주인공이 아내의 마음을 시험하는 테스트로써 명령되어진다는 점이다. 따라서 만약 아내가 성실하고, 호기심을 억누를 수가 있다면 아내는 죽지 않고 결혼 생활을 영위하고, 푸른 수염 자신의 영혼도 구제된다고 하는 장치가 엿보인다. 그렇기 때문에 페로의 푸른 수염은

외로운 돈쥬앙이라는 식으로 읽힐 수도 있다.(M.Soriano, 1968)

하지만 소리아노는 그럼에도 불구하고 「푸른 수염」의 베르사유 화나 기독교화에는 비판적이다. 즉 17세기 루이 왕조의 궁정인 페로는 당연 아카데미 회원으로서의 자신의 취미나 독자인 살롱의 여성들의 삶을 강하게 의식하고 있었으며, 푸른 수염은 그야말로 당시 귀족들의 합리주의와 냉소주의(cynicism)로 물들어 아름다운 생활에 대한 동경을 추구하며 살고 있었던 셈이 된다.

푸른 수염은 (부자였던 작가 페로와 마찬가지로) 도시와 시골에 집을 소유하고, 호화로운 가구와 장식들에 둘러싸여 살고 있다. 금마차로 외출하고 비단실로 짠 침대에서 잠들지만 단 한 번도 여자에게 진정한 사랑을 받아본 적은 없다. 한편 아내 쪽은 신분도 높고 아름답지만 푸른 수염에게 끌린 것은 그의 부와 쾌락 넘치는 생활 때문이다. 여자의 두 오빠는 『삼총사』(*The Three Musketeers*)[8]들의 동료인 용기병(龍騎兵)과 근위병으로 푸른 수염을 죽이고 그 돈으로 대장의 지위를 사서 출세한다. 여기서는 노골적으로 정치적인 모습마저 목격할 수 있다.

이러한 시대정신에 뼈 속까지 물들어있던 페로가 '아내에게 새 신부 의상을 입히고 죽인다' 란 식의 이교도적인 모티프를 허용할

8 프랑스의 소설가 알렉산드르 뒤마가 쓴 장편소설(1844년 3월부터 7월까지 『세기』에 연재 되었다.)

리가 없다, 라는 것이 소리아노의 주장이다. 아내는 기독교도로서 죽음을 앞두고 '신께 기도드릴 시간'을 요구하지 않으면 안 되며, 푸른 수염도 역시 유예의 시간으로 '15분의 절반' 정도는 인정하지 않을 수 없다.

그러나 이러한 기독교화는 본래의 「푸른 수염」을 구성하고 있는 모티프와 걸맞지 않고, 이야기를 희석시켜 버렸다. 밝고 명랑한 전래 동요 리듬 속에서 새 신부가 죽음의 예복(새 신부 의상)을 하나씩 하나씩 몸에 걸치는 장치는 기독교화로 인해 본래의 민담이 지닌 맛을 빼앗고 말았다는 것이다.

하지만 어찌되었던 페로의 「푸른 수염」은 큰 성공을 거두었다. 그것은 분명 문학적 성공이라고 불리워질 성격의 것으로 오늘날 재화의 문제, 전승과 문학 더 나아가 시대정신과 문학의 문제를 생각할 때 흥미롭다.

거기에는 예를 들면 이미 언급한 '문체'와 같은 문학 고유의 문제도 있지만 이도 전승과 독립된 문제로 생각하는 것은 큰 잘못이다. 페로가 전승의 리듬에 의해 얼마나 자신의 작품을 풍요롭게 했는지에 대해서는 「푸른 수염」의 새 신부와 주인공과의 대화 부분을 전승 자료와 비교해보면 금방 알 수 있다.

하지만 그것과는 반대로 페로의 문학적 성공으로 인해 전승이 강한 영향을 받은 부분도 있다. 예를 들면 푸른 수염이라고 하는 주인공의 이름이다. 앞서 언급한 것처럼 「푸른 수염」이라는 이야기까지는 몰라도 오늘날 푸른 수염이라고 하는 주인공의 이름을 알고 있는 사람은 많다.

하지만 프랑스의 전승을 살펴본 바에 따르면 푸른 수염의 이름은 이 이야기와 반드시 연결되는 것만은 아니다.

들라뤼의 조사 당시에는 프랑스 및 프랑스어권 제국에는 312A에 상당하는 이야기는 39종이 있었지만 주인공의 이름은 푸른 수염 이외에 터키 황제의 아들, 빨간 수염, 금빛 옷 등 여러 가지 존재한다. 또 신분도 귀족, 신사, 식인귀, 악마, 거인 등 여러 가지이다.

그러나 이 이야기가 풍기는 특유의 공포는 푸른 수염의 정체불명 남자와 결부지을 수 있다고 말할 수 있을 것이다. 이 남자는 정말이지 대단한 부를 지니고 있다. 하지만 "불행하게도 푸른 수염이 나 있어 그로 인해 아주 추하고 험악한 인상을 풍겨 어떤 여성도, 아가씨도 그의 앞에서 도망치지 않고는 배길 수가 없었다"는 점이다.

푸른 수염이라고 하는 가공의 속성과 피의 밀실을 결부시킨 것은 아마 페로 문학일 것이다. 실제로는 '푸른 수염'은 존재하지 않으며 설령 불현듯 생겨났다 하더라도 그것은 조금도 무섭지 않고 오히려 '제비꽃색의 눈물'과 마찬가지로 익살맞을 지도 모른다. 그러던 것이 사람들의 심금을 울리며 마치 「잭 아저씨」의 경우처럼 이름 없는 주인공으로 출발한 이야기가 어느 사이인가

「푸른 수염」으로 이름이 바뀌게 된 것은 아마도 페로 때문이며, 전승은 그 덕분에 한층 공포의 이미지를 손에 넣게 된 것이다.

따라서 페로의 성공은 그가 전승의 세계와 17세기 고전문학과의 십자로에 서서, 그가 산 시대의 문화가 전승과 만난 지점에서 성립되었다고 말해도 좋다.

페로는 한편에서는 자신이 산 시대의 '문체'에 충실했으며 몇 가지 모티프를 시대정신에 편승하여 개편하였다. 하지만 다른 한편에서는 전승의 모티프에 지극히 순수하게 따르고 있다. 그의 「푸른 수염」의 공포의 중심에는 닦아도 닦아도 없어지지 않는 핏자국이 있고, 결코 보아서는 안 되는 작은 방이 있다. 이 두 가지 중심 모티프에 대해서 여기서는 언급하지 않지만 이 전통적인 이야기의 장치 없이 「푸른 수염」의 성공은 역시 없었을 것이다. 같은 호색한이지만 몰리에르의 돈쥬앙의 허무적인 방종과는 어딘가 다른 잔혹한 비극성을 페로의 주인공이 지니고 있는 것은 이 두 가지 모티프 때문은 아닌가하고 생각한다.

2

질 드 레와 푸른 수염

전설의 세계에서 푸른 수염과 동일시되는 질 드 레에 대해서 일본에서는 그다지 알려지지 않았다. 하지만 그는 잔 다르크(Jeanne d' Arc, 1412~1431)와 더불어 프랑스 중세 사상 가장 빛나는 영광스러운 삶을 살았던 무장이었다. 질은 1404년 루아르(Loire) 남부의 샹토세(Champtocé)의 성에서 태어났다. 그는 백년전쟁의 영웅 베르트랑 뒤 게클랭(Bertrand du Guesclin, 1320~1380)[9]의 혈족으로 귀족 출신이었다. 어린 시절 양친을 잃고 황폐한 청춘을 보내지만 1427년 조부의 부대를 인솔하여 백년전쟁에 참가하여 발군의 공훈을 세운다.

하지만 무엇보다도 그의 이름을 천하에 알린 계기가 된 것은

9 중세 프랑스 군인으로 백년전쟁 초기에 대활약하여 프랑스의 열세를 만회했다.

1429년 4월 8일부터 한 달에 걸친 오를레앙(d' Orléans)전이다. 그는 이 싸움으로 잔 다르크와 더불어 도시를 해방하고 더 나아가 7월 17일에는 랑스(Reims)의 사원에서 국왕 샤를 7세(Charles Ⅶ)의 성별식(聖別式)을 치른다. 그는 아직 24세의 젊은 나이로 프랑스 왕국 원수로 참석하였다. 그가 이 때 유산 상속, 결혼, 강탈 등으로 손에 넣은 재산과 명예는 거의 무한대에 가까웠다.

1835년에 베르사유 궁전에서 공표된 질 드 레의 초상

그러나 얄궂게도 그의 운명은 이 극적인 프랑스 왕국의 승리를 계기로 기울어져간다. 파리 포위에 실패한 잔 다르크는 1430년 콩피에뉴(Compiègne)에서 적의 수중에 넘어가 이듬해 31년 루앙(Rouen)에서 화형에 처해진다. 그리고 32년에는 유일한 보호자였던 조부가 사망한다. 그로 인해 질의 극단적인 낭비와 방탕한 생활을 막아줄 이는 단 한 사람도 없게 된다. 전설의 원인이 된 대규모의 유아학살과 경제적 곤궁에 따른 연금술로의 심취가 시작되는 것도 이 시기부터이다.

그의 재판 기록을 정리한 조르주 바타유(Georges Bataille, 1897~1962)[10]는 서문에 다음과 같이 기록하고 있다.

〔질의 거성(居城)〕 마슈쿠르와 티포주의 음란한 성은 사람들을 공포에 떨게 했다. 수많은 사람들을 거느리고 떠들썩거렸지만 사람들을 공포로 몰고 갔다. 악마를 추앙하는 마술사나 제 소임을 다한다는 승려들은 모두 다 하나같이 엉터리들이었는데 그것은 제쳐두고라도 사람들은 이들 성채에 커다란 공포심을 품고 있었다. 이들 성채는 악마의 올가미와 같았다. 그것은 대문 근처까지 구걸하러 온 아둔한 아이가 있기라도 하면 순식간에 삼켜버린다. 대부분의 아이들 희생자는 이렇게 붙잡힌 것이다. 이런 괴물 같은 착란행위에서는 우선 희생자를 질식 상태에 빠뜨리는데 이것이 다가올 최악의 상황을 위한 준비가 되는 것이다. (……) 희생자인 소아가 질의 방으로 끌려 들어가는 순간 순식간에 광란의 연회가 시작되는 것이다.(바타유, 1966, 87~88쪽)

질은 남색자로 아이들에게 최악의 상태에서 온갖 능욕을 가했다. 마치 마르키 드 사드(Marquis de Sade, 1740~1814)[11]의 세계와 같이 잔혹과 성적 도착의 극치였다. 나중에는 이것이 악마의 힘을 필요로 하는 연금술에 있어서 뺄 수 없는 희생물이 되기도 하지만, 여하튼간에 질은 "희생자를 재료로 강렬한 쾌락을 얻고 나면

10 프랑스 파리 국립도서관 사서, 중세 전문가. 소설 『눈 이야기(1928년)』로 데뷔함.
11 『소돔의 120일』의 저자.

그를 죽이든지 혹은 다른 사람에게 죽이게 했다.”(바타유, 1966, 89쪽)

물론 역사의 어둠을 짚어보면 이러한 잔혹한 행위는 셀 수도 없이 많다. 하지만 문제는 질이 흉측한 살육자인 동시에 당시의 귀족으로서는 드물 정도의 지식인이었으며, 게다가 뛰어난 예술의 이해자였다는 점이다. 그에게는 전쟁도 눈부신 장비와 아름다운 무기가 번쩍이는 하나의 야외극과 같은 축제였다. 그는 총원 50명이라고 하는 대규모의 전속 성가대와 파이프 오르간을 소유하고 어디에든 이들을 데리고 다녔다. 그 호화로움은 눈이 휘둥그레질 정도였다고 한다. 그리고 성가대의 천사와 같은 아름다운 목소리의 주인공이야말로 그의 동성애 상대였다.

그는 1435년 5월 8일 오를레앙의 잔 다르크 축제에서 대규모의 ‘오를레앙 포위전의 성찬극’을 상연한다. 잔 다르크가 죽은 지 4년, ‘하지만 저 영광의 날에 그녀 옆에서 그녀 다음으로 중요한 역할을 연출한 그’는 열광하는 민중 속에서 그 날을 다시 한 번 재현하고자 했던 것이다. 당시의 연극에는 마치 비단실로 짠 듯한 아름다운 의상이 사용되었다. 하지만 “그는 상연 때마다 그 내용에 맞게 전혀 새로운 의상을 조달시켰다.” 무대 아래에서는 값비싼 요리와 술이 차려졌다. 그는 이 해에 8만 에큐라는 거금을 소비하여 샤를 7세로부터 금치산을 선고받는다.(바타유, 1966, 122~126쪽)

그 후 1440년의 체포, 재판, 처형에 이르기까지의 질의 생활은 최악의 상황으로 치달았다. 기소장에 따르면 그와 협력자의 손에 의한 희생자는 140명에 달한다고 한다. 질은 종교 재판 석상에서 처음에는 오만한 자세와 위협적인 태도를 보였지만 재판관에 의해 한번 파문에 처해지자 지금까지의 자세를 바꾸어 기소장에 열거된 여러 범죄 행위를 '사악하게도 수행' 한 취지를 자백하고 재판관들을 향해 내뱉은 모독발언 및 모욕적인 언사가 면책되도록 '겸허하고도 경건하게 그에 더해 눈물에 잠겨' 용서를 구했던 것이다.

하지만 이 해 10월 22일 공판정에서 행해진 자백은 한층 더 극적인 것이었다. 그는 자신의 잔학 행위를 아주 상세하게 자백했을 뿐만 아니라 이 고백이 '그 대부분 라틴어를 모르는' 일반 청중을 위해서 세속어(즉 프랑스어)로 공표할 것을 요구하며, 신과 피해자 부모 및 지인들에게 용서를 구걸하며 모든 기독교 신자들에게 경건한 기도로 자신을 구해줄 것을 요청했던 것이다.

세밀화(細密畵)에 그려진 질 드 레의 처형 (1530년)

이리하여 "그의 죽음은 연극조를 띤 교만의 호기가 되었다"라고 조르주 바타유는 적고 있다.〔12월 26일〕, 이 사형수가 재판받은 튜르 뉴브 성을 출발한 일대 군중의 행렬은 기도나 성가로 장단을 맞추면서 이 꺼림칙한 남자를 인도해 갔다. 이 당사자야말로, 자신을 따라와 지금 실제로 자신을 위해서 신에게 애원하고 있는 천민들에 대한 모멸을 그 극치로까지 강행했던 인물이었던 것이다. 드디어 행렬은 루아르강 너머 도시를 조망하는 작은 평원에 다다랐다.

> 그는 이러한 찬송가를 광기에 차도록 사랑하고 있었는데 그것은 그의 죽음에 그가 항상 추구하고 결코 질린 적이 없었던 빛남을 주었던 것이다. 이어서 '신분 높은 가계의 부인들'이 사람들을 광기로 유혹하는 화려한 아름다움에 둘러싸여 새끼줄 끝에 매달린 채로 막 모습을 드러낸 사체를 재빠르게 불꽃에서 끄집어내주었다.
>
> 부인들이 사자를 관에 담자 그것은 엄숙하게 교회 안 최후의 안식처로 운반되었다. 거기에서는 차분하고 게다가 장엄한 장의의 의식이 그를 기다리고 있었던 것이다.(바타유, 1966, 161~165쪽)

우리들이 페로의 「푸른 수염」에 끌리고 마는 것은 결코 아름다운 여주인공 때문이 아닐 것이다. 오히려 푸른 수염의 성의 금지된 방과 피투성이가 된 새 신부들, 한마디로 말하면 그의 범죄에 마음을 빼앗기고 있는 것이다. 거기에는 역시 작은 문이 있고 그 너머에는 사람들의 어둠의 골이 퍼져나가고 있을 것이다.

하지만 이러한 어둠의 심층뿐만 아니라 오히려 너무나도 화려한 표층의 세계에서도 질 드 레와 푸른 수염은 '꿈'을 공유하고 있다. 그것은 호이징가가 질 드 레와 동시대인인 부르고뉴 공 등을 소재로 밝혀준 '아름다운 생활에 대한 동경'이라고 할 수 있다.

『중세의 가을』[12]에서 그는 이 동경을 세 타입으로 분류하였는데 그 세 번째로 '꿈꾸는 것'이라는 것이 있다. 이것은 가장 안이한 길이었고, 질이나 베르사유의 궁정 귀족이 선택한 것은 아마도 이것일 것이다. 즉 합리적인 수단에 의한 현 세상의 개혁이 불가능해 보이는 세계에서는 "인생의 현실은 절망적일 정도로 비참하고 현세를 버리는 길은 험난하다. 하다못해 표상만의 아름다움으로라도 삶을 치장하자. 밝은 공상의 꿈나라에서 놀자. 이상의 매력으로 현실을 중화시키자."라고 하는 바람이 사람들을 자극한다는 것이다.(J. 호이징가, 1967, 116~117쪽) 질의 음악에의 심취, 오를레앙에서의 성찬극 상연, 극적인 고백과 죽음은 이러한 욕망의 단적인 표명으로써 이해된다. 또한 푸른 수염의 아름다운 성, 비단실로 짠 옷감, 커다란 거울, 금이나 은식기 등 당시로써 생각해낼 수 있는 최대한의 재보는 같은 꿈을 표상하고 있는 것이다.

---

12 네덜란드의 역사학자이자 사회학자인 요한 호이징가(Johan Huizinga, 1872~1945)는 14세기와 15세기의 브르타뉴공국의 문화에 대해서 고찰하여 『중세의 가을』(1919)을 저술하였다. 그는 문화 속의 유희를 연구한 『호모 루덴스』(*Home Ludens*, 1938)의 저자이기도 하다.

이러한 꿈의 길은 현실을 버리는 것도 개조하고자 하는 것도 아닌 다만 그것을 예술 형태로 재개조하고자 한다. "생활 그 자체를 미로 고양시켜, 사회 그 자체를 놀이와 형식으로 채우려한다." 물론 이것은 호이징가의 지적을 기다릴 필요도 없이 정신적으로도 '극소수의 엘리트' 들의 특권이며, 경제적으로도 '값비싼 즐거움' 이다. "미의 꿈을 공동 생활 형태로 실현시키고자 하는 노력은 마치 원죄와 흡사하여 귀족주의의 각인이 찍힌다."

질에게는 전쟁을 포함해 그 모든 것이 놀이었다. 하지만 백년 전쟁의 종결과 중앙집권적인 프랑스 왕국 재건의 길은 더 이상 이러한 놀이를 허용하지 않았다. 잔 다르크는 프랑스 국왕의 재관식이 끝나자 영국으로 넘겨져 화형당한다. 질은 핏빛서린 비극 속에서 교수형에 처해진다. 일련의 행정 개편 하에 재편성 과정에 있던 프랑스 군은 더 이상 둘을 필요로 하지 않았다.

15세기 초에 시작된 이러한 중앙 집권이 절대 왕제로써 하나의 완성을 보는 것이 루이 14세의 베르사유였던 것은 누구나가 알고 있는 사실이다. 관료 기구의 그물코 밖에서 전사로서의 생활을 빼앗기고 질식할 것만 같던 귀족들은 궁정에서 무위도식의 생활을 보낸다. 그러한 그들의 꿈이야말로 푸른 수염의 생활이고 저 금지된 작은 방 깊숙이에는 그들의 욕망이 무겁게 고여 있었음에 틀림없다. 그들이야말로 절망에 빠진 질 드 레의 후예였던 것이다. 페로는 코르벨의 부하인 고급 관료이고, 법복귀족(noblesse de robe)

출신이었지만 이러한 귀족들의 동경과 퇴폐를 너무나도 잘 알고 있었던 것이다.

페로의 「푸른 수염」은 고전주의 문체로 인해 질의 역사의 꺼림칙한 사건을 끝내 숨기고 있는 것처럼 보인다. 하지만 그 냉소주의와 기묘한 명랑함은 질의 후예들의 '악몽'과 '동경'을 분명하게 말해주고 있는 듯하다.

3
혼돈으로의 회귀

질 드 레는 바타유가 말한 대로 그야말로 봉건 체제를 구현하고 있다. 그는 어리석은 사람이었지만 그 시대적 상징(아름다운 생활과 격정적인 생활)을 그대로 살았다. 바타유는 이것을 전환기의 '비극'으로서 분석하여 우리들에게 보여주었다. 하지만 질의 극적인 성격, 그 구경거리적인 성격에 빛을 비추어 더 한층 깊게 들어간 것은 야마구치 마사오(山口昌男, 1931~)[13]이다. 그는 바타유와 마찬가지로 질을 프랑스 왕제가 확립해 가기 위한 하나의 희생양으로 보고 있다. 하지만 바타유의 분석이 질의 범죄를 '인간의 비극'으로 보고 정적으로 그 옆에 멈추어 있던 것에 비해, 야마구치는 그것을 권력 고유의 장치로써 다이나믹하게 고찰

13 문화인류학자로 『아프리카의 신화적인 세계』의 저자이다.

하고 있는 것이 흥미롭다. 야마구치에게 질의 '비극'은 봉건제라고 하는 경직된 질서에 일격을 가하며 일시적인 카오스를 생성해내, 새로운 권력(샤를 7세 중앙집권)을 출발시키기 위한 하나의 구경거리=희생인 것이다.

야마구치에 따르면 "정치권력의 궁극적인 기반은 희생 제물을 신에게 바치기 위해서 이것을 죽이고 거기서 생성된 혼돈스러운 상태 속에서 희생을 매개로 신과 인간, 인간과 인간 간의 구별이 소멸된다."는 것이다. 예컨대 봉건제라고 하는 권력과 질서를 갖춘 세계(코스모스)가 경직화되면 새로운 세계를 탄생시키기 위해서는 시원적(始源的)인 혼돈(카오스)의 재현이 요청된다. 종래의 가치관이나 논리 일체가 붕괴되고 새로운 질서가 탄생되지 않으면 안 된다.(야마구치 마사오, 1974, 28쪽)

이러한 카오스의 하나의 전형은 기독교 세계의 카니발과 같은 축제의 장이다. 거기에서는 일상생활 속에서 구속받는 지나친 낭비와 파괴가 미덕이 되며 이성보다도 익살꾼의 비이성이 인정된다.

하지만 카오스는 카오스인 채로는 새로운 코스모스를 탄생시킬 수 없다. 축제의 끝과 더불어 모든 더러움을 걸머진 희생양이 코스모스의 밖으로 추방되지 않으면 안 된다. 예를 들면 카니발의 '방종왕'은 비천한 자 중에서 선택되어 축제 기간 동안에는 어떤 행동도 용서되지만 그 종연과 더불어 추방되지 않으면 안 된다.

이러한 축제의 끝과 함께 새로운 질서가 소생되어 새로운 왕=권력이 확립되는 것이다.

질 드 레 또한 이러한 권력 재생 장치 속의 축제의 희생양이었다.

"질 드 레의 재판과 처형이 민중을 사로잡은 것은 그의 소행이 드러낸 끝없는 혼돈의 깊이로 정치 · 종교적 권력은 이 혼돈의 감정을 환기시키는 세계무대의 조직자였다"고 야마구치는 쓰고 있다.(야마구치 마사오, 1974, 41쪽)

질의 극적인 고백과 그것이 사람들에게 준 감동, 그리고 또한 무엇보다도 처형의 장중한 축제적인 분위기를 떠올려보면 충분할 것이다. 그가 범행한 흉측한 죄는 그야말로 도착적이어서 사람들의 마음속에 깊은 두려움과 전율을 불러일으켰다. 하지만 그 황폐한 영혼도 정화의 불꽃에 의해 하늘로 돌아간 것이다.

> 그(질)의 죽음은 영혼신앙의 원인이 되는 분해 죽음과 같은 죽음이 아니다. 하지만 그 악덕한 소행의 깊이, 극적인 현시, 게다가 그 죽음의 대규모적인 구경거리적인 성격은 사람들에게 그의 존재가 이 세상 것이 아닌 인상을 심어준 것이 분명하다. 권력 측도 충분히 이 효과로부터 이익을 얻었음이 분명하다. 성스러운 괴물 질 드 레는 이 세상의 모든 더러움을 혼자서 떠맡아 세계 밖으로 추방되어 민중이 권력에게 바라는 대규모의 구경거리-거기서는 혼돈의 에너지가 환

기되어, 종국에 이르러서는 질서로 편입된다-의 조직화 기능은 충분히 만족시켰다.(야마구치 마사오, 1974, 42~43쪽)

하지만 물론 백년전쟁이라는 역사의 전환기에 연출된 질의 '비극'은 카니발이라고 하는 인위적인 카오스와는 자연히 성격을 달리하고 있다. 그것은 우리들 일상생활의 사이클 속으로 간단하게 편입될 정도로 단순한 것이 아니다. 질의 범죄는 그 카오스의 깊이 면에서 정도를 벗어나 있다. 또한 커다란 역사적 시점에 서서 봉건주의에서 중앙 집권적 관료주의로의 이행을 언급할 경우, 백년전쟁과 그에 이어지는 르네상스야말로 실로 반질서적인 카오스이며 축제였다고 말하지 않을 수 없다. 하지만 그렇다 하더라도 역시 샤를 7세라고 하는 무력한 '부르주의 왕'이 권력자로 변하는 놀랄만한 변모를 볼 때 정치가 지닌 힘의 무서움과 권력 장치 속에서의 질의 역할을 생각해 보지 않을 수가 없다. 저 무기력하고 호색한의 빨간 코 왕이 질과 잔 다르크의 죽음을 기회로 어떻게 하여 프랑스 제일의 책략가가 되었는지를 이해하고자 했을 때 야마구치 마사오의 카오스 · 코스모스 논리는 매력적이다.

그럼 여기서 다시 한 번 질 드 레의 문제를 우리들의 최초 주제였던 「푸른 수염」과 결부시켜 생각해볼 때도 이 논리는 도움을 준다.

민담으로서의 「푸른 수염」 속에도 끝을 알 수 없는 카오스가 내재하며, 그 대상은 죽음에 의해 속죄 받는다. 하지만 그 경우 우리들이 실마리로 삼는 것은 정치나 역사 문제보다도 오히려 심층 심리에서의 수준일 것이다. 우리들은 이것을 프로이드의 『토템과 터부』(Totem und Tabou)[15]와 그것에 의거한 기사이치 야스히코(私市保彦, 1933~)[16] 이론에 기대어 풀어가 보고자 한다.

궁정화가 푸케가 그린 만년의 샤를 7세

페로의 「푸른 수염」에는 기사이치가 지적한 것처럼 기묘한 특징이 있다. 그것은 주인공인 아가씨가 모친과 살고 있는 것은 명기되어있지만 부친에 대한 언급이 한 마디도 없다는 것이다.(기사이치 야스히코, 1978) "이웃 사람 중 한 사람으로 신분이 높은 부인에게는 흠잡을 데라고는 한 군데도 없는 아름다운 두 딸이 있었습니다."라는 식이다. 게다가 이 자매의 두 오빠는 여동생이 위기에 처할 때마다 어디선가 바람처럼 나타나 푸른 수염을 쓰러뜨린다. 이

15 프로이드는 임상적 경험을 통해 창출해 낸 자기의 이론을 기초로 하여 예술, 문화, 종교를 논했다. 그 중에서도 『토템과 터부』(1913)에서 전개된 문화론은 그 자신이 인정한 것처럼 대담한 가설이었다. 즉 원부(原父)에 의한 독재와 여자의 독점, 그로부터 근친상간에 이르기까지 종교의 기원이라는 일련의 오이디푸스 상황이 인류의 역사상 현실에 생겼다는 가설을 내놓았다.

16 프랑스 문학자, 비교문학자.

런 도식은 물론 「푸른 수염」에게만 한정된 것이 아닌 같은 페로의 「빨간 모자」에서도 볼 수 있지만 프로이드파의 분석에 따르면 부재하는 아버지를 푸른 수염, 그것을 쓰러뜨리는 오빠들을 그 아들로 생각하면 이해가 쉽다. 즉 아버지가 딸을 포함한 여성들을 독점하는 것에 대해 아들들이 반항하는 이야기로써 「푸른 수염」을 해석하고 있는 것이다.(프로이드, 1969)

프로이드는 『토템과 터부』에서 곰이나 독수리 등의 토템 동물을 일상적으로는 신성한 존재로서 떠받들면서도 축제 때에는 신성한 희생 제물로써 이를 도살하여 종족 전체가 함께 나눈다고 하는 미개의 관습에 주목하였다. 그는 이것을 고대 사회에서는 가부장이 집안 여성들을 독점하여 아들들을 어머니나 자매들로부터 배제했다고 하는 다윈의 설에 합치시켜가며 이해한다.

즉 여성들에 대해 생살여탈의 절대권을 지닌 아버지에 대해 어느 날 아들들이 반란을 일으켜 살육한 다음에 그 힘을 손에 넣기 위해서 고기를 나누어 가진다. 그리고 여자들을 둘러싼 이런 투쟁을 두 번 다시 반복하지 않기 위해서 족외혼의 체계를 만들어 갔다는 것이다.(프로이드, 1969)

하지만 아버지 죽이기는 아들들 내면에 근원적인 원죄로 남겨져 그들은 이 죄의식에서 벗어나기 위해 아버지를 토템 동물과 동일시하여 신성한 터부시 한다. 그리고 해마다 한 번 강박적인 의식으로서 토템 동물을 잡아먹고 도취적인 예배를 행하고 적극적으로 터부를 침범한다. 즉 아버지(=질서)의 죽음과 더불어 원초적 무질서가 회귀하여 근친상간의 터부가 범해지는데 이러한 카오스 안에서 재차 질서가 재생되는 것이다.

이러한 문맥 안에서는 푸른 수염은 고대적 아버지와 동일시된다. 그는 7명의 아내로 대표되는 여성들과 아름다운 성으로 대표되는 부를 독점하고 있다. 그리고 저 피로 물들은 금지된 방에는 그가 권력의 열쇠를 쥐는 무의식의 영역이 있다. 그의 젊은 아내는 모든 방의 열쇠를 건네받지만 마지막 작은 방은 금지 당한다. 하지만 그녀는 떨리는 손가락으로 문을 연다.

> 창문이 닫혀져 있어 처음에는 아무것도 보이지 않았습니다. 하지만 잠시 후에 바닥 한 면이 응고된 피로 뒤덮여 있고, 몇 사람의 죽은 여자 몸이 벽 쪽으로 묶여져있는 것이 그 피 바다에 비쳐 보였습니다. (그것은 전부 푸른 수염과 결혼한 여자들로 잇따라 목이 잘렸던 것입니다) 젊은 아내는 너무나 공포에 질려 열쇠 구멍에서 막 빼낸 작은 방의 열쇠를 손에서 떨어뜨리고 말았습니다.(페로, 1982, 184~185쪽)

푸른 수염의 이러한 핏빛 서린 아내 살해는 곰곰이 따져 보면 적어도 두 가지의 의미가 있다. 하나는 처녀를 범하고 모든 것을 자기 것으로 한다고 하는 점이다. 「잭 아저씨」에게서 보여지는 새 신부 의상에의 강박관념을 이것과 연결시키는 것은 지나친 해석일지도 모르지만 베텔하임도 『민담의 마력』에서 “비밀의 방문을 여는 열쇠는 남성의 성기, 특히 첫 성교로 처녀막이 터져 피가 묻을 때의 그것을 연상시킨다. 만약 이것이 여기에 담겨져 있는 의미라면 아무리 닦아내려 해도 닦아지지 않는 피의 의미를 알 수 있다. 처녀성은 더 이상 원래로 돌아가지 않는 것이다”라고 적고 있다.(베텔하임, 1978, 386쪽)

푸른 수염의 아내 살해의 또 하나의 의미는 전능의 힘을 지닌 권력자가 터부를 깨고 형제와 몸을 섞인 자를 죽인다고 하는 의미가 있다. 역시 베텔하임은 푸른 수염의 아내의 죄를 간통으로 해석하고 있다. “푸른 수염이 외출하는 척하고 성을 나서자마자 성대한 연회가 시작된 것이 그것을 나타낸다. 이 성 주인이 있을 때는 찾아올 용기가 없었던 사람들이 찾아온다. 푸른 수염이 없는 동안 무슨 일이 일어났는가는 듣는 이의 상상에 맡겨진다.”라고 언급한다. 푸른 수염은 아마도 이렇게 금지를 어긴 여성을 잇따라 처형했던 것이다.(베텔하임, 1978, 386쪽)

페로의 「푸른 수염」을 읽은 사람 모두가 물론 이러한 노골적인 해석을 하고 있는 셈은 아니다. 하지만 이 이야기를 사랑하고 경외하는 사람들은 이 이야기 심층에 무서운 성의 비밀이 숨겨져 있는 것을 확신한다. 그리고 이 성의 비밀을 안다고 하는 것에는 누구나가 거역하기 힘든 유혹을 느끼고 그로 인해 가장 무서운 위험을 범하려고 하는 것이다.

또 이런 비밀의 독점이야말로 고대적인 아버지=잠재의식의 세계가 소용돌이 치고 있는 것이다. 프로이드는 이런 무의식의 욕망을 '에스'라고 명명하였는데 이 에스의 세계로부터 아들들을 멀리하게 하는 것이 그의 지배의 열쇠였다. 그는 여자들을 독점하고 무의식을 지배하여 자신의 세계=코스모스의 중심에 군림했던 것이다.

하지만 아들들은 어느 날 이 아버지의 코스모스를 무너뜨리고 닫혀져 있던 무의식을 해방한다. 거기에는 일시적으로 무시무시한 카오스가 출현했음이 틀림없다. 그리고 아들들은 피로 물든 카오스를 다시 한 번 걸어 잠그고 제도로써의 토템이즘과 족외혼을 확립한다. 페로의 이야기에는 푸른 수염 살해 후 여자는 새로운 남편과 결혼하고 형제들은 사회적인 지위를 얻어 새로운 질서가 세워진다.

이러한 아버지 살해와 시원적 카오스로의 회귀 주제는 프로이드의 분석에서 되풀이해서 나타난다. 하지만 그것이 『토템과 터부』처럼 역사적, 계통 발생적 수준에서 언급되어지는 것은 오히려 드물고, 대부분은 개체 발생적인 수준에서 문제시된다.

즉 우리들 하나하나는 아마도 어머니의 태내에 있었을 때부터 이른바 오이디푸스기에 이르기까지 모자 이항관계에 지배된 시기의 행복한 기억이 있다. 이 시기의 아이는 이미 자신의 세계를 구축해 나가는 단계일 터인데 그것이 당분간은 어머니에게 모든 것을 의존하고 있어 외부 세계를 어머니가 단단하게 지켜주고 있다. 그것은 아직 선악이 들어설 여지도 적고 시공간도 미분화된 시원적인 상태이다.

하지만 이 행복이 아버지의 등장과 함께 깨진다. 이른바 오이디푸스 콤플렉스의 형성이다. 이 콤플렉스로 인해 사람은 행복한 모자 이항관계를 상실하게 되는데 그 대신에 현실과 대면하기 위한 언어와 논리, 한 마디로 말하면 '현실 원칙'을 손에 넣는다. 하지만 이 원칙의 수용은 종종 수많은 고통이 동반되고 리비도의 고착 또는 퇴행의 요구를 만들어내기도 한다. 상상력의 차원에서 아버지 살해의 꿈이 되풀이되는 것은 이 때문인 것이다.

「푸른 수염」 이야기는 이러한 오이디푸스적인 악몽으로도 읽을 수가 있다. 이 이야기는 상상력의 수준에서 우리들에게 이러한 퇴행을 가능하게 하고, 지극히 폭력적으로 현실 원칙을 구체적으로 드러내는 아버지를 죽이는 것을 허용하여, 이야기=악몽이 지난 뒤 새로운 질서로 나아가는 것을 가능하게 하는 하나의 사적인 의식이기도 하다. 즉 이것도 또한 시원적 카오스로의 회귀이며 질서의 재생 드라마인 것이다.

4
남은 문제

사를 페로의 「푸른 수염」과 질 드 레와의 사이에는 객관적으로는 아무런 연관도 없다. 하지만 민중의 창조력 속에서는 어느 사이인가 질이 푸른 수염이 되고, 그가 남긴 성의 한 구석에 바로 그 '금지된 방' 이 형성되는 것은 어찌된 일일까.

우리들은 몇 가지 학문의 조각을 모아 그 이유를 밝히고자 힘써 본 셈이다. 그것들은 때로는 역사학, 인류학, 정신분석이기도 하겠지만 결론적으로 말하면 거기에는 두 이야기의 환상의 공유, 더 말하면 구조의 일치였는지도 모른다. 하지만 그 가장 커다란 원인은 질 드 레와 페로가 250년이라고 하는 시간 차이를 두면서도 같은 꿈과 악몽을 살았다고 하는 점에 있는 것은 아닐까 싶다.

「푸른 수염」은 상당히 잘된 민담이고, 페로는 탁월한 재화자이다. 하지만 그의 재화 속에는 당연한 일로써 시대정신이 확연히 담겨져 있었고, 그것은 이 경우 비극적이라고 말해도 좋을 것 같다. 그리고 이 비극은 질의 그것과 아주 유사한 역사 구조에 의해 지탱되었던 것이다.

이 비극이 시원적인 카오스로의 회귀를 담고 있다는 것에 대해서는 이미 언급하였다. 질의 죽음이 구경온 민중의 마음에 준 카타르시스는 잔혹한 민담이 읽는 이나 듣는 이의 마음에 주는 카타르시스와 아주 유사하다. 「푸른 수염」 이야기는 규모는 작지만 일종의 축제, 그것도 '어둠 속의 축제' 로써 하나의 카오스를 만들어 낸다. 「푸른 수염」의 페이지를 여는 독자는 반드시 저 비밀의 문을 열고 만다. 그것은 아무리 도회적(sophisticate)으로 세련되어져 있을 지라도 저 잃어버렸던 시원인 것이다.

우리들은 여기서 일반적으로 픽션으로써 전승된 '민담' 과 사실로 믿어온 '전설' 의 구조적 동일성을 언급할 생각은 없다. 어디까지나 '푸른 수염' 은 특수한 문제이다. 그것은 주로 유럽 한 편의 귀족 사회의 붕괴에 얽힌 이야기이다. 하지만 그것이 어디선가 이 일반적인 문제에 대한 이해로 결부되면 좋겠다고 생각한다.

또 「푸른 수염」과 같은 잔혹한 민담이 왜 선호되는가에 대해서는 지금까지 몇 가지 설이 있지만 여기서는 "잔혹한 이야기는 시원적인 카오스를 불러일으키며 카타르시스를 가져 온다"를 덧붙여두고 싶다. 사람은 여러 이유로 '무서운 이야기' 나 '잔혹한 이야기' 를 사랑하는데, 그들 중에는 이야기가 품은 터부를 침범하여 온몸을 흠뻑 적셨다가 어둠 속에서 마음을 해방시키고, 공포와 함께 이야기를 닫고, 일상생활로 귀환하는 이도 있지 않을까.

Chapter 6

「장화 신은 고양이」의 정치학

1
이야기 구조와 역사

훌륭한 이야기꾼은 자신이 전해들은 이야기에 충실하여 그 이야기의 세부적인 부분과 단어 하나에 이르기까지 고스란히 전승하기를 고집한다. 이는 그림 이후의 민담 연구에서 중요한 기본 명제였다. 만약 이야기꾼이 마음대로 에피소드를 바꾸거나 잘못 구술해 버리면, 전승은 무너지고 민속학이라는 학문의 일각이 그 근간부터 흔들리게 되는 것이다.

문자로 기록된 문학과는 달리 구전 기록은 시간을 되돌릴 방법이 없다. 이야기는 그 자리에 한한 것으로써 이야기꾼이 말문을 닫으면 그 생명도 끝이 난다. 그렇다면 '이 책에 수록된 이야기가 옛날에도 똑같이 전해져 사람들을 즐겁게 해왔다' 라고 주장할 수 있는 유일한 근거는, 바로 '민중' 의 변함없는 생활방식이자 전승에 대한 이야기꾼들의 한결같은 충성일 것이다. 오늘날 민담 기록자가 이야기 녹음테이프를 문자로 옮길 때 줄거리와 거의 상관없는 '그리고' 나 '아차' 같은 접속사와 감탄사에 이르기까지 빠트리지 않으려고 심혈을 기울이는 것은, 그러한 전승의 일관성에 대한 신앙이 없이는 불가능한 것이라 해도 좋다. 그러나 한편으로는 민담 기록자가 '좋은 이야기꾼' 과 '나쁜 이야기꾼' 을 선별하고 미흡한 이야기는 적극적으로 편집해왔다는 사실도 있다. 우선 그림 형제만 보더라도 자신들의 기록물을 편집하여 훌륭하고 좋은 글로 다듬었던 일은 잘 알려진 사실이다. 일본의 경우도 야나기다 구니오(柳田國男, 1875~1962)[1]나 세키 게이고(関敬吾) 같이 우수한 연구자가 민담 앤솔로지를 펴낼 때는 있는 그대로의 이야기를 삼가고, 공통어로 전형화(典型話)를 만들어 냈던 것이다. 이는 물론 방언으로 된 기록이 난해하여 일반 독자들에게는 어려울 거라는 배려도 있겠지만, 동시에 각각의 이야기가 아무리 뛰어나고 깊은 맛이 있다 하더라도, 연구자가 생각하는 표준 모델에서 벗어나 있거나 중요한 모티프나 에피소드가 결여되어 있거나 하여 어딘가 불만이 남기 때문이라고도 할 수 있다. 이야기에 대한 '불만' 은 많은 이야기를 접하고 많은 기록을 읽으면 읽을수록 깊어진다.

이 표준모델에 대한 기호(嗜好)는 다양한 형태로 이야기를 듣는 청자들 속에 살아있다. 예를 들어, 전통적인 이야기 자리에서 한

---

1 일본의 민속학의 창시자, 민속학자.

장화 신은 고양이(귀스타브 도레, 1867년)

이야기꾼이 전하는 말에 "내가 들은 이야기하고는 달라"나 "그런 것도 있지만 이런 것도 있어"라는 형태로 동일한 이야기가 바로 그 자리에서 수정되는 일도 종종 발생한다. 그런 경우에는 이야기꾼=청자는 각각의 이야기 속에 자신만의 표준모델을 가지고 이야기를 엮어나가는 것일 게다.

이러한 기호는 연구자들에게도 마찬가지로 존재한다. 아르네 · 톰슨의 소위 『민담의 유형』처럼 동일한 모티프 전개를 보이는 이야기 하나 하나에 표준모델을 인정하고 그 원형과 발생을 고찰하거나, 프롭의 『형태론』처럼 마법민담이라는 이야기 그룹에서 공통의 표준모델을 분석하는 다양한 시도들이 있다.

그러나 오늘날 더욱 명백해진 것처럼, 이야기는 이야기꾼과 청자사이에서 성립하는 하나의 퍼포먼스이기 때문에 이야기꾼은 이야기 자리와 청자의 관심도에 따라 동일한 이야기를 다양하게 표현할 수 있다. 극단적으로 말하면, 이야기할 때마다 이야기를 바꿔 말하는 것이, 이야기 명인이 되는 조건인 경우도 있다. 예를 들어 동일한 이야기가 어른들에게는 색정담(色情談)이 되고, 아이들에게는 교훈담이 될 수도 있는 것이다.

그리고 동일한 민담을 어머니와 그것을 전해들은 딸이 서로 맞춰볼 때도 미묘한 차이가 발생하기도 한다. 긴 세월 동안, 이야기는 이야기꾼 속에서 키워져 그 마음의 역사를 쓰게 된다. 모녀지간에도 이야기에 대한 미묘한 생각의 차이가 발생하고, 그 차이가 화자의 표현을 조금씩 바뀌게 하는 것이다.

흔들림 없이 견고하다던 전승의 유대조차 이렇다면, 문학가들에 의한 '재화(再話)'의 경우, 그 차이가 더욱 눈에 잘 띄는 것은 불가피한 일이다. 그보다 문학가들로서는 그 차이를 적극 활용하고 이야기의 표준을 반복하는 가운데 독자적인 차이를 발견해 내는 것이, 제 실력을 발휘할 곳이 된다.

그것은 예를 들어 17세기 말 프랑스의 민담이 살롱에서 시작하여 대유행한 당시에도 이미 당연한 일이었다. 오노와 부인과 레리체(Marie Jeanne L'Héritier, 1664~1734)[2] 양과 같은 유명인이 앞 다투어 옛날이야기를 베르사유 궁정인에 알맞게 바꿔 말하고 편집하여 명인의 이름을 원하는 대로 얻었다. 샤를 페로도 그런 부류의 한 사람이었는데 당시 이름을 날리던 작가들이 하나 둘 사라진

2 페로의 조카이며 페로와 동시대에 많은 요정동화를 간행했다.

후에도 그는 건재했고 오늘날 그 위상은 날로 높아지고 있다.

물론 다른 무리들과는 다른 문인으로서의 시제(時制)의 차이라는 것도 있다. 페로는 17세기라는 프랑스 문학의 황금시대를 거쳐온 '신구논쟁'의 한 논객으로, 문단에서는 이미 지위가 확고했고, 그의 『민담집』[3]은 만년의 작품이며 그 문체는 당대 최고였다.

그러나 제아무리 명인이라 해도, 페로의 경우는 라시느, 몰리에르, 라 퐁테느처럼 신격화된 달인들과는 그 의미가 다르다. 그들 고전주의 작가들의 작품이 후대 프랑스인들에 의해 말 한마디, 한 구절이 똑같이 합창되고 신처럼 추앙된 것에 반해, 페로의 작품은 아이들과 민중에 알맞게 수정되어 프랑스 전역으로 전해졌다. 페로처럼 문체를 짓밟히고 폄하당한 작가도 드물 것이다.

그러나 이러한 유린은 흔히들 생각하는 것처럼 페로의 영광을 빼앗는 일이 아니다. 오히려 민담의 재화자(再話者)로서는 더할 나위 없는 명예일 것이다. 그가 쓴 이야기는 살짝 문체를 바꾸거나 에피소드를 삭제하더라도 전혀 흔들림이 없었다. 그 강인한 생명력은 제대로 된 전승이 지니고 있는 것과 닮아있다. 전통적인 공

---

3 통칭 『페로 동화집』을 말한다. 운문에 의한 이야기(Griselidis, Nouvelle avec le Conte de Peau d' Asne et Souhaits ridicules)는 살롱에서 한 편씩 낭독된 후 다음과 같이 세 편이 1695년에 서문을 달고 출판되었다. 「그리젤리디스」(Griselidis), 「어리석은 소원」(Les Souhaits ridicules), 「당나귀의 가죽」(Peau d'Âne). 페로는 계속해서 산문으로 된 꽁트집 『어미 거위의 꽁트』(*Contes de ma mère l'Oye*)를 1697년 발표했다. 아이들을 의식해서 썼다고는 하나 당시 살롱에서는 민담을 저본으로 하여 시를 쓰는 것이 유행이었다.

동체에 계승된 이야기가, 이야기꾼 개인의 개성이나 자의를 극복하고 살아남은 것처럼, 페로의 『동화집』[4]도 수정되고 읽혀지면서 시련을 견뎌내는 힘을 유지하고 있었던 것이다. 따라서 여기서 문제는 이야기의 구조와 역사이다. 페로의 이야기나 전승된 이야기가 불변하는 것은 그것이 이야기의 구조에 충실했기 때문일 것이다. 하지만 작가로서의 페로나 전승자로서의 이야기꾼들은 자신이 살아온 시대를 이야기 속에 포함시켰음에 틀림없다. 그러나 역사 속에서 살아가는 것과 구조에 충실히 하는 것은, 어떤 지점에서 만나 어떻게 이야기로 엮어지는 것일까. 이점을 다음에 나오는 「장화 신은 고양이」라는 페로의 구체적인 작품을 통해 살펴보기로 하자.

4 『동화집』, 통칭 『페로의 동화집』을 말한다.

2
고양이와 여우

페로가 『동화집』에 수록한 이야기는 「그리젤리디스」(Griselidis)와 「도가머리 리케」 두 편을 제외하고는 모두 전승에 충실하였다. 이미 언급했듯이, 과연 페로가 그 이야기들을 누군가에게 직접 들었는지, 아니면 다른 서적을 소재로 삼은 것인지는 아직 확실하지 않다. 그러나 「장화 신은 고양이」는 그 출처가 매우 명확해 보인다. 익히 아는 바와 같이 페로보다 선행된 문헌으로 16세기 이탈리아의 스트라파롤라(Gianfrancesco Straparola, 1480~1557)가 지은 『즐거운 밤』[5]이라는 설화집이 있다. 이 설화집은 이미 1560년과 1576년에 두 번에 걸쳐 프랑스어로 번역되어 중판을 거듭하였다. 그리고 이 책에 수록된 「코스탄

5 이탈리아 최초이자, 가장 중요한 전통적인 이야기 모음집으로 「장화를 신은 고양이」, 「미녀와 야수」 등을 수록하고 있다.

티노와 고양이」[6]는 페로의 이야기와 세부적인 부분까지 유사해서 두 이야기는 아주 근소한 차이만을 보인다. 예를 들어, 고양이가 장화를 신은 점이나 마지막에 물리친 왕이 식인귀이었거나 하는 등의 페로의 독특하고 유쾌한 구상을 제외하면, 두 이야기는 거의 동일한 에피소드와 전개를 보인다.(제8장 「코스탄티노와 고양이」 참조)

나폴리의 궁정인 스트라파롤라

이는 『동화집』에 수록된 다른 이야기들과는 많이 다르다. 스트라파롤라의 『즐거운 밤』에는 그것 외에도 「당나귀의 가죽」이 실려 있고, 같은 이탈리아 국적인 바실레의 『펜타메로네』에도 「잠자는 숲 속의 공주」[7]를 비롯해 다른 이야기들이 다수 실려 있지만, 어느 이야기도 그렇게까지 유사한 것은 없다. 늘 어딘가에 프랑스 고유의 전승의 색채를 띠고 있기 마련이다.

그리고 이 점은 페로의 이야기를 지금까지 프랑스 각지로 구전된 이야기들과 비교해 보면 더욱 명확해진다. 「장화 신은 고양이」

---

6 「코스탄티노와 고양이」, 스트라파롤라의 『즐거운 밤』(*Le Piacevoli Notti*, 1550~1554)을 구성하는 전 13일 밤 이야기 가운데 제11일째 밤의 제1화 이 이야기가 있다.

7 「잠자는 숲 속의 공주」(La Belle au bois dormant) 페로의 동화집.

는 들라뤼와 마리 루이즈 테네즈(M. L. Tenèze)가 편집한 『프랑스 민담』(*Catalogue raisonne conte populaire francais TI*)에 수록되어 있으며 지금까지 프랑스에서 기록된 12유화(類話) 중 T545로 분류되어 있는데, 그 중 조력자를 고양이로 한 것이 8화, 여우를 조력자로 한 것이 4화이다. 이 숫자는 일견 페로 유형의 우위를 보여주는 것 같지만 반드시 그런 것은 아니다. 고양이를 조력자로 한 이야기 중에는, 예를 들어 「고양이의 장화」나 「카라바 후작이라는 이름」이나 「식인귀 임금」과 같이 페로의 독자적인 모티프 양상을 나타내며 그의 작품의 강한 영향력을 보여주는 작품이 적지 않다. 이는 17세기 이후로 민중의 책 세계에서 「장화 신은 고양이」가 얼마나 많은 사랑을 받으며 프랑스 각지로 전해졌는지를 감안한다면 충분히 상상할 수 있는 일이다.(들라뤼와 테네즈, 1976, 339~346쪽)

1695년의 손으로 쓴 사본에 그려진 장화 신은 고양이

반면 여우를 주인공으로 한 작품에는 페로의 영향을 받은 흔적은 있지만, 대체로 구전된 것이다. 이 이야기의 주인공은 고양이의 경우처럼 가난한 젊은이이지만, 삼형제는 아니다. 조력자인 여우는 무심코 청년의 닭을 잡아먹고 그를 도와야하는 처지에 놓인다. 여우는 들판으로 나가 매혹적인 금빛 꼬리를 보여주며 나를 따라 오면 왕께 부탁하여 금빛 꼬리를 갖게 해주겠다고 속여

따라온 새나 짐승을 왕께 헌상한다. 다음으로 전개될 내용은 고양이의 경우와 같지만 마지막으로 성을 탈취할 때 곧 왕의 군대가 쳐들어온다고 속여 궁궐 안뜰에 쌓아둔 보리짚 속으로 숨게 하고 모두 태워 죽인다. 이 잔인한 에피소드 또한 구전 고유의 것이다.(제8장 「마루콘화아루 씨」 참조)

이처럼 여우를 조력자로 하는 이야기는 테네즈에 의하면 프랑스 외에도 이탈리아, 터키, 불가리아, 루마니아, 러시아, 핀란드, 몽골 등에도 전해져 고양이를 조력자로 한 유형보다 훨씬 넓은 분포도를 보이고 있다. 이 같은 사실은 그것이 전부는 아니라 해도 그 유형의 정통성의 한 측면을 보여준다고 할 수 있다. 『동화집』에 수록된 다른 이야기들을 살펴보면 우선 페로가 프랑스 구전에 능통했던 것으로 여겨지므로, 그가 이처럼 여우를 주인공으로 한 이야기를 알고 있었다는 것은 충분히 짐작할 수 있다. 게다가 그는 고양이를 주인공으로 한 유형을 채택하여, 장화와 식인귀를 고안해 덧붙였을 것이다.

그러나 그의 구상은 단지 그것뿐이었을까? 고양이와 여우, 왕과 식인귀, 그리고 장화. 그 외에도 꼼꼼히 살펴보면 다소 차이는 있지만 전부 모티프의 단계로, 프롭의 형태론에 따라 분석해 보면 거의 동일한 기능과 전개를 보일 것이다. 이것으로는 모티프 분석도, 기능 분석도 조금도 흥미롭지 않다. 다소 억지스럽더라도 이야기의 구조를 명확히 분석하면서, 한편으로는 작품의 역사적 위치를 정하는 풍부한 강연이 이야기 구조론에서는 가능할 것이다.

이러한 시도는 안타깝게도 그리 많지 않지만, 다행히 「장화 신은 고양이」의 경우는 존재한다. 루이 마랭(Louis Marin, 1931~1992)[8]이 1978년에 저술한 『이야기라는 함정(이야기의 덫)』(*Le Récit est un piège*)이 그것이다. 마랭은 페로 외에 라 퐁테느, 카르디날 드 레츠(Cardinal de Retz, 1613~1679)[9], 라시느 같은 사람들을 거론하면서 이야기의 힘과 베르사유의 권력의 교차를 훌륭히 밝혀내고 있다. 다음으로 우리는 마랭의 논고에서 우리의 이야기에 필요한 분석만을 발췌하여 때로는 적극적으로 바꿔 읽고, 재편집하면서 「장화 신은 고양이」의 텍스트를 읽어 보자.(L.Marin, 1978)

---

8 프랑스의 철학자, 역사학자, 기호학자.

9 프랑스의 정치가, 성직자.

3
「장화 신은 고양이」 읽기

「장화 신은 고양이」(Le Chat botté)는 한마디로 말하자면 마법민담의 표준 모델에서 상당히 벗어나 있는 이야기이다. 주인공과 조력자, 왕과 공주는 있지만 마법수단의 증여자가 없고 그 증여도 없다. 적도 친숙한 식인귀가 있지만 적극적으로 가해행위를 하지 않는다. 여하튼 왕은 그의 존재조차 모른다. 따라서 적의 가해행위를 주인공에게 알리는 중개자는 필요 없으며, 가짜 주인공도 등장하지 않는다. 이것은 프롭의 형태론적 등장인물 분석에서 크게 벗어나 있다. 그러나 그 기능의 전개는 프롭 유형에 따르고 있다 해도 무방하다. 가령 이야기를 시작하는 상황과 다섯 에피소드로 나누어 생각해 보자.

① 시작하는 상황

한 방앗간 주인장이 세 아들에게 남긴 재산이 방앗간, 당나귀, 그리고 고양이가 전부였습니다. 재산분할은 공증인도 대소인도 없이 속전속결로 이루어졌습니다. 제대로 하면 그나마 있는 재산도 금세 탕진하게 될 것이라 여긴 탓일 것입니다. 장남은 방앗간을, 차남은 당나귀를 가지고, 막내는 고양이밖에 손에 쥘 수 없었습니다.

이런 하찮은 몫으로는 만족할 수 없습니다. “형님들은 힘을 모으면 그럭저럭 살아갈 수 있어. 하지만 나는 고양이를 잡아먹고 그 가죽으로 목도리를 만들고 나면 굶어 죽는 일만 남아” (페로, 1982, 194쪽)

이 처음 몇 줄에 훌륭하게 요약되어 있는 것처럼 주인공은 이중의 의미로 주변적인 존재이다. 우선 친족관계 속에서 그는 삼형제 중 막내로 아버지의 재산과 생업을 물려받을 수 없다. 때문에 그는 아버지의 타계 후 살아갈 방법은 물론이고 결혼상대가 나타날 일도 만무하다. 게다가 완전히 무력하다.

월터 클레인(1845~1915)의 삽화

게다가 그는 방앗간 집 아들이기 때문에 그의 사회적 위치뿐만 아니라 공간적 위치도 주변적이다. 유럽의 전통 농촌

사회의 방앗간은 영주의 제분소 강제 사용 권한을 계승받았기 때문에 경제적으로는 비교적 혜택을 누리고 있었으나, 다른 농민들로부터는 구별되어 사회적으로는 차별받는 존재였다. 그리고 방앗간은 공간적으로도 항상 마을 외곽에 위치해 있었고 그리로 가는 길마저 구분되어 있는 경우도 많았다.

주인이 이런 상황이라면 조력자인 고양이도 마찬가지일 것이다. 무엇보다 고양이는 주인에게 언제 잡혀 먹힐지 모르며, 자신의 가죽으로 목도리가 만들어질 지도 모르는 상황에 처해있다.

마랭은 여기에 루이14세 시대의 절대정치의 히에라르키(Hierarchie, 계급지배제도)가 반영되어 있다고 말한다. 즉, 먼저 주인이 있고 다음으로 하인들이 있다. 주인은 굶어 죽을 수도 있지만, 그 전에 하인을 잡아먹을 수 있다. 하인은 그 다음 하인을 잡아먹으면 되지만 자신이 먹기 전에 먼저 주인을 살려야 한다.

따라서 고양이는 자신이 살기 위해서 먼저 주인을 도와야만 한다. 그리고 주인에게 권력을 주고 스스로도 지위 상승을 꾀하여야 한다. 그것이 어떻게 가능할까. 이중으로 주변적인 주인공과 고양이는 이 권력의 마지막 남은 도미노 조각이기 때문에 달리 도망칠 곳이 없어 보인다.

그들에게는 인간적인 삶=문화의 영역에 머무를 수 있는 수단이 달리 떠오르지 않는다. 살아남기 위해 그들에게 남겨진 유일한 수단은 순순히 본능에(자연의 욕구) 따르는 것이다. '배가 고프니까 고양이를 잡아먹자', '추우니까(고양이) 가죽을 두르자' 처럼 말이다. 이처럼 고양이를 먹는 행위는 일반인들에게는 금기된 사항이다. 인간과 생활을 함께해 오며 문화 영역에 깊이 관여한 고양이를 먹는 행위는 일반적으로 허용되지 않는다. 터부의 침범은 문화를 포기하는 일이며, 자연의 순리에 역행하는 일이다. 그러나 이미 주인공에게는 반성의 여지가 없는 듯하다. 그렇다면 고양이도 물레방앗간이라는 문화영역을 버리고 마을을 둘러싸고 있는 자연의 숲으로 도피하는 것 외엔 달리 방법이 없어 보인다. 그러나 여기에서 고양이는 비로소 첫 번째 전략을 짜낸다. 즉 주인이 하는 말을 못 들은 척하면서 다음과 같은 제안을 한다.

칼 오프터딩거(Carl offterdinger, 1829~1889)가 그린 '고양이와 장화'

"주인님 슬퍼하실 필요 없습니다. 저에게 자루 하나와 덤불에라도 들어갈 수 있는 장화를 한 켤레 마련해주십시오. 주인님이 생각하시는 만큼 하찮은 배당이 아님을 곧 아시게 될 겁니다." (페로, 1982, 194쪽)

이는 비록 작은 에피소드지만 중요한 의미를 갖는다. 여기에서는 잘 알려진 '장화'가 등장한다.

장화는 「빨간 모자」나 「푸른 수염」이나 「칠십리구두」(les bottes de sept lieues)처럼 이야기에 채색을 입히고 한눈에 알아볼 수 있는 특징과 윤곽을 부여하는 페로만의 독자적인 장치이다. 귀스타브 도레(Gustave Doré, 1832~1883)의 삽화를 기대할 필요도 없이 「장화 신은 고양이」의 기묘한 이미지는 사람의 마음을 사로잡기에 충분하다.

그러나 이 장화는 좀 더 말하면 '고양이라는 야생'을 띤 '눈에 보이는 문화기호'이다. 여기서 고양이는 자연과 문화의 양의적인 기호를 확실히 갖추려고 한다. 애완동물이면서 날카로운 야생의 힘을 드러낼 뿐만 아니라 장화를 신는 것으로 인해 인간의 문화영역에 발을 들여 놓는다.

이처럼 문화로의 회귀가 먼저 하나의 약속으로 제시되어 있다는 것도 잊어서는 안 된다. "나를 잡아먹는 대신 장화와 자루를 마련해주십시오. 그러면 당신은 귀중한 것을 손에 넣게 되실 겁니다."라고 말한다. 이 제안은 스트라파롤라의 「코스탄티노와 고양이」에는 없었다. 그러나 이는 마법민담의 중요한 약속이다. 마법민담의 주인공은 자신이 처한 주변적인 상황에서 벗어나기 위해 조력자를 필요로 하지만, 이 조력자는 그냥 찾아오는 법이 없다. 조력자는 도움을 주기 이전에 주인공에게 어떠한 시련을 반드시 준다. 그리고 주인공은 주인공으로 있는 한 반드시 이 시련에 현명하게 대처할 수 있다. 주인공은 고양이의 이 제안을 받아들이고 둘의 계약은 성립한다. 이를 두고 페로는 왕자가 고양이의 생쥐 잡는 솜씨를 알고 있었기에 '절박한 상황에서 벗어나게 해줄지도 모른다는 작은 희망을 가졌다' 고 설명하고 있지만, 이것이야말로 이야기 구조상에 있어서의 요청인 것이다.

페로의 이야기에는 이따금 17세기 지식인 특유의 합리적인 설명이 보이는데, 때로는 그러한 표층논리를 깨부수고 이야기의 심층논리가 관철된다. 그리고 이 두 논리의 이질성이 페로의 이야기를 매력적으로 보이게 하는 동시에 역행시키기도 한다. 이렇게 하여 고양이는 장화를 신고 왕의 사냥터로 나가 자루로 덫을 놓은 다음 '죽은 척하고 누워서는 아직 세상의 악의 지혜를 모르는 어린 토끼가 먹잇감을 찾아 자루 속으로 기어들어오는 것을' 기다린다.

우리는 여기에서도 마찬가지로 고양이가 지닌 문화와 자연의 양의적인 힘이 발휘되는 것을 보게 된다. 그는 문화영역에 속하는 도구(자루)와 지혜(죽은 척)를 이용해 사냥감을 포획한다. 이 함정 또한 자연과 문화의 경계를 나타내고 있는 것이다. 또한 마랭은 여기서 자루의 도구로써의 역할에 대해서도 언급한다. 고양이는 자루 덫으로 먹이를 잡아도 즉시 소비하지 않는다. 토끼는 자루에 잡힌 채로 성에 있는 왕에게 헌상된다. 이것은 잡은 사냥감을 즉시 소비하는 야생의 순리에 어긋난다. 사냥감의 직접적인 소비(자연)를 연장시키는 도구로써의 자루(문화)가 고양이와 주인의 목숨을 이어주는 동시에 이야기의 그 다음 전개를 가능하게 한다. 그러나 어쨌든 고양이와 주인은 지금까지 자연에 대한 '문화적인' 기생자(寄生者)에 지나지 않는다. 그들은 임시 수렵민이다. 주인은 고양이를 잡고, 고양이는 토끼와 메추라기를 잡지만 본래의 수렵민(경계영역의 표류자)은 아니다. 상황변화에 따라 공동체의 사회생활에서 낙오되려고 하는 방앗간(경계영역의 정주자)이다. 따라서 그들이 살아남기 위해서는 이 포획물을 직접적으로 소비하는 것을 단념하고 새로운 교환수단으로 삼아야만 한다.

② 첫 번째 에피소드 : 고양이의 출발

이야기의 첫 번째 에피소드는 고양이의 교환행동에서 시작된다. 사냥감이 든 자루를 짊어진 고양이는 권력의 중심이자 사회적 · 문화적 히에라르키(계층구조)의 정점인 왕 앞에 나타난다.

> 사냥감으로 득의양양해진 고양이는 왕께 나아가 아뢸 것이 있다고 전합니다. 왕께 안내되자 경건히 절을 하고 아뢰었습니다.
> "폐하, 이 산토끼는 카라바 후작님(이것은 고양이가 맘에 들어 자신의 주인에게 붙인 이름입니다)이 헌상하는 것입니다." "내가 기뻐하고 감사하더라고 너의 주인에게 전하거라"고 왕은 답하였습니다.(페로,

칼 오프터딩거가 그린 '토끼를 잡는 고양이'

1982, 195쪽)

고양이는 왕께 사냥감을 선물하고 왕은 감사의 말을 전하였다. 이것으로는 고양이도 주인도 굶주림이 채워지지 않으며 교환도 성립하지 않는다. 증여에 대한 답례는 교환(프로토콜)이라는 복잡한 문화장치에 의해 확장되어 간다. 그러나 왕을 중심으로 한 문화체계 속에서 왕의 사례가 어떤 의미를 지니는지는 새삼스럽게 설명할 필요도 없을 것이다. 왕은 말로써 선물과 증여자를 승인한다.

고양이의 행위는 무상이 아니다. 그는 선물과 함께 몰래(주인에게도 알리지 않는 채 단독으로) 주인에게 '카라바 후작' 이라는 이름을 부여했다. 마랭의 말대로 '고양이는 주인에게 토끼를 바치지 않고 이름을 부여했다' 그리고 '카라바 후작' 이라는 이름은 단순한 이름이 아니다. 국왕을 중심으로 히에라르키의 중추에 있는 귀족의 칭호이다. 이 이름으로 고양이 주인은 '후작' 이라는 새로운 신분을 획득하고 문화(말의 체계)의 중심으로 미끄러져 들어간다. 방앗간집 아들에게는 원래 부모로부터 물려받은 듀퐁(Dupont)이나 므니에(Menier) 같은 그럴싸한 이름이 있을 것이다. 독자는 그 이름을 구체적으로는 모르지만 존재는 인지하고 있다. 하지만 국왕은 그런 주변사실에는 전혀 무관심하다. 왕에게 '카라바 후작'은 토끼나 메추라기 등을 정기적으로 헌상하는 사람의 이름에 지나지 않는다.

따라서 주인공은 이 새로운 명명에 의해 자신도 모르는 사이에 이중 신분을 갖게 된 것이다. 왕 또한 이 사실의 이면을 알지 못하니 지금으로써는 고양이(와 공범자인 독자)만 아는 일이다.

> 선물을 통해 왕은(……) 하나의 이름과 칭호 사용을 승인하였다. 시간이 흘러감에 따라 새빨간 거짓이 진실이 된다. 왕이 개인에게 칭호를 부여하는 권력자인 것이 이 계략의 핵심 포인트이다. 신하의 업적을 치하하기 위해 그들에게 귀족의 칭호를 주는 것이 왕인 것이다. 고양이는 왕에게 함정을 놓는다. 그는 왕의 관습에 의거('명명'의)한 권력을 사적인 사용으로 비꼬았다. 반복된 사용으로 명명의 권력을 지닌 자에게 이런 사적인 사용을 허용하도록 만든 것이다.(마랭, 1978, 126쪽)

중요한 것은 이 첫 번째 계략이다. 고양이는 주인의 이중의 신분 중 처음 하나를 잘 숨기고 '카라바 후작' 부분을 점차 확대시킨다.

고양이는 카라바 후작의 왕에 대한 경의의 표시로 토끼를 왕에게 헌상하였다.

토끼는 방앗간집 아들의 굶주린 배를 채워줄 음식임을 포기하고 프로토콜의 신호가 된다. 왕 또한 이를 받아들이고 사례라는 기호를 건네게 된다. 여기에서는 '이름의 힘에 의한 자연에서 문화로의 이행' 을 볼 수 있다.

"방앗간집 아들과 고양이라는 주변 존재는 동시에 말의 기호에 의해 사회 속으로 통합된다. 주인은 후작으로서 고양이는 '주인과 신하 사이의 커뮤니케이션의 도구인 사자' 로서"인 셈이다.(마랭, 1978, 127쪽)

그러나 첫 번째 에피소드에서는 '카라바 후작' 이라는 기호의 내용은 너무도 빈곤하며 거의 공허한 인물이다. 그렇다면, 두 번째 에피소드에서의 고양이의 계략은 이 기호의 공백을 어떻게 채워나갈지에 달려 있다고 해도 좋을 것이다.

③ 두 번째 에피소드 : 제로 지점으로의 회귀

어느 날 왕이 세상에서 가장 아름다운 공주와 함께 강으로 산책간다는 사실을 알아낸 고양이는 주인에게 이렇게 말하였습니다.

"저의 충고대로 하시면 출세는 따 놓은 당상입니다. 지금부터 알려드리는 강가에 가셔서 수영을 하십시오. 나머지는 제게 맡겨주시면 됩니다."

무슨 영문인지 모르는 카라바 후작은 고양이가 충고한 대로 합니다.(페로, 1982, 196쪽)

고양이의 충고는 옷을 벗고 강 속으로 들어가라는 것이다. 고양이는 방앗간집 아들이 벗어 놓은 옷을 큰 바위 밑에 숨겨 버린다. 방앗간집 아들은 알몸이 되는 것으로 지금까지 지녀온 기호를 잃고 이른바 기호의 제로 지점으로 회귀한다. 그는 이제 몸에 어떠한 기호도 지니지 않고 있다.

왕이 지나가자 고양이는 "살려주세요! 살려주세요! 카라바 후작님이 물에 빠졌어요!"라고 큰소리로 외쳐 도움을 청한다. 그리고 이에 덧붙여 주인이 목욕하는 동안 도둑이 와서 옷을 훔쳐가 버렸다고 호소한다.

이는 물론 새빨간 거짓말이다. 방앗간집 아들은 목욕을 하고 있었을 뿐 물에 빠진 것이 아니다. 옷은 도둑맞은 것이 아니라 큰 바위 밑에 숨겨져 있다. 고양이는 거짓말을 하고 있는 것이다. 그러나 그는 동시에 왕을 향해 지금까지 거듭된 증여에 대해 말 이상의 대가를 요구하고 있는 것이다.

왕은 그가 수차례 사냥감을 헌상한 고양이라는 것을 알아보고는 진위 여부는 확인하지 않는다. 즉시 고양이의 주인을 구해내고 의상 담당에게 명하여 자신의 가장 좋은 옷을 가져오게 한다.

방앗간집 아들은 남루한 옷을 벗는 것으로 지금까지의 신분을 버리고 임금의 의복을 착용하는 것으로 새로운 신분을 입게 된다.

마랭의 말대로 "방앗간집 아들과 고양이의 일생에 있어서 이 단계는 중요하다. 지금까지 주변 존재가 권력의 중심으로 들어간 것은 단순히 기호, 즉 대리나 대표에 의한 것 외엔 없었다. 이름과 칭호와 선물에 불과했다. 그러나 이 이후로의 주변 존재는 '피와 살을 갖추고' 그 장소에 존재하게 된다."(마랭, 1978, p.129).

왕의 의복을 착용한 젊은이는 더 이상 남루한 방앗간집 아들이 아니다. 그는 매력적인 '카라바 후작'으로서 왕과 공주 앞에 모습을 드러낸다. '원래 미남에다가 용모도 준수했기' 때문에 바로 공주의 마음을 사로잡아 버린다.

주인공은 이렇게 먼저 이름 다음으로 의복을 손에 넣었다. 그리고 이번에는 그의 거주지와 토지를 손에 넣어야만 한다. 이것이 세 번째 에피소드의 과제이다.

④ 세 번째 에피소드 : 성으로의 여행

왕은 고양이의 의도대로 후작을 마차에 태우고 산책할 것을 청한다.

> 계획대로 되는 모습을 보고 흐뭇해하던 고양이는 그들보다 앞질러 가서 목장에서 풀 베는 농부들을 만나자 이렇게 말했습니다.
>
> "너희들이 풀을 베고 있는 이 목장을 카라바 후작님의 소유지(영

지)라고 말하지 않으면 모두 파이 속의 고기처럼 잘게 다져버릴 테다."(페로, 1982, 197쪽)

예상대로 왕은 이 목장의 소유주가 누구냐고 물었고, 고양이를 두려워한 농민들은 "카라바 후작님의 영지입니다"라고 대답한다.

이러한 세 번째 에피소드의 진행은 두 번째 에피소드의 기호의 제로 지점을 끼고 첫 번째 에피소드와 거울처럼 균형을 잡게 된다. 그러나 고양이의 계략은 지금까지와는 조금 다른 전개를 보인다.

먼저 첫 번째 에피소드와 마찬가지로 고양이는 주인보다 먼저 성으로 들어가서 일을 꾸미는데 이번에는 주인이 고양이의 계략을 즉시 보완한다. 왕이 "좋은 영지입니다"라고 감탄하자 "폐하 보다시피 이 목장의 수확물은 매년 풍족합니다."라고 대답한다. 즉, 고양이의 계략으로 새롭게 탈바꿈한 주인은 새 기호를 멋지게 연기해 내고 있는 것이다.

농민을 위협하는 고양이(귀스타브 도레, 1867년)

여기서는 고양이가 농민들을 복종시키기

위해 몇 번이고 반복하는 "파이 속의 고기처럼 잘게 다져버릴 테다"라는 으름장에도 주의하는 것이 좋다. 첫 번째 에피소드에서 고양이는 자루라는 도구(=문화)를 사용하여 토끼나 메추라기를 잡아 야생의 힘으로 사냥감을 일거에 갈기갈기 찢어놓았다. 반면 세 번째 에피소드에서는 동일한 야생의 힘을 행사하고는 있지만("파이 속의 고기처럼 잘게 다져버릴 테다"), 이는 어디까지나 말(문화)을 매개로 위력이 발휘되고 있을 뿐 실제로는 행사하지 않는다. 이 말은 마랭이 주장하는 '주문'으로써 마술적인 위력이 듣는 이에게 발휘되는 것이다.

그러나 그렇다고 해도 고양이의 말이 왜 그렇게 농민들에게 압도적인 효과를 미치는 것일까? 이 위력은 고양이의 힘과 말의 마술만으로는 설명하기 어렵다. 어쩌면 그것은 이 영지가 식인귀의 영지인 점과 따로 분리할 수 없을 것이다.

> 식인귀와 그 무리들의 본질이 인육기호식 즉 카니발리즘이라는 것이 그 이유이다. 농민들은 식인귀에게 종속되어 있는 것은 농업생산자인 동시에 음식, 소비재, 식품으로써 종속되어 있다. 그들은 밀이라는 식물성 식재료를 생산하지만 스스로가 식인귀의 육식용 생산물이며 때로는 '파이처럼' 요리되는 경우도 있을 것이다. 고양이의 말은 농민들을 〈함정〉에 빠뜨린다. 농민들은 왕의 질문에 대답하는 것을 주인인 식인귀의 명령으로 받아들인 것이다.(마랭, 1978, 130쪽)

고양이는 자신이 지닌 '육식동물'이라는 식인귀와 동일한 특성을 이용하여 농민들을 위협한다. 고양이는 말(문화)의 힘으로 식인귀의 '괴물적인 식욕'이라는 직접적이고 압도적인 권력(자연)을 비꼬아 식인귀에게 되돌려준다. 이것은 첫 번째 에피소드에서도 역시 말의 힘으로 왕의 명명(命名)의 권력을 비꼬아 '카라바 후작'의 칭호를 강탈했던 일과 같은 수법이다. 식인귀는 자신의 권력에 의해 재산을 빼앗기고 멸망해 가는 것이다.

따라서 이 이야기에서는 왕과 식인귀라는 두 권력이 존재하고 왕궁과 식인귀의 성이라는 두 권력의 중심이 존재한다고 말할 수 있다. 이를 〔도형1〕과 같이 표로 나타내면 알기 쉬울 것이다.

먼저 이야기를 시작하는 상황에서는 주인공과 고양이가 두 원의 둘레의 접점(제로 지점)에 위치하고 있다. 첫 번째 에피소드는 화살표 A와 같이 '고양이가 문화의 중심인 왕궁으로 향한다.' 주변에서 문화의 중심으로 이동하는 것을 나타낸다.

두 번째 에피소드는 화살표 B와 같이 '왕궁에서 왕과 공주를 태

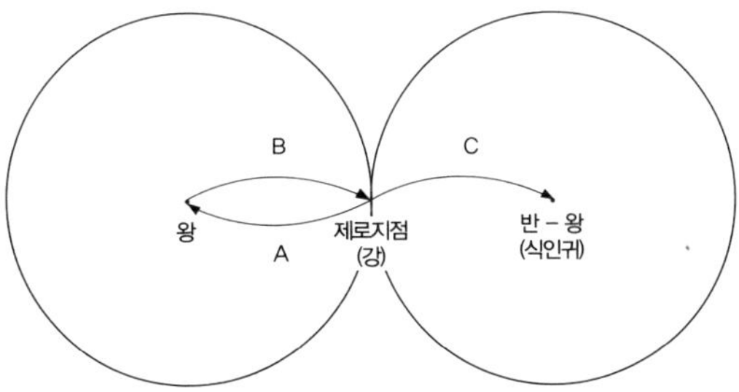

[도형1]

운 마차가 출발한다.' 권력의 중심으로부터의 이동 또는 행차에 의해 시작된다. 이 마차는 가는 도중에 기호의 제로 지점인 주변의 강에서 '카라바 후작'을 마차에 태운다.

세 번째 에피소드에서 화살표 C와 같이 마차는 또 하나의 권력이 있는 식인귀의 성으로 향한다. 한발 앞서 행동하는 고양이의 계략은 주인의 이익을 도모하기 위해 왕과 식인귀의 두 권력을 교묘히 이용해 제2의 권력을 제1의 권력에 통합시키는 일이다.

마랭의 말대로 식인귀는 왕처럼 강대하며 그는 '반-왕(anti-roi)'이다.

그러나 국왕의 권력은 베르사유적인 정의부터가 '절대'이며 그 권력이 미치지 않는 외부세계는 인정하지 않는다. 고양이는 이 외부세계에 군림하는 '반-왕'을 왕의 권력에 통합시키려한다. 물론 그것은 자신처럼 주변적 존재이자 주인인 방앗간집 아들=카라바 후작을 위한 것이다.

마차가 헤치고 들어간 식인귀의 영역은 말뿐이라 할지라도 항상 '먹느냐-먹히느냐'라는 직접적인 욕구의 관계가 존재한다.

이미 수차례에 걸쳐 지적했듯이 이 테마는 첫 번째 에피소드에서도 등장하였다. 우선 첫 번째 에피소드에서는 고양이가 주인에게 잡아먹힐 뻔하지만, 고양이는 말(=문화)의 힘으로 위기를 넘긴다. 그리고 왕의 사냥터에서 토끼와 메추라기를 잡아도 '먹어치우지' 않고 충성의 기호로써 왕에게 헌상하고 작위와 교환한다. 즉 자연의 욕망은 문화의 힘에 의해 매개되어 새로운 관계나 기호를 산출하는 것이다.

고양이와 식인귀(귀스타브 도레, 1867년)

이에 반해 세 번째 에피소드는 원래 사회적 존재이자 기호의 산출자여야 할 인간이 먹히는 '사물(=자연의 존재)'로 전환된다. '시키는 대로 하지 않으면 잡아먹을 테다'라고 말이다.

물론 여기에서도 먹는 욕망(식욕)은 말에 의해 매개된다. 실제로 농민들이 고양이한테 잡아먹히는 것은 아니다. 그러나 이 역전은 식인귀 세계에서는 현실이다. 더욱이 고양이는 한 걸음 더 나아가서 이 반(反)세계의 중심으로 뛰어들어 식인귀의 야생의 논리에 따르면서 이 관계를 한 번 더 역전시켜야 한다.

⑤ 네 번째 에피소드 : 식인귀의 성

고양이는 네 번째 에피소드에서 반(反)세계의 주인과 직접 대결한다.

이것을 무너뜨리기 위해서는 먼저 그 본질이 무엇인지 꿰뚫어 봐야한다. 그러나 식인귀의 본질이란 무엇인가. 그것은 먼저 최대한으로 확장된 잡아먹는 힘이다. 그는 대식가이며 무엇이든 먹어치운다. 게다가 인간이라는 보통은 먹을 수 없는 것까지 먹어치운다. 먹는다는 것은 먹히는 상대를 동화시켜 자신으로 전환시키는 것이다. 그는 먹는 행위로 인해 상대를 순식간에 온전히 자신의 것으로 만들어 버린다.

그러나 이 식인귀는 보통 식인귀와는 달리 또 하나의 특기를 가지고 있다. 그것은 단지 먹는 행위로 다른 이를 동화시킬 뿐만 아니라, 자신이 다른 사람으로 둔갑하는 기술이다. 즉, 그는 두 가지 방향으로 변신할 수가 있다.

특별한 식인귀인 그가 다른 모습으로 자유자재로 둔갑하는 것에 있어서는 문화를 초월한 초자연적인 존재가 되나, 먹는 행위를 통해 스스로에게 동화시키는 것은 문화 이하의 존재가 된다. 이런 의미에서 그는 '신-짐승'이며, 문화(=기호세계)를 어떤 방향에서든 일탈하고 있다. 국왕의 권력이 기호와 그 질서를 제어하는 것에 있다면 식인귀의 힘은 반-기호 그 자체인 것이다.

그래서 당장의 고양이의 계략은 이 반-기호를 기호체계 속으로 끌어들여 말의 질서 안에서만 작동하는 기호로 만드는 일이다. 고양이는 태연한 척하며 식인귀의 성을 방문한다.

> 식인귀는 지금껏 본적이 없는 부자였습니다. 왕이 밟고 지나간 땅은 모두 이 성의 지배하에 있었습니다. 고양이는 미리 식인귀의 정체

> 와 그의 능력을 알아낸 후에 식인귀에게 이렇게 성을 지나면서 인사도 없이 가는 것은 마음이 불편하니 꼭 알현할 기회를 달라, 고 말하였습니다.(페로, 1982, 198쪽)

여기에서 고양이는 첫 번째 에피소드와 마찬가지로 말을 통해 중심으로 점프한다. 그러나 첫 번째 경우는 토끼와 메추라기라는 '사물'이 매개가 되었다. 그리고 왕은 기호화된 사물을 받아들이고 감사의 말로써 선물에 대해 사례한다. 반면 네 번째 에피소드는 '인사'라는 무엇보다도 내용에 부합하지 않는 말을 통해 식인귀의 성으로 간다.

식인귀는 '정중하게 예의를 차리고' 고양이를 맞이하고 편히 쉬게 해준다. 그도 어엿한 영주로서 한껏 예의를 갖추지만 열세는 면하기 어렵다. 반-기호로써의 식인귀에게 말은 가장 서툰 영역이다. 그는 기호세계의 저쪽 혹은 이쪽에 있으므로 말은 서투르다.

그래서 고양이는 적당한 때를 틈타 그에게 다른 모습으로 둔갑하는 기술을 피력하도록 요청한다. 이 기술은 식인귀의 특기영역이다. 자신의 변신하는 능력을 보여주기 위해서는 말은 필요 없다. 그러나 여기에도 고양이의 계략이 숨어 있다. 식인귀는 자신의 의지로 변신하는 것이지만, 실은 고양이의 의뢰에 순종하여 자신도 모르게 수동의 세계로 끌려들어가 변신하는 지경에 이르고 만다.

그는 먼저 사자로 둔갑해 보인다. 이것은 이른바 식인귀의 자유 선택으로 변신하는 기술을 피력한 것이며, 고양이는 진심으로 놀라서 지붕 위로 피한다.

> 눈앞에 나타난 사자를 보자마자 고양이는 몹시 두려워 처마 위로 도망쳤으나 장화 차림으로 기와 위를 걷기에는 불편했기 때문에 고생과 위험을 감수해야 했습니다.(페로, 1982, 199쪽)

그러나 식인귀가 원래의 모습으로 돌아오자 고양이는 처마에서 내려와 이번에는 덩치가 작은 것으로 변신하도록 청한다.

> "또 사람들에게 들은 바로는 당신에게 아주 작은 동물로 변신하는 능력이 있어서, 이를테면 쥐나, 생쥐로 변한다는데 도무지 믿기지가 않습니다. 솔직히 말씀드리면 그런 건 절대 불가능하다고 봅니다만"
>
> "불가능 하다고? 당장 보여주지."
>
> 식인귀는 이 말과 동시에 생쥐로 변하여 바닥을 냅다 달리기 시작합니다. 그 모습을 본 고양이는 생쥐에게 달려들어 잡아먹고 말았습니다.(페로, 1982, 199쪽)

이렇게 하여 식인귀를 향한 고양이의 계략은 완결된다. 식인귀는 스스로 변신했지만 실은 고양이 말에 따라 행동한 것이었고 잡아먹힘으로써 고양이에게 동화되고 만다.

식인귀는 고양이에게 동화됨으로써 변신 사이클을 종료한다. 그는 결정적으로 고양이의 일부가 되었다.

고양이는 여기에서도 자신보다 강력한 힘을 비꼬아 그 힘을 상대에게 향하게 함으로써 승리를 차지하게 된 것이다.

고양이는 먼저 인사라는 말의 교환(프로토콜)으로 식인귀를 기호의 질서 속에 끌어들였다. 그리고 그의 변신하는 능력과 그 위협을 무해한 기호(데모/시뮬레이션) 수준으로 이행시켰다. 본래대로라면 식인귀의 변신에는 반드시 '상대를 먹는다 · 동화한다' 라는 위험한 목적이 수반되어야 하지만 이 경우에는 그것이 없다. 그보다 '자신의 힘을 상대에게 보여 준다' 라는 무해한 방향으로 왜곡되어 있다.

그리고 식인귀가 생쥐로 변신하자 고양이는 갑자기 기호의 질서를 포기하고, 식인귀 본래의 질서로 회귀한다. '먹고 · 먹힌다' 라는 야생의 힘이 명확해진다. 고양이는 송곳니를 드러내고 생쥐를 덮쳐 게걸스럽게 먹어 치운다.

식인귀는 고양이가 하는 말의 힘에 의해서 비꼬아진 자신의 힘에 의해 자멸한다. 지금까지 그의 권력과 부를 지탱하고 있던 변신하는 능력과 '먹는' 능력이 아이러니하게도 자신에게 향해진 것이다.

식인귀라는 반-기호의 죽음으로 반세계는 변하여 문화와 기호의 질서에 굴복하고 주인을 잃은 성은 새로운 주인의 도착을 기다린다.

⑥ 다섯 번째 에피소드 : 결혼

왕과 공주와 카라바 공작을 태운 마차는 식인귀의 성으로 들어온다.

> 그런 일이 일어나는 동안, 성 밖을 지나가던 왕은 식인귀의 아름다운 성을 보자 그 안을 둘러보고 싶어졌습니다. 도개교(跳開橋)를 건너오는 마차 소리를 들은 고양이는 왕의 행차 앞으로 달려 나와 말했습니다. "폐하 카라바 후작의 성에 오신 것을 환영합니다."(페로, 1982, 199~200쪽)

이야기는 대단원을 맞는다. 지금까지 고양이가 말로 제시한 공약이 또 하나 성취된다. '카라바 후작'이라는 가짜 이름과 칭호는 성을 손에 넣는 것으로 결정적인 증거를 얻어 사실이 된다. 지금까지 공중에 뜬 채로 있던 문제가 한꺼번에 해결되는 것이다.

가난한 방앗간집 아들은 기호의 제로 지점을 지나 식인귀의 세계로 들어가 '매년 수확물이 풍성한' 목장과 보리밭을 손에 넣었지만, 그 중심인 성이 없이는 모든 것은 거짓으로 끝이 난다.

그래서 왕의 마차가 성에 도착하는 바로 그 순간이 고양이의 계략을 진실로 바꾸는 마지막 터닝 포인트라고 말해도 좋을 것이다. 지금까지 고양이는 항상 왕과 주인보다 한발 앞서 차례차례로 함정을 파고 말의 주도권을 취해가면서 주인에게 그의 새로운 이름과 신분과 영지를 부여했다. 고양이는 여기서 다시 한 번 그 맡은 바 소임을 다해 주인에게 그의 새로운 입장에 대해 보고한다.

"폐하 카라바 후작의 성에 오신 것을 환영합니다."라는 고양이의 인사는 물론 왕을 향한 것이기도 하지만 동시에 주인에게 그가 '카라바 후작'이라는 가짜 칭호를 뒷받침할 증거를 드디어 손에 넣었음을 결정적으로 알리고 있는 것이다.

> "후작님!"하고 왕은 감탄했습니다. "이 성도 당신의 것일 줄이야! 이 안뜰과 이를 둘러싼 건물의 훌륭함은 세상에서 견줄만한 것이 없습니다. 괜찮다면 성 안을 둘러봐도 되겠습니까?"(페로, 1982, 200쪽)

고양이의 말에 의해 성이 주인의 것임이 전해지자 왕 또한 그 말에 반응한다. 왕이 방앗간집 아들을 향해 '후작님'이라는 칭호로 말을 거는 것도 이번이 처음이다.

왕은 '이 정원', '이 건물들' 하고 하나하나 가리키며 식인귀의 성을 견문하며 걷는다. 그것은 한편으로는 방앗간집 아들을 '후작님'으로 인지하고 성과 영토를 그의 소유물로써 인정하는 것이다. 그러나 그것은 동시에 왕이 자신의 재산 목록을 확인하는 일이기도 하다. 기호세계의 절대적 중심에 있는 왕은 반-기호인 식인귀의 죽음으로 생성된 새로운 기호공간을 재편성하고 자기의 세계로 결부시켜간다. '후작님'이라는 왕의 부름이 무게를 느끼게 하는 것도 바로 그 때문이다.

방앗간집 아들은 이제 왕의 기호세계의 조직에서 없어서는 안 될 인물이 되었다.

> 후작은 공주의 손을 잡고 선두에 선 왕의 뒤를 이어 접견실로 들어갔습니다. 그곳에는 식인귀가 그날 방문할 예정인 친구들을 위해 준비한 성찬이 차려져 있었습니다. 식인귀의 친구들은 왕이 온 것을 알고 접견실 안으로 들어가려 하지 않았습니다.(페로, 1982, 200쪽)

물론 세 사람은 식사를 시작한다. 이 식사는 고양이가 예상치 못한 우연의 일이다. 그러나 이 우연으로 인해 방앗간집 아들의 최초의 고민이었던 굶주림이 채워진다. 긴 우여곡절 끝에 겨우 고양이의 약속이 지켜진 것이다. 허무하게 기호로써 소비된 토끼와 메추라기는 지금 분에 넘치게 차려진 만찬으로써 보상받는다.

그러나 그건 그렇다 치더라도 이는 식인귀가 친구들을 위해 차린 식탁이다. 성의 요리사의 솜씨가 아무리 훌륭해도, 풀과 보리를 베던 농민들이 잘게 다져져 오르되브로(에피타이저)와 고기 요리 안에 들어가 있지 않다고는 보기 어렵다.

하지만 그 언짢은 일은 제쳐두고, 조금 관점을 바꿔 생각하면 이야말로 시간과 공간을 얻은 메뉴일지도 모른다.

다시 말하면 이는 새로운 계약이 이루어지는 식탁이다. 젊은 후작은 이 식사를 왕과 함께 함으로써 자신의 성도, 영토도, 일꾼들도 인정받게 되지만, 동시에 그 모든 것을 왕에게 의탁하게 된다. 요리는 그 증여와 교환의 상징인 것이다. 왕과 후작은 그 농민들을 먹음으로써 그들을 동화시켜 자신들의 피와 살이 되게 한다. 절대왕정 하에서의 지배의 논리는 궁극적으로 왕도 식인귀도 후작도 마찬가지인 것이다.

> 공주가 사랑에 빠진 것처럼 왕은 카라바 후작의 착한 성품이 마음에 들었으나, 무엇보다 후작의 엄청난 재산을 보자 대여섯 잔의 술잔을 기울인 후에 이렇게 말했습니다. "후작님 당신만 괜찮다면 사위가 되어 주지 않겠습니까?" (페로, 1982, 200쪽)

식사를 하면서 왕은 계산한다. 이처럼 풍요로운 토지와 재산을 소유한 자는 독립된 영주로 두기보다는 차라리 왕가의 일족으로 맞아하여 그 영지를 왕가에 흡수시키는 편이 낫겠다. 그에게 딸과 왕위 계승권을 주고 동시에 영지를 합병시킨다면 국가는 태평할 것이다.

이 제안을 받은 젊은이도 생각한다. 그는 주변에서 출발하여 하나의 권력의 중심을 제패하고 풍요로운 부와 생활을 손에 넣었다. 그리고 지금 또 하나의 막강한 권력이 그에게 손을 내밀고 있다. 그 제안을 수락하면 그는 공주와 왕위 계승권을 손에 넣게 된다. 그러나 그의 권력은 왕의 권력 속으로 삼켜지게 된다.

마랭의 말처럼 '권력을 탈취하는 것은 승리하여 획득하는 것이지만 동시에 패배하여 잃어버리는 것이다.'

왕권은 절대적이기 때문에 외부세계를 인정하지 않는다. 절대적이기 위해서는 식인귀처럼 모든 것을 삼키지 않을 수 없다.

결단을 내려야하는 왕은 분명히 조금 취해 있었다. 대여섯 잔의 포도주는 그의 주량을 넘긴 양인지도 모른다. 또한 고양이의 마지막 계략이 왕을 취하게 해서 이런 과한 판단을 내리게 하는 것인지도 모른다.

그러나 그러한 각각의 사건(이벤트)은 있어도 현명한 이야기의 법칙은 틀리는 법이 없다.

> 후작은 정중히 인사를 한 후 왕의 명예로운 제안을 기꺼이 받아들입니다. 그리고 그날 공주와 결혼식을 올렸습니다. 고양이는 귀족이 되어 기분전환이 필요한 때를 제외하고는 생쥐를 쫓지 않았습니다.(페로, 1982, 200쪽)

이렇게 주인공 젊은이는 수많은 난관을 극복하고 마지막으로 청혼을 받자, 그것을 수락한다. 그는 즉시 공주와 결혼하고 이야기 세계의 새로운 중심이 된다. 스트라파롤라가 「코스탄티노의 고양이」의 결말에서 밝힌 것처럼 언젠가는 이 젊은이도 왕의 사후에 왕위를 계승하게 될 것이다.

따라서 만약 이 경사스러운 이야기에 '지나친' 것이 있다면 그것은 조력자로서의 고양이라는 존재뿐일 것이다. 주인공이 왕위에 오르면 조력자의 역할은 끝난다. 그가 여전히 지혜를 짜내어 계략을 펼친다면 그것은 지나치며 과잉이다. 그래서 고양이는 '귀족'이 되어 완전한 잉여로써 풍요롭긴 하지만 지루한 나날을 보내게 되는 것이다.

4

왕권신화의 구조

「장화 신은 고양이」의 주인공은 주변에서 출발하여 조력자의 인도로 식인귀 왕국을 함락시켰을 뿐만 아니라 오래된 권력을 교체하고 새로운 중심이 되었다. 이것은 '왕권신화'의 구조와 동일하다. 그러나 이 구조는 프롭의 지적을 기다릴 필요도 없이 많은 마법민담의 공통된 것이었다.

이러한 왕권신화형 마법민담의 주인공은 대개 주인공에게 걸맞은 힘과 지혜 등 특별한 표시를 지니고 있다. 그 표시는 예를 들어 프랑스에서 잘 알려진 「곰의 장」(*Jean de l'Ours, The Three Stolen Princesses*)[10](AT301B)의 경우처럼 이류혼인(異類婚姻)의 결과로 얻어지는 것이거나, 「물고기 왕」(*The Twins Or Blood Brothers,*

---

10 피레네 산맥 마을의 발상이라고 한다. 프랑스 전설에 등장하는 곰 인간이다.

AT303)에서처럼 이상탄생(異常誕生)[11]의 결과이거나 하는 경우도 적지 않다. 그러나 「장화 신은 고양이」의 주인공은 거의 특징이 없다. 그 주변적 성격이 이중의 의미에서 두드러질 뿐 이야기의 시작에서는 특별한 지혜와 힘은 거의 나타나지 않는다.

주인공을 대신해서 등장하는 것은 조력자인 고양이이다. 이 고양이의 지혜와 용기는 남다르다. 그는 사경에 처했을 때 고양이 본연의 영역인 야생으로 되돌아가지 않고 주인을 돕고 인간의 문화영역 안에 있기를 선택한다.

하지만 '어떻게 주인을 돕지?' 이 경우 고양이는 스트라파롤라의 경우처럼 결코 마법을 사용하지는 않는다. 말을 하고 장화 신은 고양이에 걸맞게 '문화'와 '야생'의 두 힘을 구사하는 것이다.

왕이 그 중심을 차지하는 이야기 세계의 문화체계는 베르사유의 경우와 같이 이미 야생의 힘을 잃은 말의 세계이다. 고양이는 그곳을 지배하는 허구적인 기호체계(귀족의 질서) 속으로 있지도 않은 카라바 후작(방앗간집 아들)이라는 기호를 집어넣고 나중에 그 공백을 하나하나 채워 갔다.

그 순서는 먼저 함정이라는 문화로 토끼를 유인하여 날카로운 발톱이라는 야생의 힘으로 토끼를 잡는다. 그 다음 선물과 교묘한

---

11 최인학의 유형색인에는 신이탄생(神異誕生)으로 표현되어 초자연적 존재의 성육(聖肉)을 의미한다. 이상탄성과 같은 의미로 사용된다.

말솜씨 그리고 속임수로 왕이라는 문화의 중심으로 접근한다. 그리고 또한 주인공이 물에 빠졌다는 거짓말로 아름다운 의복(귀족의 기호)을 손에 넣는다. 절정은 고양이와 식인귀의 싸움이다. 고양이는 교묘한 말(=문화)로 야생의 왕인 식인귀에게 접근한 다음 야생의 힘으로 그것을 찢어놓는다.

고양이는 국왕(문화)의 반대 극에 있는 식인귀(야생)를 문화 속으로 끌어들임으로써 주인을 최종적으로 문화장치에 집어넣고 자신도 그곳의 안정적인 위치를 차지하게 된다.

이 마지막 에피소드가 실은 「장화 신은 고양이」의 것이 아니라 「마법사와 그 제자」(*The Magician and his Pupil*, AT325)로부터 따왔다는 것은 잘 알려져 있다. AT325화 이야기의 경우 뒤를 바싹 쫓는 마법사의 손아귀에서 벗어나기 위해 주인공이 다양하게 변신을 거듭하고, 마지막에는 여우로 변신한 주인공이 수탉으로 변신한 마법사를 물어 죽인다. 이 결말의 구상이 과연 페로의 독자적인 것인지 혹은 그 이전의 프랑스의 전승에 있었는지 여부는 알 길이 없다. 그러나 어쨌든, 페로의 이야기 속에서는 그 문화와 야생이라는 양극구조의 명확성을 위해 매우 유용하게 쓰이고 있음은 확실하다.

이상과 같이 「장화 신은 고양이」에서 고양이와 주인의 힘의 관계를 생각해보면, 주인공은 고양이이고 방앗간집 아들은 왠지 곁다리 같다는 생각마저 들게 한다. 그러나 앞서 말한 바와 같이 고양이의 도움을 받은 주인공이 이야기가 전개됨에 따라 점차 힘을 가지게 되고 제 몫을 다하는 남성으로 성장하는 것도 사실이다.

주인공은 이야기의 시작에서는 위기에 처해도 겨우 고양이나 잡아먹는 일밖에 생각할 줄 몰랐는데, 왕과 함께 마차에 오르자 능숙한 답변으로 고양이를 돕고, 준수한 용모로 공주의 마음을 사로잡는다. 식인귀 성에 도착해서도 동요하지 않는다. 이것은 놀랄 만한 변모라고해도 좋을 것이다.

따라서 지혜와 용기가 남다른 고양이 이야기는 관점을 바꾸면 '미숙한 주인공의 시련과 그 극복의 이야기' 라고도 읽을 수 있다. 갖은 고난 끝에 왕이 되어 풍요로운 생활을 손에 넣은 젊은이는 분명 영주로서의 직책을 훌륭히 완수해 내지 않았을까.

그리고 이 무력한 주인공과 조력자의 관계는 또 다른 한 가지를 떠올리게 한다. 그것은 조금 당돌하게 들릴지는 모르겠지만 프랑스 절대왕정 형성기의 잔 다르크와 질 드 레 그리고 샤를 7세의 관계이다.

이 이야기의 주인공처럼 잔 다르크라는 조력자가 등장하기까지의 샤를은 의기소침하고 무력한 황태자였다. 아버지를 정신질환으로 잃고 생모인 이사보(La reine lsabeau de Bavière, 1371~1435)에게 왕권계승을 부정당한다. 영국의 부르고뉴 연합군에게 파리를 습격당해 루아르강변의 시골 시농(Chinon)으로 간신히 도망쳐 그곳에 터를 잡는다. 무기력한 그는 적이 오를레앙을 포위하고 목

15세기 후반의 세밀화(細密畵)에 그려진 잔 다르크

전까지 쳐들어와도 그것을 막을 방법조차 떠올리지 못 한다.

잔 다르크가 신의 계시를 받고 시농을 방문한 것도 그 때였다. 그녀는 샤를에게 그야말로 정통왕위를 계승할 자이며 프랑스를 해방시킬자라고 전하고 스스로 전쟁터에 출격하여 오를레앙을 해방시킨다.

하지만 아주 이상한 점은 이 후 잔 다르크와 샤를의 관계이다. 샤를은 잔 다르크의 도움으로 즉위하자 국군을 정비하고 왕으로서 뛰어난 수완을 발휘하기 시작한다. 그는 잔 다르크처럼 서두르지 않고 천천히 영국 부르고뉴 연합군을 몰아내고 마침내 잔 다르크의 예언대로 프랑스를 해방시키고 국토의 통일을 이룬다.

그리고 이 과정에서 샤를은 잔 다르크를 비롯해 프랑스를 해방시키는 일에 직접적으로 관여해 공적을 쌓은 자들을 차례차례로 처단해 간다. 알다시피 잔 다르크는 루앙 마을에서 마녀재판을 받아 화형에 처해지지만, 긴 재판을 하는 동안 샤를은 일절 잔 다르크에게 도움의 손길을 내밀지 않았다. 그 비정함은 잔 다르크를 콩피에뉴(Compiegne) 전장에서 잡히게 하여 영국군의 손에 넘겨준 것이 샤를의 계략이었다는 일설이 나돌게 할 정도였다.

오를레앙에서 잔 다르크와 함께 싸운 장수들도 차례차례로 멀리하여 질 드 레처럼 극적으로 죽어가는 사람도 적지 않았다.

그러나 이러한 비정함은 사실 샤를왕의 감탄할 만한 계략을 보여주는 것이다. 그가 처단한 것은 전근대의 봉건세력이다. 절대왕정 하에서는 신의 음성을 들은 자는 왕 한 사람으로 족하다. 그 아래 유능한 관료와 풍요로운 경제력을 가진 상인과 근면한 농민이 존재하면 되는 것이다. 잔 다르크처럼 신비한 힘을 가진 여자들은 마녀로 취급하고 억압하였다. 그리고 잔 다르크처럼 과잉된 무력은 배제당하고 귀족은 중앙의 궁원에 소집되어 의례로 나날을 보내는 기호와 부의 소비자가 되는 것이다.

이야기 세계에서 방앗간집 아들이 물레방앗간이라는 마을의 주변에서 출발하여 성장하고 훌륭한 왕이 된 것처럼 무능한 샤를도 시농이라는 주변 마을에서 출발해 한 걸음씩 전진해 마침내 파리를 제압하고 진정한 왕이 되었다. 샤를 이후의 프랑스의 행보는 다소 우여곡절은 있어도 절대왕정의 완성을 향해 계속되었다고 해도 좋다. 그리고 그 행보의 절정이 이 이야기의 배경이 된 베르사유의 궁정문화인 것이다.

이 절의 시작 부분에서 말한 바와 같이 「장화 신은 고양이」 이야기는 왕권신화의 구조를 띠고 있다. 그러나 페로의 이 이야기는 그것을 더욱더 구체적인 역사의 장면으로 대체하는 것도 불가능하지 않을 것이다. 그것은 단순한 신화가 아니라 근대 프랑스의 출발점에 있는 베르사유적인 절대왕정의 '왕권신화'를 구조적으로 반복하는 것이다.

그리고 이 신화는 주인공 젊은이뿐만 아니라, 뛰어난 조력자였던 고양이의 운명에도 걸맞는 것이다. 그는 현명하고 낙천적인 식도락이기 때문에, 잔 다르크나 질처럼 비극적인 죽음을 선호하지 않았다. 그 공적에 걸맞게 대귀족이 되자 야생의 힘을 버리고 밝게 베르사유의 문화를 누리며 더 이상 '심심풀이를 제외하고는 생쥐를 쫓지 않게 된' 것이다.

Chapter 7

운 좋은 「가시나무 공주」

1
이야기의 처음과 끝 그리고 맞장구

우리는 지금까지 '사람들 사이에 구전된 이야기'를 민담이라고 말해왔지만 민담의 숲을 좀 더 깊숙이 들여다보면, 민담의 세계에는 '신화(Myth)'와 '전설(Legend)'이라는 '민담(Folkale)'과는 다른 유형이 존재한다는 것을 알 수 있다.

우리는 신화라고 하면 바로 그리스 신화나 북유럽 신화 그리고 일본의 「고사기(古事記)」[1], 「일본서기(日本書紀)」[2]와 같이 텍스트화된 서적을 떠올리게 된다. 그러나 「고사기」의 텍스트는 먼저 히에다노 아레(稗田阿礼)[3]와 같은 구술부가 있었고, 그것을 오오노 야

1 일본의 고전. 시화시대로부터 국가적 추이를 정리한 최고(最古)의 전래 기록집. 712년경.

2 일본의 처음으로 한문으로 쓴 천황을 중심으로 한 사서(史書). 720년경.

3 일본의 고대 역사서인 『고사기』(712) 편찬원 중 한 사람이다.

스마로(太安万侶, ?~723)[4]와 같은 기록자가 기록해둔 것이다. 처음부터 신화의 텍스트가 있었던 것은 아니었다. '시작은 이야기'였다.

전설은 더욱 분명하다. 산과 강이나 연못을 소재로 "그 강에는 옛날에 갓파(河童)[5]가 살고 있었는데"라든지 "갓파의 피부는 녹색이 아니라 빨간색이야" 등과 같이 전승되었고, 지금도 그 이야기를 기록한 '어떤 지방의 전설'이라는 등의 자료집을 편집하는 작업이 진행되고 있다.

이 두 유형의 이야기와 '민담'은 서로 깊이 연관되어 있어서 좀처럼 구별하기 어렵다. 그러나 이야기꾼과 청자의 입장에서 살펴보면, 그 차이는 분명하다.

신화와 전설의 이야기꾼은 자신들이 살고 있는 세계와 역사를 이야기하는 것으로 실제 일어났던 사실처럼 말한다. 따라서 청자가 의심하는 것은 허용되지 않는다. 이야기의 시점도 '천지가 창조된 때'라든지 '미나모토 요시쓰네(源義經, 1159~1189)[6]가 오슈(奥州)[7] 속으로 떨어졌을 때' 등으로 정해져 있고, 공간도 '세계의 중심인 그 산 꼭대기에서'라든지 '이 마을 외곽에 있는 소나무 밑

4 나라(奈良)시대의 문인.

5 일본의 요괴의 하나, 주로 강이나 물에 산다.

6 헤이안(平安)시대 말기의 무장.

7 일본 이와테현(岩手県).

에서' 처럼 전개되고 있다.

이에 반해 민담은 항상 '옛날 옛날에 어느 마을에' 로 시작하고 지역과 시간이 정해져 있지 않다. 이야기꾼은 지금부터 하는 이야기가 허구임을 알리고 청자는 그 사실을 인지하고 듣는다. 즉 민담은 지어낸 이야기(噓話)이다.

그러나 '지어낸 이야기' 가 끝나는 시점까지 청자를 사로잡기 위해서는 신화와 전설에는 없는 독특한 장치가 있어야 한다. 이것이 바로 '민담의 구술형식' 이다.

이 구술형식에는 ① 이야기를 '구술' 로써 지탱시키는 '구술형식' 과 ② 이야기를 이야기로써 지탱시키는 '이야기로써의 형식' 두 가지가 있다.

먼저 '구술형식' 에 대해 생각해 보자.

민담은 '이야기꾼' 이 있고 '청자' 가 있어야만 비로소 성립되는 1회성 퍼포먼스이다. 이야기꾼이 "옛날 옛적에" 하고 시작하면 이야기의 세계가 열리고 "끝" 하고 말하면 이야기의 세계가 닫친다.

이야기꾼 혼자서는 안 되며 반드시 청자가 필요하다. 이야기꾼이 "옛날 옛적에 어느 마을에 할아버지와 할머니가 살았는데" 하고 말문을 열면, 청자는 "응 응" 이나 "그래서" 등으로 추임새를 친다. 이야기꾼은 이 추임새 덕분에 "어느 날 할머니는 강에 빨래하러 가시고 할아버지는 산으로 사냥을 나갔는데" 하고 이어갈 수 있다. 만약 이 과정에서 청자가 "그런 건 알아서 뭐해" 라든지 "새

빨간 거짓말"이라고 한다면 이야기는 더 이상 성립되지 않는다. 그렇기 때문에 이야기꾼과 청자가 주고받는 말에는 엄격히 약속되어 있는 경우가 많다.

예를 들면, 내가 1980년대에 조사한 니가타현 마쓰다이마치(新潟県 松代町) 마을에서는 이야기는 반드시라고 해도 될 만큼 "옛날에 있었던(むかしあったと)"하고 시작하고, 청자는 "사-스(さーす)"하고 추임새를 친다. 청자가 추임새를 잊기라도 하면 이야기꾼은 "사-스(さーす) 안 하면 이야기 안 해줘"라고 재촉한다.(樋口 · 高橋 1987, 304~314쪽) 이런 엄격한 룰은 사실은 전 세계에 있었다.

프랑스에서는 이야기꾼이 "클릭"하고 말하면 청자는 "클락"이라고 추임새를 쳤다. 이는 이야기꾼이 "듣고 있어?"하고 보내는 신호에 청자가 "듣고 있어"하고 대답하는 이야기의 약속이다.

이렇게 이야기꾼과 청자가 함께 만들어가는 이야기는 '행복하게 잘 살았대'라는 결구로 끝날 때까지 추임새에 힘입어 무한히 계속된다.

이야기를 닫는 맺음말(결구)도 다양하게 있다. 앞에서 말한 마쓰다이마치마을(松代町)의 경우 에치고사케타(えちごさけた)나 잇친사케타(いっちんさけた) 등으로 정해져 있지만, 이와테현(岩手県)에서는 '먼 옛날에(とんとむかし)'로 시작하고 '잘 살았대(どんとはれぇ)'로 맺는 경우가 많다.

청자는 이 맺음말로 민담의 '신비한 세계'에서 해방되어 일상세

마쓰다이마치의 화자(話者) 다카하시 모미(高橋モミ)씨

계로 귀환한다.

이야기의 '신비한 세계'를 여는 이야기의 처음(발단 절)과, 그것을 닫는 이야기의 끝(결구), 그리고 이야기를 지탱하는 추임새 역할의 중요성에 대해서는 이미 베텔하임 페이지에서 언급한 바와 같다(제4장 참조). 베텔하임은 이야기꾼인 어머니가 '옛날 어떤 마을에'라는 말 한마디로 아이를 신비한 나라로 인도하고, '행복하게 잘 살았대'라는 결구로 현실세계로 되돌려 놓는(형식의 마술)에 대해 말하였다.

그러나 〈이야기의 처음 → 추임새 → 이야기의 끝〉이라는 '구술형식'이 지탱하고 있는 민담의 신비한 세계는 어떤 구조를 하고 있을까. 신비한 세계는 현실이 아닌 '지금이 아닌 언젠가'와 '여기가 아닌 어딘가'에 존재하는 네버랜드지만, 일상생활과는 다르게 리얼리티가 없다면 재미없을 것이다. 이 신비한 세계의 리얼리티를 지탱하는 '형식'에 대해 고찰한 것이 '민담의 문예학적 연구'이다.

2
막스 뤼티의 연구

민담은 신화나 전설과는 달리 사실이 아닌 단순히 '지어낸 이야기'이기 때문에 재미가 없으면 이야기꾼이 제아무리 노력을 해도 청자는 들으려고 하지 않는다.

그 재미를 지탱해 주는 것이 바로 민담의 '이야기로써의 형식'이다. 이에 관해서는 덴마크의 악셀 올릭과 독일의 폰 라이엔 등의 연구가 있지만, 가장 잘 고찰된 것은 스위스의 막스 뤼티이다. 먼저 그가 『유럽의 민담』에서 지적하고 있는 민담의 형식적인 특징을 부분적으로 소개해 보도록 한다.

민담의 일차원성(一次元性)

민담 중에서도 특히 마법민담의 주인공은 '신비한 세계' 속으로 들어가거나 모험을 한다. 그러나 민담의 주인공에게 '신비한 세계'는 지금까지 살고 있던 마을과 일차원적으로 연결되어 있어 경계선이 없다. 예를 들어 「빨간 모자」의 주인공은 숲 속에서 늑대를 만나도 아무렇지 않게 인사를 나눈다. 그리고 드래곤, 마녀, 노파를 만나도, 그들이 말을 걸어와도 결코 놀라는 법이 없다. 그들이 조력자이면 도움을 청하고, 적이면 싸우는 것이다. 민담세계의 이런 일차원적인 구조는 전설과 전혀 다르다.

예를 들어, 야나기다 구니오(柳田國男) 『도노이야기』(遠野物語)[8]에는 마을 사람들이 산속에 사는 사람과 여자를 만나는 이야기가 많이 나오는데, 산사람을 만난 마을 사람들은 목숨을 잃거나 병이 나는 일이 많다. 이는 이 이야기들이 전설인데다 민담이 지닌 일차원성이 없기 때문이다. 도노의 마을 사람들에게 산은 일상 세계와는 다른 이차원의 세계로 위험을 내포하고 있는 곳이다.(막스 뤼티, 1969, 18~41쪽)

민담의 평면성

민담세계에서는 현실의 사물, 사람, 인간관계, 시간, 공간이 가지는 무게가 없다. 마법의 반지와 융단은 마법의 유물이면 된다. 금이나 은 혹은 다이아몬드가 붙어 있는지의 여부와 융단이 페르

---

8 이와테현 도노지방(岩手県 遠野)의 신화, 전설, 민담을 채록한 것(1910)으로, 사사키 기젠(佐々木喜善)이 말하고 야나기다 구니오(柳田國男)가 채록하여 총 119항목으로 정리하여 출판하였다.

시아산인지 중국산인지는 문제되지 않는다. 어쨌든 마법의 반지와 융단이면 되는 것이다. 반지의 다이아몬드가 문제시되는 때는 '다이아몬드를 돌리면 유리산과 성으로 재빨리 데려다 주는' 식으로 다이아몬드가 이야기의 전개에 연관되어 있는 경우이다.

민담의 주인공은 목이 잘려도 고통을 느끼는 법이 없다. 생명수를 뿌리면 즉시 잘린 목이 붙고 다시 살아난다. 「잠자는 숲 속의 공주」의 공주는 100년 동안 마시지도 먹지도 않은 채 잠을 자지만 그 아름다움은 시들 줄 모른다. 왕과 왕비도 딸이 잠들자 재빨리 성을 뒤로 하고 떠난다. 민담의 등장인물은 고민으로 인해 이야기 전개에 지장을 주는 일이 없다. 민담의 세계는 그림처럼 무게가 없고, 꿰뚫어 볼 수 있는 이차원적 평면에 펼쳐진다.(막스 뤼티, 1969, 18~41쪽)

민담의 추상적 양식

평면성이 관철되어 세계가 현실의 무게를 잃으면 민담세계에서는 현실이 지닌 구체적인 성격이 사라지고 모든 것이 추상화된다. 「유리산의 공주」[9]에서는 부왕이 공주를 유리로 된 산꼭대기에 앉히고 사과 세 개를 줬다고 되어 있는데, 유리산이 어떤 구조인지는 모른다. 이야기꾼은 유리산의 구조에 대해서는 한마디도 하지

---

9 이 제목과 같은 이야기는 『그림 동화집』에 없다.

않는다. 또한 공주는 매우 아름답지만 도대체 얼마나 아름다운지는 이야기되지 않는다.

한편으로는 금 사과, 아름다운 공주, 세계 제일의 부자인 왕이 있고, 다른 한편으로는 '벽난로의 잿더미 속에서 뒹굴뒹굴 하고 있는 게으른 주인공'이 있다. 주인공은 삼 형제의 막내로 아버지와 형제로부터 업신여김을 당하지만 세 마리 마법의 말을 시켜 세 개의 금 사과를 손에 넣는다. 마지막에 가서는 훌륭한 갑옷을 입은 멋진 젊은이로 변신한다.

민담은 현실의 무게를 없애고, 세 번의 반복이나 변신으로 문제의 해결 과정을 역동적이고 알기 쉽게 제시한다.(막스 뤼티, 1969, 42~46쪽)

고립성과 보편적 결합의 가능성

삼차원적인 입체는 측면과 후면이 있기 때문에 전체를 볼 수 없다. 이에 반해 민담세계의 이차원적인 평면은 깊이가 없기 때문에 전체를 볼 수 있지만, 이 세계에 사는 거주자에게는 내면과 주변 환경이 존재하지 않는다. 선조와 후손과의 유대나 시대와의 연계도 없다. 따라서 민담의 주인공은 가족, 고향, 왕국과의 현실적인 관계가 없는 단지 이야기의 전개 속에 떠도는 고립된 존재이다.

이야기 전개에 있어서도 공간적인 확대가 희박하여 등장인물들을 단지 밀어붙이기만 한다. 예를 들어 「백설 공주」[10] 이야기에서는 마법의 빗, 리본, 사과를 팔러 온 마녀에게 공주는 세 번 모두 속아서 죽음의 잠에 빠진다. 공주는 과거의 경험에서 배우거나, 난쟁이들이 충고해도 주의하지 않는다. 그녀에게 마법의 빗, 리본, 사과는 고립 된 조각의 경험에 지나지 않고, 세 번째는 '죽음의 잠' 이 결정적인 원인이 되어 유리관에 담겨 왕자의 방문을 기다리는 전능하신 신처럼 이야기의 전개에 따를 뿐이다.

뤼티는 이 이야기의 각각의 요소를 마음대로 지배하고 묶는 힘을 '보편적 결합' 의 가능성이라고 부르고 있다. 민담은 신화나 전설처럼 시간과 공간에 지배될 수 없고, 구체적인 인간관계에 얽매이지 않으므로, 일체의 속박 없이 '이야기의 논리' 에 따르는 것이 가능하다.(막스 뤼티, 1969, 67~119쪽)

순화와 함세계성(含世界性)

민담을 구성하는 주제는 크게 두 가지 유형으로 나뉜다. 하나는 결혼과 탄생과 죽음, 의붓어머니나 아버지와 자녀와의 갈등, 빈곤과 풍요 등 일상 세계에 속하는 '세속적인 주제' 이다. 다른 하나는, 마녀와 거인과 난쟁이와 요정, 마법의 반지와 융단과 검, 인간의 말을 구사하는 늑대, 고양이, 여우처럼 비일상 세계에 속하는 '초자연적인 주제' 이다.

---

10 Sneewittchen, KHM53.

이 두 가지 유형의 모티프는 차원을 달리하지 않고 너무도 자연스럽게 '일차원적' 인 세계로 넓혀간다.

이러한 다른 차원(異次元)의 교류가 가능하려면 특히 〈세속적인 주제〉가 현실이 갖는 굴레를 벗어버리고 '순화' 되어 있어야 한다. 예를 들어 「당나귀 가죽」[11]에서의 왕은 사랑하는 왕비가 죽자 바로 왕비보다 아름다운 여인을 찾는다. 그리고 친딸이 유일한 후보라는 것을 알고는 공주에게 청혼한다. 거기에는 현실 속의 '근친상간' 에 대한 두려움이나, 죽은 아내에 대한 배려는 없다. 그러나 그 왕은 공주가 왕자와 결혼하는 단계에 이르자 지금까지의 경위는 모두 잊어버리고 진심으로 축복한다. 이처럼 갈등이 없는 전개는 전설에서 찾아 볼 수 없다. 또한 리얼리즘을 지향하는 소설에서도 허용되지 않는다.

민담은 순화작용을 통해 '세속적인 주제' 와 '초자연적인 주제' 를 하나의 세계로 일차원적으로 만들어 정합적(整合的)인 '이야기의 논리' 를 전개하는 것으로 다른 모든 문학 장르에서는 허용되지 않았던 '함세계성' 을 손에 넣었다.

여기서 뤼티가 말하는 '함세계성' 이라는 것은 이야기 속에 포함시켜 눈에 보이는 형태로 제시하기 위한 것이다. 순화를 통해 일상과 비일상의 경계를 가볍게 뛰어넘어, 세계의 진실을 어른에게

---

11 *Peau d'Âne* 페로의 동화집

도 아이에게도 보여주는 것, 이것이 바로 민담의 힘이다.(막스 뤼티, 1969, 120~144쪽)

뤼티, 프롭, 베텔하임

이상과 같이 뤼티의 민담의 문예학적인 연구가 프롭의 구조론이나, 베텔하임의 정신분석과 상호보완적인 것은 더 이상 말이 필요 없다. 특히 프롭에 관해서는 뤼티 스스로가 '프롭의 구조분석과 나의 양식분석은 상호보완적이다' 라고 인정하고 있다.(막스 뤼티, 1969, 235쪽)

베텔하임에 관해서도 마찬가지다. 원래 프로이드가 꿈을 분석하여 우리의 마음을 달래려고 시도한 이유는, 꿈이야말로 일상과 비일상의 경계를 넘어 상징의 힘을 빌어 우리의 마음을 전체적으로 제시하는 '함세계성' 을 지녔다고 생각했기 때문이다. 프로이드에서 출발한 에리히 프롬은 민담 속에서 꿈과 상징의 언어의 특권적인 표현을 발견하였고 베텔하임은 그 과정을 체계적이고 구체적으로 제시하였다.

그런 의미에서 뤼티의 고찰에는 프롭의 구조론과 베텔하임의 정신분석을 이해하기 위한 힌트가 많이 내포되어 있다. 따라서 끝으로 바실레(Giambattsta Basile, 1575~1632)[12]의 「태양, 달 그리고 탈리아」[13], 페로의 「잠자는 숲 속의 공주」, 그림의 「가시나무 공주」[14] 세 편의 이야기를 근거로 뤼티가 생각한 민담의 문예학적인 형식을 살펴보자.

---

12 이탈리아 나폴리의 군인, 시인, 소설가. 나폴리어로 쓴 50편의 흥미로운 이야기가 실린 『이야기 중의 이야기』(*Lo cunto de li cunti*)는 최초의 민담집 중 하나로 17세기 프랑스의 샤를 페로, 19세기 독일의 그림 형제 같은 후기 동화작가에게 중요한 영향을 끼친 작품이다.

13 이탈리아의 『펜타메로네』 5일째의 제5화. 옛날 한 왕이 딸이 태어날 때, 국내의 현자와 점복자를 모두 모아 딸의 운명을 점친다.

14 Dornröschen, KHM50 『그림 동화집』.

3
운 좋은 「가시나무 공주」

페로의 「잠자는 숲 속의 공주」는 선행된 작품으로 바실레의 『펜타메로네』에 수록된 「태양, 달 그리고 탈리아」가 있다. 먼저 이 두 이야기를 비교해 보자.

두 이야기에 나오는 주인공들은 각각 두 명의 아이가 있는데 그 이름을 바실레의 이야기에서는 솔레(태양)와 루나(달), 페로의 이야기에서는 오로라(새벽)와 쥴(빛)로 모두 천체를 시사하는 이름이 붙어 있다.

그러나 바실레의 경우는 주인공이 잠든 상태에서 두 아이를 출산하는 엉뚱하고 부도덕한 인물로 묘사되어 있으며 게다가 상대는 기혼자이다. 이에 반해 페로는 독신의 왕자님을 등장시켜 여주인공을 잠에서 깨우고 화려한 결혼식을 올린 후에 아이가 태어나게 한다.

빅토르 이하일로비치 바스네초프가 그린 '잠자는 숲 속의 공주'

그러나 바실레와 페로의 이야기 모두 '두 아이가 하마터면 요리되어 먹힐 뻔하는' 공통점이 있다. 바실레 버전은 질투에 눈이 먼 왕의 정실에 의해, 페로의 버전은 원래 식인귀의 일족이었던 왕자의 어머니에 의해 맛좋은 소스로 끓여질 뻔한다.

이 잔혹한 음모를 꾀한 왕의 정실과 왕자의 어머니는 모두 벌을 받아 죽고 주인공은 두 아이와 행복하게 산다.(바실레, 1995, 56~70쪽)

이야기를 지배하는 배경은 전혀 다르지만, 그 구조가 여기까지 일치한다면 바실레와 페로의 관계는 명백해진다. 더욱이 누구나 인정하는 대로 프랑스에는 「잠자는 숲 속의 공주」가 구전된 흔적이 없다. 들라뤼와 테네즈(M. L. Tenèze)[15]의 '화형(話型) 색인표'

15 들라뤼와 함께 프랑스 민담유형색인을 만드는 데 공헌했다.

에서 T410「잠자는 숲 속의 공주」항목에 정리된 이야기는 3화에 불과하다.(들라뤼와 테네즈, 1964, 68~71쪽)

프랑스가 이렇다면 이탈리아는 어떨까. 1956년에 간행된 이탈로 칼비노(Calvino, 1923~1985)[16]의 『이탈리아 민담집』[17]에는 카리브리아(Calabria)지방의 이야기로「잠자는 미녀와 아이들」이 수록되어 있지만 이는 대부분 바실레의 텍스트를 그대로 옮겨놓은 것이다.

자식이 없는 왕비가 성모에게 "아무쪼록 저에게 딸을 점지해 주십시오. 공주가 열다섯 살에 방추 막대에 찔려 죽게 되어도 상관없습니다."라는 이상한 소원을 빌어 공주를 낳게 된다. 공주는 열다섯 살에 방추 막대에 찔려 긴 잠에 빠져들었다. 나중에 성을 방문한 젊은 왕이 공주에게 첫 눈에 반하고 공주는 잠든 채로 솔레와 루나라는 두 아이를 출산한다. 아이들이 잠든 어머니의 손가락을 빨다가 손톱사이에 박혀있던 방추 막대를 뽑아내자 공주는 잠에서 깨고 젊은 왕자는 결혼을 맹세 한 후에 어머니가 기다리는 자신의 성으로 돌아간다.

그런데 성으로 돌아온 젊은 왕은 병이 나고, '잠자는 미녀' 의 저

16 이탈리아의 소설가, 아동문학가. 20세기 이탈리아의 국민적 작가가 되었다.

17『그림 동화집』에 필적하는 열의를 가지고 전형적인 200여 편에 이르는 방대한 민담 자료를 모아 비교하면서 편찬한 것이다.(Italo Calvino, *Italian Folktales* 1956 by Giulio Einaudi editore,s.p.a. English translation 1980)

제2판 이후 그림 형제에게 많은 이야기를 제공한 대표적인 화자 휘메닝

주라 오해한 어머니는 공주의 두 아이들을 요리해서 젊은 왕에게 먹이고 공주는 큰 냄비에 넣어 죽이려한다. 두 아이는 요리사의 기지로 구조되고 공주도 부왕에게 구조되지만 왕비는 공주와 아이 대신에 큰 냄비에 내던져진다.

칼비노는 이 이야기의 해설에서 "이탈리의 민간전승판의 대부분이 등장인물에 이르기까지 바실레의 것과 흡사하다. 내가 여기에 수록한 카라브리아판도 잠자는 미녀의 이름은 탈리아였지만, 음의 조화를 위해 이름을 카롤라로 하였다"고 기록하였다.(칼비노, 1984) 아르네와 톰슨의 『민담의 유형』에는 AT410 「잠자는 미녀」의 유화(類話)로써 이탈리아에 10화, 시칠리아에 5화를 들고 있지만 모두 바실레의 영향이 강한 것은 아닐까.(아르네와 톰슨, 1961)

자, 그럼 그림의 「가시나무 공주」는 어떤가. 잘 알려진 대로 그림의 이야기에는 어머니와 아내가 잠자는 공주와 아이들을 요리하라고 명하는 후반부의 에피소드가 빠져있다.

야코프와 빌헬름 형제는 이 이야기를 카셀(Kassel)지방에서 마리 핫센부훌쿠(Marie Hassenpflug, 1788~1856)[18]로부터 듣고 초고를 부렌타노에 보낸다. 그 초고는 분실되지만 나중에 에렌베르크 수도원에서 기적처럼 발견된다. 이야기꾼인 마리의 어머니는 프랑스에서 망명한 위그노파 교도 집안 출신이며, 에렌베르크 초고의 마지막에도 야코프의 필체로 '이 이야기는 페로의 잠자는 숲속의 공주로부터 발췌한 것으로 생각된다.' 라고 기록되어 있다.(그림, 1989, 43쪽)

그러나 야코프와 빌헬름은 이 이야기를 아주 사랑한 듯하다. 1812년 초판부터 1857년 제 7판에 이르기까지 가필을 반복하여 다채롭고 풍성한 이야기로 완성해 갔다. 그러나 민담으로써의 골자는 에렌베르크 초고 이래 일관되기 때문에, 먼저 이 초고(그림, 1989)를 소개 한 후에 이를 바실레와 페로의 버전과 비교해가며 '민담 이야기' 는 무엇인가를 뤼티가 말하는 '민담의 형식' 을 통해 살펴보기로 한다.

> 어떤 왕과 왕비에게는 자식이 없었습니다. 어느 날 왕비가 목욕을 하고 있는데 가재가 물 밖으로 나와 언덕으로 올라와서는 이렇게 말하는 것이었습니다. 당신은 곧 딸을 낳게 될 겁니다. 그리고는 가재의 예언대로 되었습니다.

---

18 그림 형제는 고향인 카셀에서 그녀로부터 민담을 들었다. 「빨간 모자」, 「백설공주」 등

이 이야기의 시작은 아주 흥미롭다. 자식이 없는 왕비는 가재의 예언대로 여자아이를 출산한다. 빌헬름은 나중에 '가재'를 '개구리'로 바꿔버리지만 왕비가 목욕하던 호수는 유럽의 민속에서 신비한 세계로 들어가는 입구로 사람의 미래를 예언하는 힘이 있다. 일본에도 자식이 없던 할아버지와 할머니가 수신에게 소원을 빌어 아들을 낳는다. 「우렁이 부자」(田螺長者)[19]이야기나, 강위로 복숭아와 작은 바구니가 떠 내려와 그 안에서 아이가 나오는 「모모타로」라는 이야기가 그렇다.

바실레는 공주의 탄생 경위에 대해서는 아무것도 언급하지 않지만, 페로의 이야기에서는 자식이 없는 왕 부부가 온천여행을 하던 중에 신에게 소원을 빌어 자식을 갖게 한다. 하지만 그 탄생에는 가재의 예언처럼 신비한 일이 있었다는 말은 없다.

> 임금님은 기쁜 나머지, 성대한 축제를 열었습니다. 그리고 그 나라에는 13명의 요정이 있었습니다. 그러나 임금님에게는 금 접시가 열두 개 밖에 없었기 때문에 열세 번째 요정은 초대 할 수 없었습니다.

알다시피 12는 시간을 지배하는 중요한 숫자로 그리스도의 사

---

19 일본의 대표적 민담이다. 우렁이로 태어난 주인공이 인간 이상으로 활약하여 기지를 써서 아름다운 여인을 얻고 인간의 모습이 되어 부자로 산다는 이야기. 일본의 민담유형 134 (일본석화집성)

도도 열두 사람이다. 이에 반해 13은 불길한 숫자이다.

바실레의 이야기에서는 국가의 현자들을 불러들여 공주의 장래를 예언하게 하는데 요정은 등장하지 않는다.

페로는 요정의 수를 일곱으로 하고 여덟 번째 요정의 존재는 잊혀져 금과 다이아몬드로 세공된 식기를 일곱 벌만 준비되었다고 하였다. 7 또한 시간을 가리키는 행운의 숫자이다.

> 요정들은 공주에게 모든 덕과 아름다움을 빌어줬습니다. 그런데 축제가 끝날 무렵 열세 번째 요정이 나타나 이렇게 말했습니다. 당신들은 나를 초대하지 않았어요. 내가 예언컨데, 당신들의 딸은 열다섯 살에 방추에 손이 찔려 죽게 될 것이요. 다른 요정들은 어떻게든 이 저주를 약화시키려 하였습니다. "공주를 백 년의 잠에 빠지도록 합시다."

그림은 이를 초판에서 열한 번째 요정이 선물할 차례가 되자 심술궂은 마녀가 들어와 공주에게 저주하는 것으로 하였다. 이렇게 하면 남은 열두 번째 요정이 저주를 백 년의 잠으로 경감시키는 것이 가능해진다.

바실레의 이야기에는 이러한 저주의 여지가 없다. 현자들이 "공주는 아마(亞麻)가 묻어있는 어떤 가시에 찔려 위험에 처할 것이다"고 예언할 뿐이다.

실을 뽑는 노파와 왕녀(귀스타브 도레, 1867년)

페로의 경우는 일곱 번째의 현명한 요정이 뒤에 숨어 있다가 마녀가 저주를 내림과 동시에 나타나 공주가 죽는 대신 백 년의 잠에 빠지게 하고 백년이 흐른 뒤에 왕자가 나타나 잠든 공주를 깨울 것이라고 예언한다.

왕은 나라 안에 있는 방추를 모조리 없애라고 명령하였고, 그대로 되었습니다. 공주가 열다섯 살이 된 어느 날 부모님이 외출하고 없었습니다. 그래서 공주는 성 안의 이곳저곳을 둘러보다가 오래된 탑에 다다르게 되었습니다. 탑 안에는 좁은 계단이 있었습니다. 이윽고 공주는 작은 문 앞으로 다가갔습니다. 그 문에는 녹슨 열쇠가 꽂혀 있었습니다. 공주는 그 열쇠를 돌려 문을 열었습니다. 그리고 그 작은 방 안으로 들어갔습니다. 방 안에는 한 명의 노파가 명주실을 뽑고 있었습니다. 공주는 노파와 이야기를 나누다가 자신도 실을 뽑아 보겠노라고 합니다. 그러자 공주는 방추에 손을 찔려 곧 깊은 잠에 빠졌습니다.

바실레도 페로도 그림도 공주가 방추에 찔려 위험에 처해지는 것을 두려워한 왕이 나라 안의 모든 명주실과 방추를 없애버린다.

그러나 바실레의 이야기에도 페로의 이야기에도 공주가 언제 재난을 당하게 될 것인가 하는 시간 지정이 없기 때문에, 페로의 경우 '15년이나 16년이 지나서 왕과 왕비가 별장에 가고 없을 때' 라는 식의 애매한 표현을 하고 있으며 바실레의 경우도 공주가 '성장한 어느 날 창밖으로 실을 뽑으면서 걷는 노파를 발견한다' 라고 되어 있다.

하지만 그림의 경우는 '공주가 열다섯이 되었을 때' 부모님은 외출하고 공주는 재난을 만나게 된다. 이것은 늑대의 위험을 알면서도 딸을 숲으로 보내는 어머니와, 아내가 방을 엿본다는 것을 알면서도 여행을 떠나는 푸른 수염은 '알면서 여주인공에게 시련을 주는' 행동인 것이다.

> 그 순간 왕과 왕궁 사람들은 모두 성으로 돌아왔고 성 안의 모든 것들은 잠들기 시작하였습니다. 벽에 붙은 파리조차도 잠이 들었습니다. 그리고 성곽 주변으로 솟아오른 가시덤불은 성을 알아볼 수 없게 만들었습니다.

그림의 기록에는 민담의 신비함과 마법의 에센스가 듬뿍 담겨져 있다. 열다섯 살이 된 공주가 방추 막대에 찔려 잠이 들자 그녀 주변의 모든 세계도 잠이 들고, 성은 가시나무 덤불 속에 갇히게 된다. 이것으로 충분하다.

그러나 바실레의 경우는 슬픔에 잠긴 왕이 그 비통함을 잊기 위해 탈리아를 침대에 뉘이고 영원한 이별을 성에 고한다.

페로의 경우는 소식을 듣고 달려온 일곱 번째 현명한 요정이 왕과 왕비를 제외한 모든 것을 잠들게 하고, 성은 가시나무로 감싸버린다. 왕과 왕비는 성을 떠난다. 17세기의 궁궐인이었던 바실레도 페로도 왕과 왕비가 없는 세계는 상상할 수 없는 일이다. 왕과 왕비는 언제나 세상의 중심에서 나라를 다스리고, 가시나무 공주가 잠들어 있는 성은 그들의 주변에 숨어있으면 된다.

> 그 후로 긴 세월이 흐른 뒤에 한 왕자님이 왔습니다. 어떤 할아버지가 왕자님에게 자신의 조부로부터 들은 이야기를 들려줬습니다. 그리고 지금까지 수많은 사람들이 가시나무 덤불 안으로 들어가려고 시도했지만 모두 가시에 걸려 들어갈 수가 없었다고 합니다. 그런데 이 왕자가 가시나무 덤불에 가까이가자 가시나무가 모두 꽃처럼 변하여 길을 열었습니다. 그리고 왕자님이 지나가자마자 다시 가시나무로 변하였습니다.

에렌베르크 초고에서는 왕자는 '그 후로 오랜 세월이 흐른 뒤에' 오지만, 그림 형제는 제2판에서 '왕자가 온 것은 정확히 100년이라는 세월이 흐른 뒤였습니다.' 라고 수정하였다. 그리고 이것에 맞추기 위해 공주가 방추에 찔리는 것도 '그 아이가 정확히

열 다섯 살이 되는 날'로 수정하였다. 이야기의 윤곽이 한층 명확해진 것이다.

백년간 잠자는 성(城)(귀스타브 도레, 1867년)

페로의 버전에서는 '이렇게 해서 100년이 지나자' 왕자님이 사냥하러 와서 '저 우거진 숲 사이로 보이는 탑은 무엇이냐?'라고 물어보도록 되어 있다. 따라서 그림이 페로의 버전을 읽고 이 부분을 수정하였다는 것은 충분히 짐작할 수 있다.

그러나 바실레의 버전에는 이야기를 명확하게 하려는 배려는 일절 보이지 않는다. 공주가 발견되는 것은 '시간이 흐른 뒤에 한 왕자의 매가 창문을 통해 숲 속에 있는 건물로 들어가 버리는' 사건에 지나지 않는다. 또한 공주는 잠든 채로 두 명의 아이를 출산한다.

왕자님은 성 안으로 들어가서 잠든 공주에게 키스를 하였습니다. 그러자, 모두 잠에서 깨어났습니다. 그리고 그 두 사람은 결혼하였습니다. 두 사람이 아직 죽지 않았다면 지금도 행복하게 살고 있을 겁니다.

공주는 왕자님이 오자마자 잠에서 깬다. 그것은 100년이라는 시간이 지났기 때문이다. 왕자님은 특별한 용기가 있었거나 인격적으로 훌륭한 사람이었던 것은 아니다. 단지 100년이 된 해에 찾아 왔을 뿐인 운 좋은 왕자님인 것이다.

이 이야기의 끝을 맺는 '두 사람이 아직 죽지 않았다면 지금도 행복하게 살고 있을 겁니다.'는 유럽의 민담에서 자주 발견되는 맺음말(결구)이다. 이렇게 짧은 이야기를 하면서 마지막의 맺음말을 생략하지 않았던 점에 민담의 이야기형식을 소중히 하려던 그림의 자세가 잘 나타나 있다.

바실레와 페로의 경우는 그 다음으로 두 아이와 공주를 요리하려고 계략을 꾸미는 잔혹한 어머니와 부인을 등장시켜 이야기를 계속 이어간다. 그러나 잠에서 깬 장면에 한해서도 페로에게는 그 유명한 '사족(蛇足)'의 문제가 남는다. 100년이 흘러 잠에서 깬 공주가 몸에 걸치고 있던 옷이 '마치 할머니 옷을 입은 듯 아주 구식스타일'로 보였다는 구절이다. 페로는 퍽이나 100년이라는 시간의 경과가 마음에 걸린 듯하다. 그 다음에 등장하는 요리사도 공주를 요리하라고 명령받았을 때 잔혹한 어머

왕자가 찾아와 공주가 잠을 깬다(귀스타브 도레, 1867년)

니의 혀를 속이기 위해, 100년이란 세월 속에 경직됐을 공주의 피부와 같은 맛이 나는 소재를 찾기 위해 고민한다.

민담의 세계에서는 시간의 경과에 관한 이러한 배려가 얼마나 불필요하고 때로는 쓸모없는 것인지 뤼티의 형식론을 기대할 필요도 없이 잘 알 수 있다. 100년이건 1000년이건 아름다운 공주는 아름다우면 되는 것이다. 구체적인 설명은 필요없다.

유럽의 민담의 발자취를 따를 때, 바실레, 페로, 그림은 모두 빠뜨릴 수 없는 중요한 업적을 남겼다. 그러나 3인 3색의 「잠자는 숲 속의 공주」를 비교해 보면, 세 사람이 살았던 시대와 기록에 대한 자세를 엿볼 수 있다.

장 바티스타 바실레는 1575년경에 태어나 1621년에 생을 마감한 나폴리(Naples) 사람이다. 메디치가(Medici family)의 마리 드 메디시스(Marie de Médicis, 1573~1642)[20]가 프랑스의 앙리 4세와 결혼하고 클라우디오 몬테베르디(Claudio Monteverdi, 1567~1643)[21]의 마드리갈(Madrigale)[22]이 한 세대를 풍미한 시대라고 하면 알기 쉬울지도 모르겠다. 르네상스가 끝나고 바로크가 등장하는 그 시대이다.

바실레는 빈민 출신으로 서른 살이 넘어서 고향 나폴리에서 시인으로서 두각을 나타내기 시작한다. 나폴리 방언으로 기록한 설

---

20 시대를 통틀어 가장 비싼 옷은 프랑스의 왕비 마리 드 메디시가 입은 것이라고 한다.

화집 『펜타메로네』로 세상에 알려진다. 사실 이 『펜타메로네(5일 이야기)』는 선행된 보카치오(Giovanni Boccaccio, 1313~1375)[23]의 『데카메론(10일 이야기)』을 모방하여 사후에 붙여진 서명이다. 바실레 자신은 『이야기 속의 이야기, 어린이들을 위한 즐거운 이야기장』(*Lo cunto de li cunti overo Lo trattenerniento de peccerille*) 이라고 불렀기 때문에 어린이들을 독자로 염두하고 있었을 것이다. 그러나 당시의 어린이에 대한 견해가 아마도 오늘날과는 많이 달랐을 것이다. 『펜타메로네』의 이야기 구조도 10명의 고수가 재미있는 이야기를 5일에 걸쳐 하는 것으로, 이야기꾼도 청자도 성인 여성이며 어린이가 끼어들 여지가 없다.

페로는 그로부터 약 60년이 지난 후에 베르사유의 살롱 여성들을 위해 『동화집』 을 간행했을 뿐만 아니라, 100년이 지난 후에는 그림 형제가 브렌타노의 요청으로 '에렌베르크 초고' 에 남겼을 법한 민담을 기록을 하여, 1812년 크리스마스에 『동화집』 초판을 간행한다.

이와 같이 3편의 「잠자는 숲 속의 공주」의 구성을 살펴보면, 바실레에서 페로, 페로에서 그림까지로 시대가 거슬러 올라가면 민

21 이탈리아 역사에 남을 첫 번째 위대한 작곡자. 마드리갈을 작곡한 경험을 바탕으로 이를 오페라에 반영했다.

22 14세기 이탈리아에서 번성한 시 형식.

23 이탈리아 시인이며 산문작가로 『데카메론』의 저자이다. 담화형식으로 꾸며진 이 소설을 십일 일화라고 알려졌으며 이탈리아의 르네상스를 대표하는 작품이다.

담 기록이 소요에 찬 이 세속을 떠나 뤼티가 이상(理想)으로 생각한 민담의 문예학적인 완성을 향해 순화되어진 것을 알 수 있을 것이다.

또한 '에렌베르크 초고'를 반환점으로 민담은 어린이들에게 재미있고 읽기 쉬운 책으로 성장한다. 그림 형제(특히 빌헬름)가 초판부터 제7판에 이르기까지 40여 년 동안 얼마나 퇴고를 반복했을지는 주지한 대로다. 그리고 그 시대에 그림 형제가 대면한 어린이들이란 바실레가 염두하고 있던 나폴리 어린이들과는 크게 다른 근대라는 '새로운 시대'를 살아가는 어린이들이다.

그런 의미에서 에렌베르크 초고의 「가시나무 공주」는 민담의 원점을 제시한다고 해도 좋을 것이다. 이 짧은 이야기는 일차원적이고, 평면적이며, 추상적인 양식을 갖추고 독립성과 보편적인 결합의 가능성을 감추고 순화된 세계의 모든 것을 포함하고 있다. 민담은 모든 것이 이야기의 논리에 따라 전개되는 운 좋은 이야기인 것이다.

Chapter 8

민담의 구술과 그 자료

1
구술로서의 민담

우리는 여기까지 민담의 숲을 헤쳐 가며 '민담이란 무엇인가'를 생각하고 그 발자취를 추구해 왔다. 그러나 마지막으로 '구술로서의 민담'과 그 구술의 기록에 대하여 민담의 다양한 모습을 규명해 보기로 하자.

다음에 소개하는 것은 이 책에 인용된 「당나귀의 가죽」, 「신데렐라」, 「빨간 모자」 「푸른 수염」, 「장화 신은 고양이」, 「잠자는 숲 속의 공주」의 프랑스어 기록이다. 다음으로 페로의 교본이 된 「코스탄티노와 고양이」를 이탈리아의 민담연구자 겐모치 히로코(劍持弘子)의 힘을 빌어 추가하기로 한다. 전부 아르네 · 톰슨이나 들라뤼의 색인표에 기재된 이야기로 우리가 익히 아는 페로의 이야기와는 다른 양상을 나타낸다. 이처럼 민담의 숲은 많은 가지를 쳐서 한마디로 말하기는 어려운 점이 있다.

황금의 암소[1](당나귀의 가죽 · AT 510B)

옛날, 세상에서 제일 아름다운 왕비를 가진 임금님이 있었습니다. 왕비와 임금님에게는 아주 예쁜 공주가 하나 있었습니다. 공주는 날마다 예쁘게 자라고 있었습니다.

공주의 나이가 찼을 무렵, 왕비는 병으로 사경을 헤매고 있었습니다. 그러자 왕비는 임금님을 베갯머리에 불러놓고 자기보다 아름다운 여인과 재혼해야 한다고 맹세하게 하였습니다. 임금이 맹세하자 왕비는 이내 숨을 거두었습니다.

얼마 안 있어 임금님은 혼자서 살아가기 힘들어, 죽은 왕비보다 아름다운 여인을 찾기 시작하였습니다. 아무리 찾았지만 왕비만한 미인을 찾을 수 없었습니다. 실은 왕비보다 아름다운 여인이라면 공주 밖에 없었습니다. 재혼 할 일로 머리가 아픈 임금님은 끝내 공주와 재혼하기로 하였습니다.

이 말을 듣자 공주는 슬픔에 잠겼습니다. 공주는 슬픔에 잠겨 어떻게 하면 이 결혼을 피할 수 있을까 고민하던 끝에 요정의 대모(代母)에게 묻기로 하였습니다. 대모는 "혼례를 치루기 전에 태양처럼 빛나는 드레스가 필요하다고 말씀 올리세요."라고 공주에게 일렀습니다. 임금님은 여기 저기 찾은 끝에 끝내 태양의 빛보

---

1 코스칸이 로렌느(Lorraine) 지방의 민담을 『프랑스민담집 2권』 제3부에 수록했는데 그 중에 「황금의 암소」가 있다.

다 밝은 드레스를 찾아냈습니다. 이 드레스를 보자 공주는 절망한 끝에 궁전에서 탈출하고픈 생각뿐이었지만 대모는 “도망가지 말고 달빛처럼 밝은 드레스가 필요하다고 말씀 올리세요.”라고 말했습니다. 임금은 재차 공주가 주문한 달빛처럼 밝은 드레스를 찾아냈습니다. 그래서 공주는 이번에는 황금으로 암소를 만들어 달라고 하였습니다.

임금은 온 나라에 팔찌, 목걸이, 반지, 귀걸이 등 모든 금을 모아 보석 세공사에게 금암소를 만들도록 명하였습니다. 공주는 세공사가 작업을 시작하자 몰래 그를 만나러 가서는 암소의 내부에 공간을 만들라고 하였습니다. 혼례 당일 공주는 암소의 옆구리에 있는 비밀의 문을 통해 속으로 들어가 숨어버리고 말았습니다. 아무리 찾아도 더 이상 누구도 찾을 수 없었습니다. 임금님은 부하들에게 수색을 명했지만 공주는 비밀의 방에 숨어버리고 말았습니다.

그런데 이 때 금으로 된 암소를 가지고 싶다는 기묘한 생각에 사로잡힌 왕자가 이웃나라에 있었습니다. 임금님은 이웃나라의 왕자가 그 암소를 가지고 싶어 병이 났다는 이야기를 듣고, 이제는 필요 없게 된 금 암소를 넘겨주기로 하였습니다. 여전히 공주는 비밀의 방에 숨어 있었습니다.

이웃나라 왕자는 언제든지 그 암소를 볼 수 있도록 방에 장식해 놓았습니다.

그리고 병이 들면서부터는 누구도 가까이 하지 않고 사환에게 식사를 운반해 오도록 해서 방에서 혼자 지내고 있었습니다. 첫날 공주는 왕자가 잠시 졸고 있는 사이에 암소로부터 나와 음식을 몰래 한 접시 가지고 비밀의 방에 숨었습니다. 다음날에도 또 다음날에도 똑같이 하였습니다.

매일, 음식이 담긴 접시가 없어진 것에 놀란 왕자는 다른 방에서 지내기로 하였습니다. 그러나 금 암소를 옮겨다 놓으니 여전히 접시가 사라져 버렸습니다. 끝내 왕자는 도둑을 잡기 전에는 잠을 자지 않기로 결심하였습니다. 사환이 음식을 운반해 오자 왕자는 눈을 감고 자는 척 하였습니다. 그러자 잠시 후 암소로부터 공주가 살짝 나타났습니다. 그리고 테이블 위에 있던 음식 접시를 하나 집으려고 하였습니다. 그러나 왕자에게 들켰다는 것을 알자 공주는 무서워 떨며 왕자의 발끝에 엎드려 모든 사실을 고백하였습니다.

왕자는 "무서워하지 마십시오. 당신이 여기 있는 것은 아무도 모릅니다. 이제부터는 당신과 나를 위해 같은 음식을 두 접시씩 준비 시키겠습니다."라고 말했습니다.

그리고 병이 나은 왕자는 전쟁터에 나가기로 하였습니다. "내가 돌아오면 지팡이로 세 번 암소를 두드려 신호를 보내겠습니다." 라고 말하였습니다.

왕자가 없는 사이에 부왕은 성을 방문한 다른 나라 영주들에게 황금 암소를 보이고 싶어 했습니다. 그런데 한 영주가 지팡이로 금 암소를 세 번 두들겼습니다. 왕자가 돌아왔다고 착각을 한 공주는 비밀의 방으로부터 밖으로 나왔습니다. 공주는 틀렸다는 것을 알고 무척 무서워했습니다. 놀란 부왕은 공주의 그간의 사정 이야기를 듣고는 언제든 이 성안에서 좋을 때까지 머물러도 좋다고 말하였습니다.

그런데 성에는 왕자와 결혼을 약속한 처녀가 있었습니다. 그 처녀는 모두가 공주를 좋아하는 것을 보자 격한 질투심을 품게 되었습니다.

어느 날 둘이 숲에서 산책을 하고 있을 때, 처녀는 공주를 커다란 함정으로 안내하여 "밑을 내려다보세요." 하고 말했습니다. 그리고 밑을 내려다본 공주를 함정에 밀쳐 떨어뜨리고는 도망쳤습니다.

다행스럽게 상처를 입지 않은 공주가 도움을 청하자, 마침 지나가던 숯쟁이가 공주가 외치는 소리를 듣고 구출해서 성으로 데려왔습니다.

바로 그때 전쟁이 끝나고 왕자가 돌아왔기 때문에, 성에서는 왕자와 처녀와의 혼례 준비가 한창이었습니다. 성 앞에는 축하의 큰 불이 타고 있었습니다.

왕자는 무슨 일이 있었는지를 알자 심술궂은 처녀를 불속에 던져버리라고 명하고 아름다운 공주와 결혼하였습니다. 공주가 결혼한 것을 공주의 부왕에게도 알렸습니다. 부왕은 기쁜 마음으로 받아들이고 모든 것이 행복하게 끝났습니다.

해설

이것은 프랑스의 코스칸이 지은 『로렌느의 민담』에 실려 있는 이야기이다. 이 민담집에는 그림의 강한 영향을 받은 코스칸이 고향인 로렌느 지방의 민담을 기록한 것으로 프랑스에서 민담의 기록과 연구의 출발점이 되었다.

부친과 결혼하게 된 딸이 암소 안에 숨어 도망치는 후반의 전개는 페로의 「당나귀의 가죽」, 그림의 「천 장의 가죽」(千枚皮)[2], 제이콥스의 「골풀 모자」 등 유럽에 널리 전해진 이야기와 패턴이 다르지만 터키나 이란 등 중동의 이야기에는 자주 보인다.

이 이야기는 아마도 더 긴 이야기로 세부가 풍요로웠음에 틀림없으나, 연구자로서의 입장을 내세운 코스칸이 간결하게 요약한 것이다. 코스칸은 그 대신 비교민담학의 입장에서 자세한 고찰을 덧붙이고 있다.

---

2 Allerleirauh KHM65, 일본에서는 「천 장의 가죽(千枚皮)」, 한국에서는 「털복숭아 공주」로 번역되어 있으나 내용으로 봐서 제목은 「천의 동물의 가죽」이나 「모든 종류의 가죽」이 적합하며, 내용은 근친상간의 색이 농후하다.

아궁이지기(灰かぶり)[3] (신데렐라 · AT 510A)

옛날, 부자 귀족이 딸 세 자매를 두었어. 위의 두 언니는 성질이 고약했어. 그리고 셋째는 성격이 상냥했기 때문에 바보 취급을 받아 다른 아이들이 같이 놀아주지 않았어. 이 아이는 언제나 난로 곁에 있어서 '아궁이지기' 라고 불렸어. 위의 두 언니는 밖에 놀러 나갈 때 언제나 아궁이지기에게 말했어.

"얘! 아궁이지기야, 우리와 함께 놀러 가지 않겠니?"

"안 돼, 난 물론 가지 않겠어."

"어머, 아궁이지기야, 너에게는 아궁이 옆이 어울리는구나. 언제나 재나 덮어 쓴 채 난로 옆에 있음 되겠다."

아버지가 멀리 시장에 볼일을 보러 갈 때에 딸들에게 물었어.

"자아, 딸들아, 뭘 사다 주면 좋겠니?"

그러니까 첫 째가

"아버지, 고운 드레스를 사다 주세요. 이런 빛깔의 제일 좋은 것으로요."

두 번째 딸도 같았어.

"그럼, 아궁이 지기야 너에겐 무얼 사다줄까?"

"글쎄요 아버지, 개암나무 열매가 있으면 한 개 가지고 싶어요."

"저런 먹보, 고은 드레스보다 먹을 게 좋다니, 정말 불쌍한 아이

---

3 「재 덮어쓰기」, Aschenputtel KHM21

야.”

아버지는 딸들의 요청대로 물건을 사왔어. 두 딸에게 아주 고운 드레스를 두 벌 사왔는데 정말로 최상의 물건이었기 때문에, 둘은 날듯이 껑충 껑충 뛰며 기뻐했어. 아궁이지기에게는 개암나무 열매 하나를 주었어.

일요일이 와서 두 딸은 드레스를 입고 아궁이지기에게 갔어.

“너도 우리와 함께 미사에 가지 않겠니? 응? 아궁이지기야.” 그리고 언니들은 미사에 가버렸어.

아궁이지기는 재빨리 개암나무 열매를 열었어. 그러자 거기에는 훌륭한 말과 마부가 있는 아름다운 마차와 언니들보다 4배나 뛰어난 드레스가 있었어. 그것을 서둘러 입고 마차를 타고 언니들보다 빨리 미사에 도착했어. 그리고 마차가 도착하자 모두가 황홀하게 바라보았어.

“대체 저 마차는 누구의 것일까? 누구의 것일까?”

모두가 떠들썩하게 웅성댔어. 아궁이지기는 마차에서 내려 교회당으로 들어갔어. 미사가 끝나자 아궁이지기는 마차에 타고 “자아, 급히 가다오.” 하자 순식간에 집으로 돌아왔기 때문에 아름다웠던 처녀가 누구였는지 아무도 알 수 없었어.

언니들은 돌아오자마자 난로 구석에 앉아있는 아궁이지기에게 말을 건넸어.

“저런, 불쌍한 아궁이지기야, 미사에도 못 오고, 왔으면 아주 훌륭한 처녀를 만났을 텐데, 처녀의 정체는 아무도 모른단다. 아무튼 그토록 아름다운 처녀를 지금까지 본 일이 없단다. 마부가 있는 마차를 타고 말이야, 아무튼 대단했어."

"그 처녀가 그렇게 훌륭해도 나 정도는 아니니까."

"아궁이지기야, 무슨 말을 하는 거니? 그 사람이 너만 못하다니, 네까짓 게 참으로 웃긴다."

그로부터 다시 일요일이 다가와서, 또 미사에 가기로 되었어. 언니들은 떠나기 전에 또 아궁이지기에게 말했어.

"아궁이지기야, 오늘도 미사에 안 가니? 그 아름다운 처녀를 보고 싶지 않아? 오늘 올지도 몰라. 아주 훌륭한 마차를 타고 말이야."

"으응, 난 가고 싶지 않아요."

"넌 재라도 덮어쓰고 있으렴."

그리고 둘이 먼저 가버리자, 아궁이지기는 개암나무 열매를 열어 드레스를 입고 마차에 타고, 또 언니들보다 빨리 도착했어.

그러자, 또 모두는 바라보고 놀라면서 말했어.

"대체 누구란 말이냐, 저토록 훌륭한 마차를 탄 사람을 모르다니."

미사가 끝나자 아궁이지기는 밖으로 나와 마차를 탔어. 그런데 마차를 탈 때 신발 한 짝을 떨어뜨렸어. 그러자 바로 그때 왕자님이 그것을 주워 누구의 것인지 모르니까 이렇게 말했어.

"아아, 참으로 아름다운 신발이다. 이 신발에 꼭 맞는 사람은 이 신발처럼 아름답겠지. 그 사람과 결혼할 테다."하고 말했어.

그로부터 모든 처녀와 공주 할 것 없이 그 신발을 신어 봤지만 한 사람도 맞는 사람이 없었어. 신발은 누구의 발도 꼭 들어맞지는 않았어.

"어이, 아궁이지기야, 그 사람이 또 왔단다. 그처럼 예쁜 처녀를 정말 네가 있었다면 봤을 것을. 참으로 애석하구나."

"좋을 대로, 예쁘다면 그걸로 됐지 뭐, 나 정도는 아니니까."

그래서 그 신발을 맞추어 보는 것은 또 다음 일요일로 미루어졌어. 여기저기로부터 각 나라의 공주들이 달려와서 신발을 신어보기로 했어. 그리고 아궁이지기도 늦게 출발해서 이번에는 마차에도 타지 않고 아궁이지기의 본 모습으로 갔어.

그리고 신발을 신어보기 시작하자, 각 나라의 공주들은 한사람도 맞지를 않았어. 이제 아궁이지기의 차례가 왔어. 앞으로 나와 신발을 신어보니 꼭 들어맞았어. 그런데 왕자는 신발이 꼭 맞는 사람과 결혼한다고 했으니까, 이 말은 신부가 된다는 말이다. 공주와 모인 사람들은 서로 얼굴을 바라보며,

"어쩜, 무슨 일이야? 왕자님이 아궁이지기와 결혼하다니, 아궁이지기와 결혼하다니"하고 수근 거렸어.

그러자 아궁이지기가 개암나무 열매를 열어, 훌륭한 마차를 보였어. 아궁이지기가 드레스를 입자, 물론 이처럼 훌륭한 공주는

일찌기 없었어. 그리고는 왕자님과 함께 마차를 타고 외출했어. 그 이후로는 아궁이지기는 언니들보다 훨씬 아름다웠다고 하더란다.

해설

이것은 레온 피노(Leon Pineau)가 『뽀와드 지방의 민담』[4]에 수록한 이야기다. 주인공은 이복 딸이 아니며 결코 모두로부터 구박 받지도 않는 듯 보인다. 오히려 고집스럽고 대담해보인다. 이런 소녀에게 갑자기 마법의 개암나무 열매가 주어지는 것도 이상하다.

그러나 이 에피소드를 사춘기의 소녀가 가지는 고집스러움과 아름다운 어른으로의 변신 이야기로 읽으면 조금은 이해가 진전되리라 생각한다. 재〔灰〕에 파묻혀 자신의 껍질 속에 갇힌 소녀가 성숙한 사랑에 눈 떠 아름답게 태어난다. 이 변신 과정을 소녀의 내면에서부터 살펴보면 이러한 세계가 보일지도 모른다. '아름다운' 지 아닌가가 사람들의 행복을 모두 지배하는 단순 명쾌한 세계이다.

변신 이전의 소녀가 항상 앉아있는 난로의 재〔灰〕를 〈불 · 생명 · 죽음 · 재생 · 여자의 장(場)〉 등 갖가지 상징의 자장(磁場)으로 생각하는 것도 즐거운 작업이다.

---

4 뽀와드는 프랑스 서북쪽 대서양에 면한 지역이다.

소녀와 늑대[5] (빨간 모자 · AT 333)

어린 소녀가 암소 두 마리를 돌보기 위해 고용살이를 갔다. 한 해가 끝나고 집으로 돌아가려고 하는데 주인이 치즈 한 조각과 퐁벳도(빵 과자)를 주었다.

"자아 이것들을 어머니께 가져가거라. 이 치즈와 빵 과자는 어머니가 계신 곳에 도착할 즈음이면 저녁 대신이 될 것이다."

소녀가 치즈와 빵 과자를 가지고 숲을 지나자 늑대가 나타났다. 늑대는 이렇게 말했다.

"어디에 가니? 소녀야!"

"어머니 계신 곳에 가는 거야, 일 년이 되었으니까."

"급료는 받았니?"

"음, 받았지. 그리고 작은 빵 과자와 치즈도 받았지."

"어느 길로 갈 테냐?"

"난 핀 길로 가는데, 당신은 어느 쪽으로 가요?"

"난 바늘 길로 가지 뭐."

늑대는 빨리 뛰어가 먼저 어머니를 잡아먹었다. 반쯤 먹고 불을 피워 절반은 불에 얹어놓고 문을 잠갔다. 그러고 나서 늑대는 어머니 침대로 가서 누웠다.

소녀가 돌아와 문을 두들기며,

---

5 프랑스의 알데쉬(Ardèche) 지역에 전승된 민담인데 스미스(Victor Smith)가 채록했다.

"어머니, 저 왔어요, 문 열어요."

"난 몸이 불편하단다. 침대에 누워있어 문을 열수가 없구나, 문고리를 돌려보아라."

소녀가 문고리를 돌려 문을 열고 안으로 들어가 보니, 늑대가 어머니 침대에 누워 있었다.

"몸이 불편하셔요, 어머니?"

"음, 그렇단다. 넌 노스테라에서 오는 거니?"

"응, 그래요. 빵 과자와 치즈를 가져왔어요."

"그거 잘됐구나. 나에게 한 조각 줘 보렴."

늑대는 한 조각을 받아 먹고는 소녀에게 말했다.

"고기는 불에 익었고 테이블에는 포도주가 있단다. 먹고 마신 뒤에 침대로 오너라."

늑대는 어머니의 피를 병에 담아 그 옆의 컵에 반쯤 따라두었다.

"고기를 먹어라. 냄비 속에 있단다. 테이블 위에는 포도주가 있으니 마시거라."고 늑대는 말했다.

그러자 창가에 작은 새가 날아와서 소녀가 어머니의 살 고기를 먹는다고 말했다.

리 · 당 · 당 · 당 · 당 너는 어머니의 살을 먹고 피를 마시고 있단다.

"어머니, 이 새는 뭐라고 말하는 거예요?"라고 소녀가 말하자,

"아무 것도 아니야, 어서 먹어라, 제멋대로 노래 부르라고 놔두렴."

소녀가 한 입 고기를 먹고, 포도주를 아주 조금을 마시자 작은 새는 또 지저귄다.

리 · 당 · 당 · 당 · 당 너는 어머니의 살을 먹고 피를 마시고 있는거야.

"어머니, 이 새는 뭐라고 말하는 거예요?"

"아무것도 아니야, 어서 먹어라, 제멋대로 노래 부르라고 놔두렴."

그리고 소녀가 먹고 마시기가 끝나자 늑대는 말했다.

"자아, 침대로 와서 누워라. 배 불리 먹었으면 이번에는 이쪽으로 와서 같이 자자꾸나. 나는 발이 차단다. 내 발 좀 따뜻하게 해다오."

"곧 갈게요, 어머니."

소녀는 옷을 벗고 어머니와 함께 누워 말했다.

"어머니, 왜 이렇게 거칠어요?."

"그건 나이 탓이란다. 나이 탓."

소녀가 어머니 발을 만져보고

"어쩜 어머니, 발톱이 왜 이렇게 길어요?"

"그건 나이 탓이란다. 나이 탓."

"어머니, 이빨도 꽤 긴대요."

"그건 나이 탓이란다. 나이 탓, 내 이빨은 너를 먹기 위해서다."
그리고 늑대는 소녀를 먹어치웠다.

해설

이것은 1794년에 프랑스의 알뎃슈(Ardéche) 지방에서 태어난 나네트(Nanette) · 레베크(Lévéque)에 의해 1874년에 구술되어 빅토르 스미스가 기록한 이야기다. 나넷도는 읽기 쓰기가 불가능했다.

주인공을 「빨간 모자」라고 부르지 않은 것이나 늑대가 권하여 어머니의 살을 먹는다든지, 피를 마시거나 하는 잔혹한 전개에 대해서 놀라움을 금할 수 없다. 이것은 아마도 페로 이전부터 프랑스 각지에 구전되던 이야기의 특징이라고 본다. 재화의 명인이었던 페로는 베르사유의 살롱에 모이는 젊은 여성들에게 카니발리즘(Cannibalism)의 테마를 삭제해버린 것이리라.

이 이야기에는 그밖에도 주인공을 옳은 길로 인도하려는 새소리나 "핀 길과 바늘 길"과 같은 신기한 이름의 두 길 등 많은 전통적인 화술의 모티프가 등장한다. 소녀가 먼 마을로 고용살이를 떠나는 것도, 마치고 돌아가는 소녀에게 치즈와 빵 과자를 지니게 하는 것들도 옛날의 삶의 민속을 알 수 있다는 점에서 흥미있는 이야기라고 할 수 있다.

빨간 수염[6] (푸른 수염 · AT 313)

빨간 수염은 일곱 번이나 결혼했지만 상대가 차례차례로 죽었다. 같이 살기만 하면 말이다. 그렇지만 여덟 번째 상대와는 10년이나 사이좋게 지냈다. 딸이 둘, 아들이 하나 태어났다. 그런 10년째에 빨간 수염은 아내가 미워져 죽여 버리려고 하였다.

어느 일요일, 아내가 교회로부터 돌아오자 이렇게 말했다.

"장느 마리이, 너를 오늘 죽여 버릴 거다."

"당신과 결혼 할 때 입었던 그 신부 의상을 입어도 되겠지요?" 라고 아내는 말했다.

"네 방으로 가도 좋다. 그렇지만 서둘러라. 난 급하다."

옷을 갈아입기 전에 아내는 문을 열고 작은 개를 놓아주었다. 개의 귓속에는 그곳에서부터 조금 떨어진 곳에 살고 있는 형제들에게 보낼 쪽지가 들어 있었다.

빨간 수염은 그 사이에 칼을 갈면서 흥얼대고 있었다.

날카롭게, 날카롭게, 내 칼아
이 층의 아내를 죽이기 위해서

"준비는 됐느냐? 장느 마리이" 라고 빨간 수염은 외쳤다.

---

6 폴 세비요가 브르타뉴(Bretagne) 지역의 구승문예지에 수록했다. 브르타뉴는 프랑스의 서쪽에 위치한다. 풍광이 좋고 아름다운 프로방스 시대의 모습을 간직하여 구비문학이 풍부한 지역이다.

"아니요, 아직 속치마를 입고 있어."

조금 지나자 빨간 수염은 이렇게 노래 불렀다.

날카롭게, 날카롭게, 내 칼아

이 층의 아내를 죽이기 위해서

그리고 다시 한 번 준비되었는가 물어보았다.

"아니오. 지금 양말을 신고 있어."

십오 분이 지나서 빨간 수염은 다시 물어 보았다.

"이제 됐냐?"

"아니오, 지금 머리를 다듬고 있어."

삼십 분이 지나자 이렇게 말했다.

"내 칼은 준비가 되었다. 내려오너라. 아님 내가 올라갈 테다."

"이제 조금만 기다려요. 지금 모자를 쓰고 있어요."

아내가 모자를 핀으로 조이면서 창문 밖을 내다보니 저쪽에서 말을 탄 남자들이 다가오고 있다. 아내는 그들에게 신호를 보냈다.

"이번에야말로 올라간다. 너를 2층에서 처리하겠다."

빨간 모자가 이렇게 말하자,

"이제 곧 내려 가요. 핀을 꽂고 내려갈게요."

그러고 아내는 말했다.

"준비가 다 끝났어요."

그러고 나서 천천히 계단을 내려갔다. 바로 밑에 당도했을 때문 여는 소리가 났다. 빨간 수염은 복도로 숨었지만 대장이 그를 찾아내 해치웠다. 장느 마리이는 아이들을 데리고 집을 나와, 상(喪)을 치루고, 도움을 준 병정들 중에 한 사람과 결혼했단다.

해설

이것은 1878년 브르타뉴 지방의 둘탄(Dourdan) 출신의 시종(侍從) 장 푸슈리(Jean Boucherie)가 구술한 것을 폴 세비요가 『고(高)브르타뉴의 구비문학』에 수록한 이야기다. 「푸른 수염」의 유화(類話)지만 푸른 수염의 주인공은 등장하지 않는다. 페로의 뛰어난 재화에 익숙해진 이들에게는 조금 부족하지만 옛이야기 세계에서 주인공의 머리털 색이나 유무에 관해서는 별로 연연하지 않는 것이 보통이다.

이 이야기에는 이를테면 '보아서는 안 되는 방'의 에피소드도 결여되어 있다. 푸른 수염에서 주인이 없는 사이 아내가 몰래 금지된 방을 엿보자 옛 아내들의 시체가 드리워져 피투성이가 되어있는 무서운 장면은 없다.

그 대신 아내가 죽임을 당하기 전에 신부 의상을 입는다는 에피소드가 클로즈업되고 있다. 본래는 꽤 엽기적이라고 할 만한 이 설정이 오히려 밝게 느껴지는 것은 아내와 살인자의 사이에 교환되는 대화가 노래와 같이 가벼운 리듬을 가지고 있기 때문은 아닐까. 이러한 것이 되풀이 되거나 주인공의 위기를 알리는 동물의 존재 등은 민담의 화술에서 중요한 특징으로 되어 있다.

코스탄티노와 고양이 (장화 신은 고양이 AT 545)

보헤미아에 한 여인이 있었습니다. 소리아나라고 하는 아주 가난한 여인이었습니다. 아들이 셋 있었는데 하나는 두소리노, 또 한사람은 데지훠네, 그리고 세 번째는 행운아 코스탄티노라고 불리고 있었습니다. 소리아나에게는 재산이라고 할 만한 것은 세가지가 있을 뿐이었습니다. 빵의 가루를 넣는 상자와 빵을 만들기 위한 도마, 그리고 한 마리의 고양이뿐이었습니다.

소리아나는 이제 나이를 먹어 죽음이 가까이 온 것을 알고 아들들에게 유언을 했습니다. 장남인 두소리노에게는 가루를 넣는 상자를, 데지훠네에게는 도마를 그리고 코스탄티노에게는 고양이를 준다는 것이었습니다. 어머니가 돌아가시자 장례를 치루고 매장되자, 근처 사람들은 가루 상자와 도마를 빌리러 왔습니다. 형제가 가난하다는 것을 알고 있기 때문에 빵을 만들어 나누어 주려는 심사였습니다. 두소리노와 데지훠네는 그 빵을 자기들만 먹고 동생인 코스탄티노에게는 나누어 주지 않았습니다. 코스탄티노가 무언가 필요하다고 말해도 형들은 "고양이에게로 가보면 무언가 주겠지"하고 대답했습니다. 그래서 불쌍한 코스탄티노는 고양이와 함께 힘든 생활을 하고 있었습니다.

그 고양이는 불가사의한 힘을 가지고 있었습니다. 고양이는 코스탄티노를 동정하고 있었고, 형들에게도 불만을 품고 있었습니다. 그래서 이렇게 말했습니다. "코스탄티노, 슬퍼하지 말아요. 당신과 내가 먹고 살 정도는 내가 어떻게든 해볼게요."

고양이는 이렇게 말하고 집을 나서 들판으로 갔습니다. 그리고 자는 척 하고 있더니, 곁으로 다가온 토끼를 잡아 죽였습니다. 그리고는 임금님이 계신 어전으로 가서 신하들에게 임금님과 대담하겠다고 말하였습니다. 신하들은 고양이가 임금님과 대담을 하고 싶어 한다는 것을 알자 임금님에게 보냈습니다. 그리고 무슨 용건인지 말하라고 하니 "주인인 코스탄티노가 잡은 토끼를 임금님에게 바치겠노라고 저를 보냈습니다."하고 말하며 토끼를 임금님에게 바쳤습니다.

임금님은 선물을 받아들자 "코스탄티노란 대체 어떤 사람이냐?"고 물었습니다. 인격도, 아름다움도, 능력도, 누구보다 뛰어난 사람이라고 고양이는 대답하였습니다. 임금님은 매우 기뻐하며 고양이에게 먹을 것을 많이 주었습니다. 고양이는 충분히 배가 차자, 배 부른 척을 하면서 남몰래 자루를 꺼내 나머지 음식을 넣었습니다. 그리고 임금님의 곁을 떠나 코스탄티노에게 돌아왔습니다. 형들은 코스탄티노가 기분 좋게 음식을 먹는 것을 보고 자기들에게도 나누어 달라고 부탁했습니다. 그러나 코스탄티노는 단칼에 거절하여 지금까지 자기를 괴롭혔던 것에 대한 앙갚음을 했습니다. 형들은 그 일로 동생을 더욱 시기하게 되었습니다.

코스탄티노의 얼굴은 무척 고왔지만 지금까지 고달픈 생활을 해왔기 때문에 온 몸에 옴이 번지고 버즘이 펴서 고생이 이만저만

이 아니었습니다. 그래서 고양이와 같이 냇가로 가서 정성을 다해 머리끝에서부터 발끝까지 깨끗이 씻고 머리를 감자 2, 3일 사이에 더러운 것이 말짱히 깨끗해 졌습니다. 고양이는 그 후로도 계속해서 앞에 말한 것과 같이 임금님에게 선물을 가지고 가서 주인인 코스탄티노를 돌보고 있었습니다. 그러나 그 사이 고양이는 몇 번이나 갔다 왔다 했기 때문에 기운이 없어지고 또 문지기들에게도 귀찮은 존재가 될 성싶어 주인에게 말했습니다.

"주인님, 만일 당신이 내가 말한 대로 한다면 틀림없이 부자가 될 것입니다."

"어떡하면 좋은데?"라고 주인이 물었습니다. 그러자 고양이는 이렇게 말하였습니다.

"나와 함께 가기만 하면 됩니다. 그러면 내가 부자가 될 수 있도록 준비를 해놓겠습니다."

그러고 나서 코스탄티노는 고양이와 함께 궁정 가까이에 있는 강가로 갔습니다. 고양이는 주인의 옷을 벗기고 약속한대로 강에 밀어 넣었습니다. 그리고 고양이는 큰 소리로 외쳤습니다.

"도와주십시오. 누군가 와 주세요. 코스탄티노님이 물에 빠져 허우적거리고 있습니다."

임금님이 그 소리를 듣자, 코스탄티노가 몇 번이나 선물을 가져다 준 일이 생각나서 곧 부하들을 보내 구출하도록 하였습니다.

물에서 나와 새 옷을 입은 코스탄티노는 임금님의 어전에 안내

되었습니다. 임금님은 기뻐하며 어찌하여 강에 빠졌는가 하고 물었습니다. 코스탄티노는 고통 때문에 대답하지 못했습니다만 항상 함께 있는 고양이가 대신 대답했습니다.

"들어주십시오, 임금님, 사실은 임금님에게 선물하려고 보석을 준비했는데 도둑들이 그것을 노리고 있었습니다. 도둑은 주인을 빨가벗긴 채 죽일 계획으로 강물에 던져버린 것입니다. 그렇지만 임금님의 은혜로 신하들의 도움을 받은 것입니다."

그것을 듣자, 임금님은 코스탄티노를 정중히 대접하라고 하명했습니다. 그리고 코스탄티노는 훌륭한 젊은이로 부자라는 것을 알자 자신의 딸 에리젯다에게 황금과 보석 그리고 아름다운 의상을 지참금으로 주어 결혼시키기로 결심했습니다.

결혼식과 피로연이 끝나자 임금님은 열 마리의 노새에게 황금을 싣고, 다섯 마리의 노새에게는 훌륭한 의상을 싣고 많은 시종을 붙여 남편의 집으로 보냈습니다.

코스탄티노는 자기가 명예와 부를 얻은 것은 알았지만 아내를 어디로 데리고 가면 좋을지 몰랐기 때문에 고양이에게 물어보았습니다. 고양이는 대답 했습니다.

"걱정하지 마세요. 주인님. 어떻게든지 잘 해봅시다."

모두 즐겁게 말을 달려가자, 고양이는 서둘러서 재빨리 먼저 뛰어갔습니다. 모든 행렬보다 훨씬 앞서자 몇 사람의 기병들을 만났습니다. 고양이는 그 기병들에게 말했습니다.

"불쌍하게도 이런 데서 뭘 하고 있습니까. 빨라 도망가세요. 지금 많은 사람들이 말을 타고 이곳으로 오고 있습니다. 당신들에게 복수를 할 겁니다. 봐요, 이제 가까이 왔습니다. 말 발자국소리가 들리지요?"

그러자 기사들은 무서워하면서 말했습니다.

"그럼 어찌하면 좋아요?"

그래서 고양이는 말했습니다.

"이렇게 하세요. 만일 당신네들이 누구의 기사인가 물으시거든 '코스탄티노님의 기사' 라고 말하십시오. 그러면 시끄러운 일은 없을 것입니다."

그렇게 말하고 고양이는 먼저 앞서 갔습니다. 그리고 양이나 다른 가축을 방목하는 무리를 만났습니다. 그 후는 같은 방법으로 말하게 했습니다.

에리젯타를 거느리고 온 많은 사람들이 당도했습니다.

"당신들은 누구의 기사입니까. 그리고 그 훌륭한 가축들은 누구의 것입니까?"

그러자 모두 목소리를 맞춰 대답하였습니다.

"코스탄티노님의 것입니다."

신부를 모시고 온 사람들은 말했습니다.

"그러면 코스탄티노님, 우리들은 이제 당신의 영지에 들어왔다는 뜻이 아닙니까?"

그러자 코스탄티노는 그저 고개만 끄덕이고 서 있었습니다. 무엇을 물어봐도 잠자코 고개만 끄덕이자 사람들은 코스탄티노가 무척 부자라고 생각했습니다.

고양이는 훌륭하고 멋진 성(城)에 도착했습니다. 성에는 사람이 많지 않았습니다. 고양이는 그 사람들에게 말했습니다.

"무엇을 하고 있습니까. 여러분은 놀라운 일이 벌어지는 것을 알지 못하십니까?"

"무슨 일입니까?"라고, 사람들은 이내 물었습니다.

"한 시간 안에 여기에 많은 병정들이 와서 여러분을 살상할 것입니다. 말발자국 소리가 들리지 않습니까. 먼지가 소용돌이치는 모습이 보이지 않습니까. 만일 죽기 싫거든 내 충고를 들으십시오. 그러면 다 살 수 있을 것입니다. 만일 누군가가 이 성은 누구의 것이냐고 묻거든 행운아 코스탄티노님의 것이라고 대답하시면 됩니다."

그래서 모두는 그렇게 했습니다. 당당하게 임금님의 일행이 성에 도착하자 그곳에 있던 문지기는 물었습니다. 그러자 모두는 힘차게 대답하였습니다.

"행운아 코스탄티노님의 성입니다."

그로부터 모두는 안으로 들어가 정중히 대접을 받았습니다. 그 성은 용사 발렌티노님의 것이었습니다. 발렌티노님은 며칠 전에 새로이 아내를 맞이하러 간 것입니다. 그러나 불쌍하게도 아내의 집에 도착하기 전에 사고로 죽고 말았습니다. 그래서 행운아 코스탄티노가 성의 주인이 된 것입니다. 그로부터 얼마 안 있어 보헤미아의 임금님도 죽었습니다. 그러자 모든 국민은 죽은 왕이 남긴 공주 에리젯다의 남편이라는 이유로 행운아 코스탄티노를 새 임금으로 세우기를 주장했습니다.

이렇게 해서 가난하여 거지처럼 살던 코스탄티노는 부자가 되고, 임금까지 되었습니다. 그리고 에리젯다와 같이 오래오래 행복하게 살면서 왕국의 후계자인 아이들을 남겼습니다.

해설

이것은 16세기 나폴리의 궁전에서 활약한 문인 스트라파롤라(1480~1557)의 『즐거운 밤』(*Le Piacevoli notti*)에 수록된 이야기다. 『즐거운 밤』은 일본에서는 거의 알려져 있지 않지만, 페로의 「장화 신은 고양이」나 「당나귀의 가죽」뿐만 아니라 오노와부인〔Madame d'(Marie Catherine) Aulnoy, 1650~1705)〕[7]의 「미녀와 야수」(*La Belle et la Bête*), 그림의 「도둑의 명인」[8], 「황금거위」[9], 「두 형제」[10], 「정직

7 요정 이야기로 유명해진 작가이다. 「미녀와 야수」의 작가이며 민담의 재화(개작)를 많이 했다. 「미녀와 야수」에는 왕자였던 야수가 미녀의 사랑에 왕자로 변신하는 모티프가 있다.

8 Der Meisterdieb, KHM192 우리나라에서는 「거물 도둑」으로 알려졌다.

9 Die zwei Brüder, KHM64

10 Die zwei Brüder, KHM60

한 페루난도와 부정직한 페루난도」[11] 등 20여 화 정도의 유럽에 잘 알려진 민담이 기록되어 있다. 여기에 소개한 「코스탄티노와 고양이」는 이탈리아 민담연구가인 겐모치 히로코(剣持弘子)의 번역이다.

마루콘화아루 씨 (장화 신은 고양이 · AT 545)

옛날, 마루콘화아루 씨라는 이름을 가진 신사가 살고 있었다.

이 사람은 신사였지만 작은 초가집 한 채와 닭 두 마리가 재산의 전부였다. 이 두 마리의 닭이 낳은 계란으로 겨우 생활하고 있었다.

그런데 어느 날 여우의 두목이 그곳을 지나다가 닭을 보자 먹어치웠다. 그리고 나서 두세 발자국 뛰자마자 여우 두목은 울음소리를 들었다. 돌아보니 마루콘화아루 씨가 울고 있었다.

"오오, 나는 이제 굶어죽는다. 닭이 없으면 죽을 수밖에 없다."

불쌍하게 생각한 여우 두목은 그곳을 벗어나 오래도록 걸었다. 그리고 임금님의 궁전 앞까지 다가왔다. 그리고 그곳을 통과하여 곧장 임금님에게 갔다.

"폐하, 당신을 꼭 만나고 싶어 하는 신사가 있습니다. 마루콘화아루 씨입니다."

그러자 임금님은 이렇게 대답했다.

---

11 Ferenand getrü und Ferenand ungetrü, KHM126

"가서 오라고 하자. 나도 만나고 싶다."

여우 두목은 마루콘화아루 씨를 찾으러 나섰다. 그리고 궁전에 임금님이 기다리고 있음을 알렸다.

"오, 당치도 않아"라고 마루콘화아루 씨는 말했다.

"장난치지 말아요. 그런 일은 가당치도 않아요. 나의 이 모습을 보면 임금님께서 뭐라고 말할까요."

"전혀, 상관없어, 갑시다."

둘은 그곳을 출발해서 오래도록 걸었다. 그러자 궁전이 보였다. 여우 두목은 서둘러 마루콘화아루 씨를 가시나무 덩굴의 울타리로 밀어 넣었다. 그러자 옷이 더 찢어졌다.

"왜 나를 가시나무 덩굴에 밀어 넣은 거냐."고 마루콘화아루 씨는 바닥에 주저앉아 큰 소리로 울었다. 한발자국도 더 앞으로 가지 않을 거라고.

그래서 여우 두목은 혼자 임금님의 궁전에 들어갔다. 그 길로 곧장 임금님께로 갔다.

"폐하, 마루콘화아루 씨와 같이 왔습니다만, 말이 너무 거칠어 도중에 우리를 움푹한 곳으로 밀어버렸습니다. 바로 그곳에 가시나무 울타리가 있어 마루콘화아루 씨의 옷이 모두 찢어지고 말았습니다. 마루콘화아씨는 그와 같은 모습으로는 도저히 뵐 수가 없다고 말합니다."

그래서 임금님은 제일 훌륭한 옷을 가져오라고 하명했습니다.

"이것을 가지고 가서 입으라고 말하라. 그리고 마구간에 가서 가장 좋은 말과 가장 좋은 마차를 타고 가서 데리고 오너라.

여우 두목은 임금님의 말씀대로 길바닥에 주저앉아 두 손으로 눈을 가려 울고 있는 마루콘화아루 씨가 있는 곳으로 왔다. 마루콘화아루 씨는 단숨에 임금님처럼 훌륭해 보였다.

둘은 마차를 타고 당당하게 거리를 누비며 궁전으로 향했다.

"마루콘화아루 씨 만세. 마루콘화아루 씨 만세."하고 모두는 외쳤다.

임금님도 깜짝 놀라 마루콘화아루 씨를 정중히 영접하여 식사에 초청했다. 식사를 하는 중에 여우 두목은 문 있는 곳에 서있었다. 식사가 끝나자 두목은 식당으로 들어와 큰 소리로 외쳤다.

"도와주시오. 이젠 끝이오. 적군이 시내로 들어와 궁전에 당도했다. 저 놈들은 닥치는 대로 훔치고 태운단다."

"어쩜 좋은가"라고 당황한 임금님이 말했다.

"나 같으면 궁전 마당에 산처럼 쌓아놓은 밀속에 숨겠습니다. 가족 친족 모두 데리고 말입니다"라고 여우 두목은 말했다.

"그것은 좋은 생각이다."

그리고 마루콘화아루 씨에게 물어보았다.

"당신도 함께 가시겠습니까, 마루콘화아루 씨."

"그렇게는 안 되지요. 마루콘화아루 씨는 나와 같이 남아서 어딘가 다른 곳에 숨도록 합시다. 어쨌든 서둘러 주시오. 적이 '임금님의 일족을 죽여라' 하는 소리가 들리지 않습니까. 빨리, 빨리"

임금님의 일족이 모두 숨어버리자 여우 두목은 어디에선가 불을 가져와서 산더미처럼 쌓아놓은 밀에 불을 지폈습니다.

불과 연기 때문에 앞을 볼 수가 없어 사람들이 우왕좌왕 하니까 여우 두목은 이같이 말했다.

"보라! 이 산더미의 밀에는 5백 마리 이상의 쥐가 있다. 안에는 나보다 큰 놈도 있다. 내가 불을 지폈지. 안에서 안절부절 하고 있겠지."

그래서 모두는 큰 소리로 웃었다.

결국 재만 남자 여우 두목은 모두에게 말했다.

"임금님과 그의 일족은 도망쳤다. 마루콘화아루 씨를 임금님으로 모시면 어떨까."

"좋아요. 좋아요"라고 모두는 외쳤다.

이렇게 하여 마루콘화아루 씨는 임금님이 되었단다. 그리고 여우 두목은 누구의 눈치도 보지않고 매일 내키는 만큼 닭을 먹을 수 있게 되었다는 거야.

해설

이 이야기는 글로드 세이뇨루(Claude Seignolle)가 『규이엔누(Contes, récits et légendes de Guyenne)의 민담』에 수록한 이야기로 도르도뉴(Dordogne) 현 가론(Garonne) 지방 출신의 로베르 자리

(Robert Jarry)가 구술한 이야기다. 「장화 신은 고양이」의 유화(類話)인데 장화는 물론 고양이도 등장하지 않는다. 대신 등장하는 것은 재빠르고 꾀 많은 여우지만 이탈리아와 프랑스 이외의 유화에서는 조력자는 여우가 일반적으로 고양이가 등장하는 경우가 오히려 적은 편이다.

여우는 마루콘화아루 씨에게는 좋지만 그 외의 사람에게는 잔혹한 트릭스터로서의 성격을 유감없이 발휘한다. 특히 사람 좋은 임금님은 철저히 속아 넘어가 태워 죽임을 당한다. 페로의 이야기처럼 사람을 잡아먹는 식인귀같은 악역 속죄양이 등장하지 않은 탓인지, 결말은 프랑스 혁명 당시 살육과 유사한 현장을 느끼게 한다.

잠자는 숲 속의 공주 (AT 410)

어느 날의 일입니다. 동무와 같이 사냥에 나간 왕자님이 숲속에서 사슴을 쫓고 있는 중에 길을 잃고 말았습니다. 밤이 되어 숲 속에서 어떻게 하면 좋을지 생각하고 있을 때 먼 곳에서 빛이 비치는 곳이 보였습니다.

왕자님이 그곳을 향해 가자 커다란 성벽으로 둘러싸인 커다란 궁전이 있었습니다. 왕자님이 나팔을 불자 문이 열렸습니다만 문을 지키고 있든 괴물은 머리가 7개나 있고, 게다가 사자 같은 날카로운 발톱이 솟은 발이 몇 개나 있어 무서워 기절할 뻔 했습니다. 그런데 괴물은 덤비기는커녕 오히려 왕자님에게 말을 건네는 것이었습니다.

"궁전으로 가십시오. 모두 기다리고 있습니다. 당신을 여기에 맞이하기 위해 요정이 당신을 길을 잃게 했습니다."

왕자님은 성으로 들어가자 훌륭한 방이 있었습니다. 그곳에는 식탁이 준비되어 있고 횃불을 손에 든 시녀 아이들이 의자 뒤편에 서 있었습니다. 식탁 저편에는 해님과 같이 아름다운 소녀가 의자에 앉아 이렇게 말하였습니다.

"아아, 겨우 그 때가 왔군요. 지금으로부터 백 년 전에 마음씨 고운 요정의 대모(代母)가 내게 약속해 준거에요. 한 왕자님이 여기 와서 나를 이 궁전으로부터 벗어나게 하여 결혼할 것이라고, 그게 당신이죠?"

왕자님은 이토록 아름다운 여인을 보고 생각했습니다.

"백 년도 지났다면 이 사람은 대체 몇 살이나 되었을까."

왕자님은 침대에 들어가 잠을 잤습니다. 그로부터 매일 식탁에서 실컷 먹고 넓은 마당에서 산책을 하였습니다. 그도 그를 것이 그 여인은 이 궁전의 주인이었으니까 말입니다.

어느 날, 왕자님은 부왕이 자신이 없어져서, 틀림없이 걱정하고 있을 것이라고 생각하였습니다. 그러자 저 쪽에서 관(冠)을 쓴 여인이 다가와서 말했습니다.

"나는 당신이 매일 만나고 있는 아름다운 소녀의 대모입니다. 나는 당신이 저 아이를 사랑하고 있다는 것을 알고 있습니다. 그렇지만 그녀를 데리고 나가기 위해서는 문을 지키고 있는 괴물을 퇴치해야만 합니다. 궁전 밖으로 나가는 것은 저 문을 통과하지 않으면 안 됩니다만 지금까지 나가려고 시도한 사람은 모두 괴물에게 잡아 먹히고 말았습니다. 나는 당신이 용감한 왕자님이라고 알고 있습니다. 그러므로 오늘밤 검을 갖다 드리겠습니다. 그러나 반드시 한꺼번에 7개의 머리를 전부 베어 떨어뜨리지 않으면 안 됩니다. 떨어뜨린 머리는 이내 또 머리가 나오기 시작합니다."

왕자님은 괴물에게로 갔습니다. 괴물은 왕자님의 모습을 보자, 먹어치우려고 7개의 머리를 움직이기 시작했습니다. 그렇지만 왕자님에게 검을 준 요정은 요정의 여왕이었습니다. 요정은 왕자님이 자신을 지키기 위해 팔을 폈을 때, 검이 2미터나 뻗쳐 괴물의 7개의 머리를 한 번에 떨어뜨리기 위한 공작을 한 것입니다.

그때, 한 마리 새까만 까마귀가 커다란 잣나무로부터 날아와 짖었습니다.

"우리들의 왕녀 요란도를 구해준 아서왕의 왕자님 만세. 당신은 요란도 공주님을 아내로 삼을 것입니다."

준비에 한 달이나 걸린 이 혼례처럼 훌륭한 것도 없었습니다. 모든 요정이 모여 연회가 끝나자, 괴물의 7개 머리가 커다란 쟁반에 얹혀 나왔습니다. 그렇지만 7개의 머리는 황금으로 변해 있었고 요정들은 이제부터 7인의 왕자들이 태어나 한 사람, 한 사람이 세례의 축하로 황금 하나씩을 받을 것이라고 예언한 것입니다.

그리고 그대로 되었습니다. 7개의 황금이 주어짐에 따라 더는 왕자님과 공주님도 태어나지 않았습니다. 임금님과 왕비님은 많은 손자들에게 둘러싸여 죽었습니다.

7개 머리 괴물의 궁전은 지금도 큰 숲 속에 있습니다만 지금은 무너져 커다란 성벽만이 남아 있을 뿐입니다.

해설

이것은 프랑스의 뛰어난 민담연구자 주느비에브 매시뇽(Genevieve Massignon)이 브르타뉴(Bretagne) 지방의 앙구모아(Angoumois)와의 안바라크(Ambeyrac) 마을에서 기록된 이야기이다. 화자인 가나쇼(Ganachaud)는 당시 74살의 농부였으며 방데(Vendée) 지방으로부터 이주해 온 노인으로부터 어렸을 때에 들은 것이라고 한다. 이 이야기에는 등장하는 7 머리의 괴물은 유럽민담에 잘 나오는 캐릭터로서 스사노오(須佐之男)가 야마다노오로치(八俣大蛇)[12]를 퇴치하고 공주를 손에 넣는 일본의 신화와 유사한 이야기로 되어있다.

12 일본의 신화이다. 스사노오노미코도(須佐之男命)가 퇴치했다고 하는 신화로 머리가 8개이고, 꼬리가 8개나 되는 큰 뱀을 퇴치한 데서 야마다노오로치라는 이름이 붙었다.

저자 후기

– '옛날 이야기'를 듣고(청자), 말하기(화자)의 네가지 제안 –

민담은 민요와 같이 언제, 어디서, 누군가가 말하기 시작하여 구전으로 계승되어 여러모로 변모해 가면서 애용되어 왔다. 전 세계에 널리 퍼진 문화유산이면서 많은 구술자가 지금도 구술을 계승하며 새로운 이야기를 생산해 내고 있는 귀한 존재이다.

화자(제보자) 중에는 여러 행사에서 많은 갈채를 받은 명인도 있으며, 아이를 재우기 위해 그림책을 읽어주는 부모도 있다. 학교나 사무실에서 '무서운 이야기'를 속삭이는 아이들과 어른들은 더욱 무서운 이야기를 삽입하여 오늘날 새로운 괴담이나 도시전설로 넓혀가고 있는 것이 사실이다.

이 책은 이러한 풍부한 축적과 광대한 민담의 숲을 자유롭게 걸어가기 위한 입문서이다. 1980년대 초부터 '일본 민담의 모임'(日本民話の會)의 회원들과 같이 민담의 숲으로 탐험을 시작하였다. 그리고 지금까지 『가이드북 · 일본의 민담』, 『가이드북 · 세계의 민담』〔두 권 다 고단샤(講談社)〕이라는 이 책과는 조금 다른 종류의 민담의 입문서를 편찬하여 각지의 화자(話者)를 찾아 이야기를 채록하고 그림책도 만들며 잡지 등을 통해 민담의 숲을 걸어왔다. 그런 후에 일본의 민담 현상을 살피고 민담연구에는 무엇이 필요한가를 간단히 서술하고 싶었다.

21세기에 들어와 일본의 민담은 확실히 전환점을 맞이하고 있다. 이것은 연구자 누구나 인지하고 있을 것으로 안다.

민담을 찾아서 전에 찾은 마을을 재차 방문해 보면 이야기꾼은, "지금은 이야기를 듣고자 하는 사람이 없다.", "아이들은 텔레비전에 열중해 들으려하지 않는다.", "아이들에게 이야기가 통하지 않는다." 라고 주장한다.

이것을 위기라고 한다면 위기는 지금까지도 있었다. 일본에도 프랑스에도 "이야기의 구전은 소멸한다."라고 말해 왔다. 나 자신도 80년대의 한국에서 이런 경험을 했다.

마을 고로(古老)들에게 도깨비라는 한국의 요괴담을 듣고 있을 때, 한사람이 불쑥 이런 말을 했다. "이런 이야기는 10년 전 마을에 전기가 들어오기 시작하면서 끝났네. 전기가 들어오기 전에는 해가 지면 어둠이 깔려 귀신(도깨비)의 시간인걸."

한국에서는 옛날에 조상을 맞이하는 제사를 한밤중에 행했다고 한다. 그리고 제사는 날이 새기 전까지는 반드시 끝내야만 했다. 날이 새면 조상님이 저승으로 못 돌아가게 된다. 그러므로 날이 새는 것을 알리는 닭은 울음이 들리면 죽임을 당한다.

그러고 보면 나도 어릴 때 "밤에 휘파람을 불면 안 된다. 뱀이 나온다."고 하는 것을 들은 적이 있다. 한국과 일본에도 밤은 귀신의 시간이며 많은 이야기들이 귀신의 시간에 이야기 하는 것으로

'진짜 이야기', '귀신을 부르는 이야기'로써의 위력을 가지고 있었다.

물론 전기가 들어오고, 이로리(井爐裏)[1]가 뒷전으로 가고, 침실이 침대로 바뀌어도 민담의 구연은 즐거워했다. 그런데 21세기에 접어들어 새롭게 위기가 봉착했다면 그것은 대체 무엇일까.

나는 '전승의 상실'이라는 전부터의 문제가 거의 최종 단계를 맞이하고 있기 때문이라고 생각한다.

대저 민속학은 민간전승(tradition populaire)이 위기를 맞이했던 19세기 말에 시작되었다고 보기 때문에 민속학의 중심이 되는 민담(tradition orale)을 연구하는 사람들은 당초부터 '전승의 위기'를 의식하고 있었을 것이다.

산신제사 때 풍요를 기원하는 화자의 야나기 구마조(柳熊藏)씨

전승이라는 것은 경험이 풍부한 나이 많은 사람이 미숙한 젊은이에게 살아가기 위해 필요한 기술이나 세간의 규범, 신을 섬기는 일, 이승과 저승의 교섭 등 모든 것을 전수하는 방법이다.

이 방법은 우선 학교와 선생님이라고 하는 '가르치는 장소'와 '가르치는 전문가'에 의

1 일본의 전통적인 난방 장치이다. 농가 등에서 방바닥의 일부를 네모나게 잘라 내고, 그곳에 재를 깔아 취사용, 난방용으로 불을 피워 놓는다.

해 부정되었다. 그러나 마을이나 가족이 가풍 등이라고 하는 독특한 규정을 가지고 있어서 제사, 농사, 고기잡이 등에 독자적인 방법이 있는 가정에서는 "저 할아버지가 고기잡이의 명인이다" 라든가 "모심기의 시기를 잘 알고 있다" 등의 '전승' 이 중요시 되어 왔다. 민담도 이렇게 전승된 일환이라고 보는 것이다.

그런데 21세기에 들어와 교통망이 정비되고, 오지에도 조합이나 외식 소매업이 생기기 시작하자 '전승의 상실' 은 가속화되었다. 논에 심을 모는 농협에서 사오기 때문에 볍씨가 잘 발아되어 논의 신(田の神)이나 산신에게 빌 필요가 없어졌다. 제사는 신이 없는 형식적인 관광예능으로 변모했다. '모모타로' 의 첫머리에 "할아버지는 산에 나무하러"라고 말해도 듣는 아이들은 "할아버지는 산의 골프장에서 잔디 베는 아르바이트를 하고 있다"라고 알아듣는 것이 당연하리라 본다.

짚을 다듬는 야나기 구마조(柳熊藏)씨

그러나 인간이 아이로부터 어른이 되고, 어른으로부터 노인이 되어 간다는 라이프 사이클은 변함이 없다. 학교교육에 의해 지식이 평준화되고 기술혁신이 진행되어도 어른은 아이들보다 노인은 어른보다 경험이 축적되어 있으므로, 그 독자적인 경험을 새로운 세대로 전하고 싶은 마음은 남는다.

이로리나 짚으로 작업하는 일이 없어지고, 모심기나 밭일의 모습이 많이 변한 현재에도 보육원, 문화회관, 학교에서 이야기를 들려주고 싶어하는 어머니나 나이 많은 사람들은 줄곧 이어진다. 내가 속해 있는 '일본 민담의 모임' 에서도 큰 활약을 보이는 것은 '이야기 하는 모임' 의 새로운 이야기꾼들이다.

그러므로 나는 이 새로운 이야기꾼들 때문에 이 책을 준비했다. 21세기의 지금 민담을 이야기해 보고자하는 사람은 누구든지 이야기해 보아도 좋다. 민담에는 기나긴 시간과 넓은 공간의 축척 속에서 키워온 힘이 있다. 이야기꾼 한 사람 한 사람이 이야기 속에 자신의 경험을 추가할 수 있는 여유도 충분하다.

세계화가 진행되어 라이프 스타일이 변하고 인터넷에 대한 정보가 난무하여도, 이야기꾼은 자기 자신의 축적된 메시지를 이야기에 맡겨도 될 만큼 민담의 구조는 견고한 것이다.

나는 새로운 화자에게 다음의 세 가지가 중요하다는 것을 말하고 싶다.

첫 번째는 자기의 언어와 경험을 중요시해야 한다는 것이다. 요즘처럼 여러 곳에서 다양한 행사가 개최되기도 하고, '이야기 하는 모임' 이 열리면, 화자는 자연히 말솜씨가 능숙해져서 명인이나 명사라 불리는 사람들이 생겨난다. 이런 일 자체는 좋지만 그 명인이 선생이나 모델이 되어 어느 하나의 틀〔型〕을 넓혀간다는 것은 위험하다.

전승을 이야기 하는 데에는 일정한 틀은 없으며 명인, 명수는 없다. 누구나 화자가 될 수 있다. 한 사람 한 사람이 어릴 때 들은 이야기나 좋아하는 이야기를 자기의 언어나 경험에 비추어 말하면 되는 것이다. 결코 이야기를 잘할 필요는 없다. 중요한 것은 그 이야기를 듣는 사람에 의해 좋은 화자가 되는 것이다.

두 번째는 이야기를 많이 읽고, 듣고, 많이 접하는 일이다.

예전에는 아이들이 부모나 조부모뿐만 아니라 이야기를 좋아하는 이웃의 할아버지나 할머니, 행상인, 장사꾼들로부터 되풀이 이야기를 들었다.

물론 많은 이야기를 들었다고 좋은 화자가 될 수 있다는 것은 아니지만, 그보다 먼저 자신이 재미있다고 생각하는 이야기가 없다면 좋은 화자가 될 수 없다. 내가 만난 전승의 화자는 적어도 이야기를 좋아하고 타인의 이야기를 듣는 것을 좋아했다.

'일본 민담의 모임' 의 '이야기 하는 모임' 에서는 서로 이야기를 나누는 공부 모임을 자주 여는데 물론 이것도 중요하다. 이야기를 좋아하는 사람들은 몸에 베인 언어나 리듬이 있다. 어른이 되어 이야기꾼이 되고 싶은 사람은 좋은 이야기꾼으로부터 여러 가지 이야기를 많이 듣고, 자기가 가지고 있는 이야기의 레퍼토리나 리듬을 몸에 익히는 것이 중요하다.

셋 번째 중요한 것은 이야기의 배경이 되는 삶의 모습을 배울 필요가 있다.

그 중에서도 전승의 이야기꾼을 찾아 이야기를 듣는 기회를 갖는 것은 중요하다. 예를 들자면, 잘 정리된 이야기를 듣지 못했다 하더라도 마을에 들어가 나이 많은 노인으로부터 과거의 삶에 대한 이야기를 듣게 되면 그 이야기의 배경을 알게 된다. 오랫 동안 과거 이야기를 한 일이 없었기 때문에 노인들도 처음에는 무엇을 말하면 좋을까 망설이지만 대화하는 도중에 떠올리는 경우가 많다. 때로는 이야기를 전연 모른다고 하는 노인이 실은 뛰어난 이야기꾼이 되기도 한다.

이야기는 반드시 삶에 의지하고 있다. 이야기를 통해서 이야기꾼의 삶에 대한 세계관이 보여지는데 이것이 민담을 들을 때의 제일 큰 즐거움이라고 생각한다. 이야기를 통해서 이야기꾼의 메시지를 받을 수가 있으며 이때 처음으로 자신의 메시지를 전하는 일이 가능해진다. 뛰어난 청자(듣는 이)가 되어야 비로소 뛰어난 이야기꾼이 될 수 있다.

그런데 이 책은 「신데렐라」, 「빨간 모자」, 「헨젤과 그레텔」, 「푸른 수염」, 「장화 신은 고양이」, 「잠자는 숲 속의 공주」 라고 하는 프랑스나 독일의 민담을 소재로 하고 있다. 왜 외국 민담을 읽거나 해석하는 것이 일본의 화자에게 도움이 될 것인가.

그것은 민담이 마을이나 도시를 초월해서 세계로 통하는 신비한 힘을 가지고 있기 때문이다. 일본에는 「쌀복 · 조복」(米福 · 粟福)이라는 신데렐라의 계열이나 「바리 씌움」(鉢かづき), 「노파의

가죽」(姥皮)이라고 하는 「당나귀의 가죽」의 유화(類話)가 있다. 이것은 전파론에서는 쉽게 설명이 안 되는 것이 사실이다.

또 일본에는 「천도님의 금줄」(天道さん金鎖)을 비롯하여 잔혹한 이야기가 있다. 어머니가 이런 무서운 이야기를 아이에게 들려주거나 읽어주거나 할 때, 아이들의 마음은 어떤 반응을 보일까. 「빨간 모자」, 「푸른 수염」과 같이 무서운 이야기를 들을 때에도 화자가 어머니일 경우 안심하고 무서운 이야기를 즐긴다. 그것은 프랑스와 일본에서도 같다고 베텔하임은 말한다.

「장화 신은 고양이」의 불가사의한 힘은 고양이형(型) 로봇인 도라에몽의 주머니 마법과 구조적으로는 같다고 할 수 있다. 「드래곤퀘스트」, 「드래곤볼」을 아주 좋아하는 세계의 아이들이나 어른들은, 역시 용 퇴치나 보물찾기의 이야기를 흥분하며 듣는다.

나는 보육원이나 학교에서 이야기하려고 하는 새로운 화자에게 네 번째 제안으로 세계 속에 민담이 어떻게 퍼져가고 있는가, 그러한 민담이 어떻게 기록되었는가를 알고 있기를 바란다. 잔혹한 민담, 무서운 민담을 이야기하려고 하는 화자는 "어떠한 무서운 이야기라 할지라도 화자와 청자 사이에 신뢰가 있으면 괜찮다"고 전하고 싶다. 왜 무서운 이야기를 듣기 원하는가를 알고 있어야 한다는 것이다.

다행인가, 불행인가. 디즈니랜드나 영화에 젖은 아이들이나 어른들은 「신데렐라」, 「빨간 모자」, 「장화 신은 고양이」, 「잠자는 숲 속의 공주」가 일본의 민담보다 접근하기 쉬울 수도 있다. 들어가기 쉬운 문으로 들어가 누군가가 민담의 숲의 달인이 되어 민담을 즐기는 새로운 이야기꾼이 되기를 바라는 것이다.

마지막으로 이 책의 최초의 독자로서 잘 읽고 여러 잘못된 곳을 지적해준 춘풍사(春風社)의 데라지 요료(寺地洋了) 씨에게 감사를 드린다.

히구치 아쓰시(樋口淳)

역자 후기

〈일본민화의 모임〉은 계간지 『민화의 수첩』을 발행하는데, 1984년 22호(동계호)에는 온통 한국에 관련된 기사뿐이었다. 외국 민화의 특집으로 다뤄진 것인데, 이 같은 기획은 히구치 아쓰시(樋口淳) 교수의 염원이 담긴 필사적인 노력으로 가능했다. 한국 민담에 대한 논문, 경기도 광주군 음미리에서 채록한 민담 실태 보고, 아울러 36편의 민담을 소개하고 있다. 필진도 성기열, 황패강, 손동인, 강완성, 최인학 등 12명이 동원되었고, 수필진도 교수들이 다수 참여했다.

이것을 장황하게 소개한 이유는 히구치 교수의 염원인 한국 민담의 현실을 적나라하게 일본인에게 소개한 첫 시도였다는 점과, 히구치 교수의 비교민담연구의 필요성 때문이다. 이러한 일련의 작업이 한국에 알려지자 1985년 3월 인하대학교가 실시한 구비문학국제연구발표대회에 초청했다. 그의 발표 제목은 「타계와 공동체」로 많은 공감과 환영을 받은 바 있다.

그래서 보답해야겠다는 생각을 하고 있던 차에, 이번에 민담연구의 입문서다운 『민담의 숲을 거닐다』(民話の森の歩きかた)가 출판되어 번역하기로 결심을 했다. 이 책은 저자가 말한 대로 화자〔提報者〕가 되고자 하는 사람에게는 물론 아동문학을 지향하는 사람에게도 도움이 될 것으로 믿는다.

히구치 교수는 일찍이 유학에서 프랑스문학을 전공한 원로학자이다. 그는 많은 저서를 발표하였고, 최근에는 '일본민담의 데이터베이스'를 만들기 위한 작업에 착수했다. 2011년 7월에 열린 한국학중앙연구원 주최 '아시아 구비문학 아카이브 네트워크 구축의 필요성과 방안'에도 일본 대표로 참석한 바 있다.

이 책은 현지에서 터득한 지식을 토대로 하여 유럽의 6편의 이야기를 기반으로 시작된다. 「신데렐라」, 「빨간 모자」, 「헨젤과 그레텔」, 「푸른 수염」, 「장화 신은 고양이」, 「잠자는 숲 속의 공주」 이상 6편의 이야기는 모르는 사람이 없을 만큼 유명하다. 그러나 그것들이 어떤 과정을 밟아 이야기가 형성되었는지, 생성과정에서 이야기의 토양이 어떤 영향을 끼쳐 변화되었는지를 알게 되면 이야기가 상징하는 것이 무엇인지 이해하기가 쉽다. 한국에서 이미 알고 있는 이 6편의 이야기를 저자는 어떻게 생각하고 있으며, 어떻게 수용할 것인가 하는 문제의식을 가지고 내용을 읽는 것도 흥미로울 것이다.

끝으로 이 번역서를 출판해 준 단국대학교출판부와 교정에 힘써 주신 박보혜님에게 진심으로 감사드린다.

최인학

참고 문헌

일본 참고 문헌

〈資料集〉(ペロー、グリム、各国別)

ペロー『長靴をはいた猫』澁澤龍彦訳、大和書房、1973.

ペロー『長靴をはいたねこ ペ ロー童話集』辻昶 · 寺田恕子訳、旺文社、1977.

ペロー『完訳ペロー童話集』新倉朗子訳、岩波書店、1982.

ペロー『完訳ペロー昔話集 眠れる森の美女』巖谷国士訳、講談社、1992.

グリム『完訳 グリム童話集』金 田鬼一訳、岩波書店、1979.

グリム『グリム兄弟 (ドイツロマン派全集第 15 巻)』小沢俊夫他訳、国書刊行会、1989.

アンドルー · ラング『アンド ルー · ラング世界童話集 (全 12 巻)』西村醇子監修、東京創元社、2008.

小澤俊夫編『世界の民話 (全 37 巻)』ぎょうせい、1976−1986.

ジエイコブズ『イギリス民話選 ジャックと豆のつる』木下順二 訳、岩波書店、1967.

カルヴィ ー ノ『イタリア民話集』 河島英昭訳、岩波書店、1984.

バジーレ『ペンタメローネ』杉山 洋子 · 三宅忠明訳、大修館書店、1995.

アシル · ミリアン / ポール · ドラリュ 『フランスの昔話』新倉朗子訳、大修館書店、1988.

田辺貞之助編『ふらんす民話大観』青蛙房、1970.

樋口淳 · 樋口仁枝編訳『フランス民話の世界』白水社、1989.

アファナーシェフ『ロシア民話 集』中村喜和訳、岩波書店、1987.

段成式『酉陽雑組 (全 5 巻)』今 村与志雄訳、平凡社、1980−1981.

〈タイプインデクス · 事典〉

関敬吾他『日本昔話大成 (全 12 巻)』角川書店、1978−1980.

崔仁鶴『韓国昔話の研究—その 理論とタイプインデックス』弘文堂、1976.

日本民話の会編『ガイドブック世界の民話』講談社、1988.
日本民話の会編『ガイドブック世界の民話』講談社、1991.
三原幸久他編『日本昔話事典』弘文堂、1977.

< 研究書・その他 >

アラン・ダンダス『民話の構造 —アメリカ・インディアンの民話の形態論』池上嘉彦他訳、大修館書店、1980.
アラン・ダンダス編『シンデレラ —9 世紀の中国から現代のディズニーまで』池上嘉彦他訳、紀伊国屋書店、1991.
アラン・ダンダス編『赤ずきんの秘密—民俗学的アプローチ』池上嘉彦他訳、紀伊国屋書店、1994.
アンティ・アールネ『昔話の比較研究』関敬吾訳、岩崎美術社、1969.
池上嘉彦『ことばの詩学』岩波書店、1982.
ヴィクトール・フランクル『夜と霧』霜山徳爾訳、みすず書房、1985.
ウイリアム・シェイクスピア『リア王』三神勲訳、河出書房新社、1962.
ウイリアム・シェイクスピア『ハムレット』福田恒存訳、新潮社、1985.
ウラジーミル・プロップ『魔法昔話の起源』斎藤君子訳、せりか書房、1983.
ウラジーミル・プロップ『ロシア昔話』斎藤君子訳、せりか書房、1986.
ウラジーミル・プロップ『昔話の形態学』北岡誠司他訳、白馬書房、1987.
エーリッヒ・フロム『夢の精神分析—忘れられた言語』外林大作訳、東京創元社、1952.
小澤俊夫『世界の民話—ひとと動物との婚姻譚』中央公論、1979.
小澤俊夫『昔話とはなにか』大和書房、1983.
河合隼雄『昔話の深層』福音館書店、1977.
河合隼雄『昔話と日本人の心』岩波書店、1982.
私市保彦『ネモ船長と青ひげ』晶文社、1978.
ジギスムント・フロイト「小箱選びのモチーフ」『フロイト著作集 3』高橋義孝訳、人文書院、1969.

ジギスムント・フロイト「トーテムとタブー」『フロイト著作集 3』西田越郎訳、人文書院、1969.

ジャック・ザイプス『赤頭巾ちゃんは森を抜けて―社会文化学からみた再話の変遷』廉岡糸子他訳、阿吽社、1990.

ジョルジュ・バターユ『ジル・ド・レ論―悪の論理』伊東守男訳、二見書房、1966.

スティス・トンプソン『民話説話 ―理論と展開』荒木博之・石原　綏代訳、社会思想社、1977.

ハインツ・レレケ他『現代に生きるグリム』岩波書店、1985.

樋口享 文・片山健絵『あかずきん』ほるぷ出版、1992.

樋口淳・高橋八十八編著『越後・松代の民話』国土社、1987.

フリードリッヒ・ライエン『メルヘン』山室静訳、岩崎美術社、1971.

ブルーノ・ベッテルハイム『昔話の魔力』波多野完治・乾侑美子訳、評論社、1978.

マックス・リュティ『ヨーロッパの昔話』小沢俊夫訳、岩崎美術社、1969.

マックス・リュティ『昔話の本質』野村泫訳、福音館書店、1974.

マリア・タタール『グリム童話―その隠されたメッセージ』鈴木晶他訳、新曜社、1990.

ミッシェル・シモンセン『フランスの民話』樋口淳・樋口仁枝訳、白水社、1987.

南方熊楠『星文館版・南方随筆』荻原星文館、1943.

ヨハン・ホイジンガ『中世の秋』 堀越孝一訳、中央公論社、1967.

ルイ・マラン『語りは罠』鎌田博夫訳、法政大学出版局、1996.

ロバート・ダーントン『猫の大虐殺』鷲見洋一他訳、岩波書店、1986.

山口昌男『アフリカの神話的世界』岩波書店、1971.

山口昌男『歴史・祝祭・神話』中央公論社、1974.

山室静『世界のシンデレラ物語』新潮社、1979.

서구 참고 문헌

Antti AARNE, *Verzeichnis der Märchentypen*, in *FF Communications* No. 3, Helsinki, 1910.

Antti AARNE & Stith THOMPSON, *The Types of the Folktale, in FF Communications* No.184, Helsinki, 1961.

David BRAUNS, Japanische *Märchen und Sagen*, Verlag von Wilhelm Friedrich, Leipzig,1885.

Marian Roalfe COX,*Cinderella:Three Hundred and Forty-Five Variants of Cinderella, Catskin and Cap O'rushes*, Kessinger Publishing, Whitefish, 2007.

Communications no. 4 et no. 8 Seuil, 1964 et 1966.

Paul DELARUE, *Catalogue raisonné du conte populaire français T1*, Erasme, Paris, 1957.

Paul DELARUE et Marie-Louise TENESE, *Catalogue raisonné du conte populaire français T2*, Maison Neuve et Larose, Paris, 1964.

Paul DELARUE ec Marie-Louise TENESE, *Catalogue raisonné du conte populaire francais Tl*, Maison Neuve et Larose, Paris, 1976.

Paul DELARUE, *Les Contes merveilleux de Perrault et la tradition populaire, in Bulletin folklorique de l' Ile-de- France*, 1956-1963.

Andrew LANG, *The Fairy Tales Book Series*, Longmans, Green and Co., London, 1919.

Claude LEVI-STRAUSSE, *La structure et la forme, Réflexions sur un ouvrage de Vladimir Propp*, Cahiers de l' Istitut de Science économique appliquée, Sérle M. No.7, mars 1960.

Louis MARIN, *Le récit est un piége*, Berger-Levrault, Paris, 1983.

Geneviève MASSIGNON, *De Bouche á Oreilles*, Editions de Minuit, Paris, 1978.

Max MULLER, *Comparative Mythology: An Essay*, Oxford Essays, London, 1856.

Consiglieri PEDROSO, *Portuguese Folk* - tales Folk Lore Society, London, 1882.

Vladimir PROPP, *Morphologie du conte*, Editions du Seuil, Paris, 1970.

Anna Birgitta ROUTH, *The Cinderella Cycle*, Gleeup, Lund, Sweden, 1951.

Paul SEBILLOT, *Littérature orale de la Haute-Bretagne, Maison Neuve et Larose, Paris,* 1967.

Claude SEIGNOLLE, Contes Populaires de Guyenne, Paris, 1946.

Giovanni Francesco STRAPAROLA, *Le piacevoli notti*, Salerno, 2000.

Giovanni Francesco STRAPAROLA, The Facetious Nights of Straparola, General Books, 2010.

Marc SORIANO, *Les Contes de Perrault, culture savante et traditions populaires*, Gallimard, Paris, collection《La Bibliothèque des idées》, 1968.

Marc SOLIANO, *Le Dossier Charles Perrault, Hachette*, Paris, 1972.

Stith THOMPSON, *Motifindex of folk-literature*, Indiana Universty Press, Bloomington, 1975.

Stith THOMPSON, *The folktale, University of California Press*, Indiana Universty Press, New York, 1946.

찾아보기

영문(abc 순)

저자

히구치 아쓰시 (樋口淳)

벨기에 루벤대학교 졸업.

센슈대학(專修大學) 문학부 저널리즘학과 교수. '일본 민담의 모임' 운영위원.

프랑스, 일본 등 세계의 민담 · 민속을 연구하고, 일본 민담의 데이터베이스 작성위원회를 조직하여 활발히 활동하고 있다.

저서: 『프랑스를 만든 임금님』(悠書館)

역서: 『유럽의 민속학』, 『프랑스의 민속학』(白水社)

편역서: 『프랑스 민담의 세계』(白水社)

편저서: 『가이드북 · 세계의 민담』(講談社), 『越後松代의 민담』(國土社) 등

역자

최인학 (崔仁鶴)

인하대학교 명예교수, 비교민속학회 평의회 의장

저서: 『최인학동화선집』(지식을만드는지식), 『구전설화연구』(새문사), 『한국민담의 유형연구』(인하대학교출판부), 『옛날이야기꾸러미』(전5권 공저, 집문당)

편역서: 『조선설화집』(손진태 저, 민속원), 『1923년 조선설화집』(이시이 마사미 (石井正巳)저, 민속원)

김민지 (金玟志)

한국외국어대학교 대학원 일어일문학과 일본언어학 박사

역서: 『혼례와 상제례』(최인학 · 김민지 공역, 채륜)

김영순 (金永順)

일본 바이카여자대학 대학원 아동문학 박사

단국대학교 동양학연구원 연구교수

신현진 (申鉉珍)

한국외국어대학교 대학원 일어일문학과 박사과정

현직 프리랜서 통번역 번역가